W0188319

cLV

Autobiographie

John Paton

Missionar unter Südseekannibalen

dlv
Christliche
Literatur-Verbreitung e. V.
Postfach 1803 · 4800 Bielefeld 1

1. Auflage 1988
2. Auflage 1989
© 1988 by CLV · Christliche Literatur-Verbreitung
Postfach 1803 · 4800 Bielefeld 1
Umschlaggestaltung: Dieter Otten, Bergneustadt
Satz: Typoservice, Bielefeld
Druck: Druckhaus Gummersbach

ISBN 3-89397-311-7

Inhaltsverzeichnis

Vorwort

Zur Bearbeitung des Textes

Im Jahre 1891 gelangte die 1. Auflage der im englischsprachigen Raum sehr verbreiteten Lebensgeschichte des Kannibalenmissionars John Paton in deutscher Übersetzung (schon damals leicht gekürzt) an die missionsinteressierte Öffentlichkeit.

Das exotische Missionsfeld in der Südsee erregte das Interesse vieler: Patons großer Glaubensmut hatte Vorbildfunktion für manchen, der durch ihn den Anstoß erhielt, selbst auf das Missionsfeld zu gehen. Für junge Leser aufbereitet wurden seine „Abenteuer" Kindern eine erste Begegnung mit den Heiden fremder Länder in Form eines echten Leseerlebnisses.

Um dieses „Missionserleben aus erster Hand" dem Leser von heute wieder verfügbar zu machen, war es nötig, am hundertjährigen Original sprachliche Anpassungen vorzunehmen. Da, wo der Text starke inhaltliche Überlängen aufwies, sind Patons Worte gerafft wiedergegeben worden. Diese Passagen sind − um das Original nicht zu verfälschen − als biographische Einschübe erkennbar.

Der Charakter der Lebensgeschichte Patons aber ist autobiographisch geblieben: als eine bewegende Erzählung von der großen Güte Gottes, der dem, der sein ganzes Vertrauen auf Ihn setzte, niemals enttäuschte.

Die Neuen Hebriden

1772 brach Kapitän Cook, bekannt als der Entdecker der Ostküste Australiens, von Plymouth auf zu einer zweiten Expeditionsreise in den Pazifik.

Ein blutjunger Deutscher, Georg Forster, reiste als wissenschaftlicher Begleiter mit und protokollierte auch die Entdeckung Tannas, der südlichsten Insel der Neuen Hebriden, wie Cook die Inselgruppe nannte.

Forster war fasziniert von der Fauna und Flora der Südsee-Inselwelt. Er berichtete davon in seinen später veröffentlichten Aufzeichnungen. Was er damals befürchtete, war, damit gleichzeitig der Habgier seiner Kulturgenossen Vorarbeit zu leisten. Und tatsächlich: Mit der Inselwelt Melanesiens hatte man gleichzeitig auch ihren Reichtum entdeckt: Sandelholz und – Menschen!

Als die ersten Missionare die Neuen Hebriden als Arbeitsfeld anvisierten, stießen sie bereits auf die Auswüchse jener zweifelhaften Sendboten der Zivilisation, die Volk und Land rücksichtslos ausbeuteten, um Gewinn zu machen. Die Habsucht und Beutegier vieler Weißer waren dem Naturvolk zur zweiten Geißel geworden – neben den alten Greueln des Kannibalismus, der der Ausdruck eines pervertierten religiösen Kultes war.

In dieses Spannungsfeld hinein kamen die ersten Missionare, unter ihnen ein Schotte namens John Paton...

Der Verlag

Teil 1: Jugendtage

Erstes Kapitel:

Die Familie

Schottland ist die Heimat der „Covenanters", die sich zur Zeit der Reformation in Absetzung von den Praktiken der katholischen Kirche zu einem Bund zusammenschlossen, um gemeinsam nach dem reformatorischen Verständnis zu Gebet und Schriftlesung zusammenzukommen und das Abendmahl zu feiern. Viele von ihnen mußten mit ihrem Besitz und manche mit dem Leben für ihre Überzeugung bezahlen. Als Nachkomme solch glaubensmutiger Covenanters (worauf er sein Leben lang großen Wert legte!) wurde John Gibson Paton am 24. Mai 1824 in Südschottland in einer Hütte auf dem Pachtgut Braehead bei Dumfries als Sohn des selbständigen Strumpfwirkers James Paton geboren.

Als John etwa 5 Jahre alt war, zogen seine Eltern nach Torthorwood, zu der Zeit ein gedeihender kleiner Ort, in dem Bauern, große und kleine Pächter, Weber, Schuhmacher, Böttcher, Holzschuhschnitzer, Schneider und Schmiede in einer gut funktionierenden dörflichen Gemeinschaft zusammenlebten. Die Dorfbewohner mußten hart arbeiten, wenn sie nicht hungern wollten. Dabei bildeten sie einen durch und durch unabhängigen Menschenschlag, der sich durchaus ein scharfes Urteil über Staat und Kirche erlaubte. Hier in Torthorwood fanden die Eltern ihre Wohnstätte für die nächsten vierzig Jahre. Weitere acht Kinder wurden ihnen geboren, so daß die Familie zuletzt aus fünf Söhnen und sechs Töchtern bestand.

Das strohgedeckte Häuschen, in dem die Familie wohnte, war gebaut worden aus vier Paar Eichenstämmen, zwischen denen Mauern hochgezogen waren. Das Dach mußte Jahr um Jahr fast ganz erneuert werden. Wetter und der Rauch des Herdfeuers hatten die vierhundert Jahre alten Balken gebräunt, und die Jahrhunderte hatten die Bäume so gehärtet, daß man keinen gewöhnlichen Nagel dort einschlagen konnte.

„Unser Haus hatte drei Räume; der eine war das Territorium meiner Mutter, und war Küche, Wohn- und Eßzimmer zugleich. Dort standen auch zwei große Betten mit Vorhängen. Das zweite Zimmer am anderen Ende des Hauses war die Werkstatt meines Vaters, in der fünf oder sechs Strumpfwirkstühle standen. Eine dritte Stube, die zwischen den beiden lag, war klein. Sie hatte nur Platz für ein Bett, einen kleinen Tisch und einen Stuhl. Ein schmales Fensterchen brachte nur wenig Licht. Dies war das *Heiligtum der Hütte.* Hierher sahen wir unseren Vater sich mehrmals täglich, gewöhnlich nach jeder Mahlzeit, zurückziehen. Wir hörten ihn die Tür verriegeln und, obwohl nie darüber gesprochen wurde, errieten wir Kinder, daß unser Vater dort für uns betete. Ab und zu hörten wir den ernsten Ton der bewegten Stimme, die betete, als ob es um unser Leben ginge."

Das Bewußtsein der Nähe Gottes, in der der Vater lebte, prägte seinem Gesicht den Ausdruck von Glück und Freundlichkeit auf. „Nirgends kann ich je die Nähe Gottes mehr empfinden, mehr sein direktes Wirken auf den Menschen fühlen, als es damals in unserer ärmlichen Hütte der Fall war." Die Gedanken des Sohnes „würden immer wieder zu diesen Szenen der frühen Kindheit heimkehren und das Echo der Gebete und des

Rufens hören. Jeder Zweifel würde schwinden bei dem Gedanken: Er ging mit Gott um – warum dürfte ich es nicht auch tun?"

Seine Mutter, Janet Jardine Rogerson, entstammte ebenso wie ihr Mann einer Familie sehr individualistischer Menschen mit ungewöhnlichen Lebensschicksalen. Sie selbst war eine fröhliche und geduldig arbeitende Frau. „Durch dreiundvierzig Jahre führte sie ihr Haus und ihre elf Kinder in einer so gottesfürchtigen, von Menschen unabhängigen selbständigen Weise, daß ich noch jetzt, nachdem ich so viele andere Verhältnisse kennengelernt habe, nur mit der allergrößten Bewunderung an sie denke." Als junges Mädchen war sie in das Haus eines Urgroßonkels gekommen, um ihm und seiner Frau einen frohen Lebensabend zu bereiten. Die beiden alten Menschen wurden in der ganzen Gegend nur „der alte Adam und die alte Eva" genannt. Das Häuschen, in dem sie wohnten, war weit vom nächsten Dorf entfernt, und somit blieben dem jungen Mädchen wenige Möglichkeiten der Unterhaltung, außer täglichen Spaziergängen in den nahen Wald.

Nun hatte ein gewisser junger Strumpfwirker die Gewohnheit, in seinen Freistunden mit einem Buch in der Hand in den Wald zu laufen, als ob er dort lernen wollte. Schließlich schlich sie ihm hinterher und hörte ihn andächtig ihr unbekannte Verse lesen und rezitieren. Die Neugier des jungen Mädchens schlug in Hochachtung um, als sie sah, daß der junge Mann niederkniete und betete. Bis dahin hatten die beiden jungen Leute nie miteinander gesprochen. Sie blieb auch im Gebüsch versteckt, und er ahnte nichts von der heimlichen Lauscherin, die ihm wiederholt folgte. Eines Tages nahm sie aus einem Impuls heraus seinen breiten schottischen Hut, den er während des Betens zur Seite gelegt hatte, und hängte ihn an einem Zweig auf. Der ins Gebet vertiefte junge James bemerkte nichts, so daß das Mädchen im Versteck später belustigt das Suchen und Finden des Hutes beobachtete. Am nächsten Tag wiederholte sie dieses Spiel, erschrak aber fast über die Wirkung, die sie in seinen Zügen deutlich bemerkte. Lange stand er da mit dem Hut in der Hand, ernst darüber nachdenkend, was hier vorgegangen sein mochte. Das junge Mädchen schämte sich für das, was es getan hatte, und als James am nächsten Tag wieder an seinen gewohnten Platz kam, fand er ein Papier am Baum befestigt: „Die, welche den Hut genommen hat, schämt sich über das, was sie getan hat. Sie hat große Achtung vor Euch und bittet, für sie zu beten, daß sie eine so gute Christin sein möge, wie Ihr ein Christ seid."

James starrte lange auf diese Worte und vergaß seine Lektüre; er dachte darüber nach, wer die Worte geschrieben haben könnte und ärgerte sich über seine Dummheit. Er hatte nicht an einen Spaß gedacht, sondern an die Gegenwart von Engeln! Als er aufsah, fiel sein Blick auf Adam und Evas Hütte, die er durch eine Lichtung sehen konnte. Dort lief gerade eben ein junges Mädchen, das ein schottisches Lied sang und mit dem Milcheimer in der Hand zum Melken ging. Plötzlich wußte er, daß Adam und Evas Nichte die Urheberin des Verwirrspiels gewesen war. Zwar hatte er noch nie mit ihr gesprochen, aber von allen Seiten viel Lob über sie gehört. Die Lektüre des jungen Strumpfwirkers übrigens waren Ralph Erskines „Bibelsonette", die er noch sechzig Jahre später auf dem Sterbebett auswendig wußte.

Im Alter von siebzehn oder achtzehn Jahren hatte der junge James einige besondere Erfahrungen durchgemacht und folgte von da an dem Herrn Jesus Christus.

Er war ein außergewöhnlich selbständiger junger Christ, der erst nach eingehender Prüfung der verschiedenen Kirchen und ihrer Lehren eine Entscheidung für eine Gemeinde traf. Seine Eltern überzeugte er davon, die bis dahin nur sonntags gehaltene Familienandacht in eine tägliche gemeinsame Zeit vor Gott auszuweiten, so daß morgens und abends Gebet und Bibellesen die Tage eröffnen und beschließen sollten. Der Vater, ein alter Soldat, stimmte umso williger zu, als James auch bereit war, die Familienandacht zu leiten. Von seinem achtzehnten Lebensjahr bis zu seinem Tod, das heißt sechzig Jahre lang, behielt James die Gewohnheit des gemeinschaftlichen Gebetes bei. Es gab für ihn keinen Grund, diese Gewohnheit auch nur einen Tag auszusetzen, weder Eile noch Arbeit noch Handel, weder die Ankunft von Freunden oder Gästen, noch Angst und Sorge, weder Freude noch Traurigkeit. Es blieb nicht aus, daß er auch anderen damit zum Segen wurde.

Er gelobte, daß „wenn er Söhne haben sollte, er sie ohne Rückhalt dem Herrn und seinem Dienste weihen wolle, wenn dieser sie brauchen könnte und die Wege öffnen würde". (Drei seiner fünf Söhne gingen diesen Weg!)

„Jedes von uns betrachtete es als eine große Freude, wenn wir den Vater zur Kirche begleiten durften. Die vier Meilen Wegs waren unseren lebhaften Geistern ein Vergnügen, und hier und da belohnte auch ein Stück städtischen Lebens unsere unverwöhnten Augen. Einige fromme Männer und Frauen pflegten sich meinem Vater anzuschließen, und wir Jüngeren erhielten dabei eine Idee von dem, was christliches Gespräch sein kann und sein soll. Sie gingen in die Kirche voll Erwartung des Geistes, ihre Seelen sehnten sich nach Gott; sie kehrten heim, bereit und voll Eifer, ihre Gedanken auszutauschen über das Brot des Lebens, das sie empfangen hatten." Die Kinder erlebten, daß ihnen das Christentum in dieser Art „mit sehr viel geistiger Frische und Freudigkeit nahegebracht" wurde. Christentum war nicht der Gegenstand „trockenen Gesprächs", sondern „berührte als aufrichtiger Ausdruck der Persönlichkeiten unsere Seelen". Es zog die Gemüter der Kinder an.

Die Sonntagabende gehörten in besonderer Weise der Familienandacht. Die Familie Paton las die Bibel miteinander „mit Zwischenfragen und Erklärungen, die alle dahin gerichtet waren, uns die Liebe Gottes, der seinen Sohn für uns in den Tod gab, immer mehr und mehr erkennen zu lassen". Man besprach die Lehren der Bibel, Fragen wurden von Erwachsenen und Kindern beantwortet, und die Antworten wurden mit Bibelstellen belegt. So wurde bei diesen Kindern ein fester Grund gelegt.

„Die späteren Jahre haben mancher Frage und mancher Antwort wohl einen tieferen Sinn und klareres Verständnis hinzugefügt, aber keines von uns hat je daran gedacht, zu wünschen, wir möchten anders erzogen worden sein. Natürlich, wenn die Eltern nicht wirklich fromm, andächtig, aufrichtig und liebevoll sind, wenn die ganze Sache auf beiden Seiten eine Äußerlichkeit bleibt (oder schlimmer: Scheinheiligkeit und Falschheit!), so werden die Erfolge freilich ganz andere sein!"

Die Mutter konnte wegen der vielen kleinen Kinder und der großen Entfernung nicht oft zum Gottesdienst mitkommen. Am Sonntagabend erzählte der Vater ihr den Inhalt der Predigt. „Wie spornte er uns an, ihm zu helfen bei der Wiedergabe des Gehörten, wie freudig belohnte er uns, als wir soweit gekommen waren, uns

14

Notizen machen zu können und sie bei unserer Rückkehr durchgingen und vervollständigten. Und welcher Wetteifer war unter uns, vorzulesen, während die anderen zuhörten und der Vater hier und da einen passenden Gedanken, ein hierher gehörendes Erlebnis von sich oder anderen einschob."

Wenn etwas Ernstes bestraft werden mußte, sahen die Kinder den Vater sich in sein Stübchen zurückziehen, und die Mutter sagte ihnen, er lege die ganze Sache Gott vor. Das war für die Kinder der schwerste Teil des Bestraftwerdens, „denn dies erfaßte mein Gewissen wie eine direkte Botschaft von Gott".

In seinem Alter konnte James Paton dann doch noch tun, was er sich als junger Mensch ersehnt hatte, indem er die letzten zwölf Jahre seines Lebens dafür verwendete, als Diener des Evangeliums, als „Landmissionar" die Häuser eines ländlichen Bezirks zu besuchen. Er wurde zu Sterbenden und Trauernden geholt, von Alten und Kranken ersehnt und von Kindern froh begrüßt. „Er strahlte in hoher Freude, wenn er die Bibeln und andere wertvolle Bücher zeigte, von denen er unglaubliche Mengen verkaufte. Er sang die Psalmen an den Betten der Kranken, er faßte die Gebete der Sterbenden in Worte."

Seine Frau, die „kleine Jennie", starb 1865, er selbst drei Jahre später, im 78. Lebensjahr.

Zweites Kapitel:

Der Sohn — Kindheit und Jugend

In Schottland gab es als eine zu der Zeit ungewöhnliche Besonderheit eine Schule, in der Kinder aus armen und reichen Familien gemeinsam in Bibel und Katechismus, in Grammatik, Geschichte und Geographie unterrichtet wurden, und die intelligenten Jungen, selbst aus den ärmsten Hütten, in Latein, Mathematik und Griechisch auf die Universität vorbereitet wurden. John Patons jüngster Bruder James verließ diese Schule im Alter von vierzehn Jahren, um im Anschluß daran die Universität in Glasgow zu besuchen. Zur Zeit, als John zur Schule ging, leitete ein fähiger Pädagoge die Schule in Tor-thorwood, dem jedoch eine folgenschwere Schwäche anhing: Er war unerbittlich streng und zuweilen grausam jähzornig bis hin zu brutaler Wildheit.

„Und doch hatte ich Ursache, zu wissen, daß er manchmal gütig und weichherzig war. Er hatte wohl beobachtet, daß ich nicht so gut versorgt mit Kleidern war wie meine wohlhabenderen Mitschüler. Da er an meinen Fortschritten Freude hatte, ersann er eine freudige, von gutem Herzen zeugende Überraschung — eine Art von Schulpreis besonderer Art. Eines Abends, während mein Vater in der Abendandacht von ganzem Herzen betete, öffnete sich leise unsere Haustür und wurde ebenso sacht wieder geschlossen. Nach been-digtem Gebet hinauseilend fand ich ein Paket mit einem prächtig warmen Anzug für mich darin. Die gute Mutter sagte, Gott habe ihn mir gesandt, von wem er auch gegeben sein möge, und aus seiner Hand solle ich ihn dankbar hinnehmen. Als ich am nächsten Morgen mit

16

neuen Kleidern in der Schule erschien, lobte der Lehrer deren gutes Aussehen, und ich erzählte ihm unschuldig, wie ich sie erhalten und was meine Mutter gesagt hätte. Lächelnd erwiderte er darauf: 'John, wenn du je wieder etwas brauchst, sage deinem Vater, er solle darum beten, dann wird Gott vielleicht wieder helfen.' Es vergingen Jahre, ehe ich erfuhr, daß es der Lehrer gewesen war, der an jenem Abend während unserer Andacht unsere Tür so leise geöffnet hatte."

Dennoch wurde dieser Lehrer zur Ursache dafür, daß John seine schulische Ausbildung vorzeitig abbrach. „Einmal, als er mich ungerechterweise sehr geschlagen hatte, überredete mich meine Mutter, in die Schule zurückzugehen. Sobald er mich erblickte, stürzte er wieder auf mich zu, stieß und schlug mich so wild, daß ich in Schmerz und Schrecken aus seiner Gegenwart floh. Später, als seine Leidenschaft sich gelegt hatte, kam er zu meinen Eltern, entschuldigte sich und wollte mich wieder mitnehmen. Aber das war vergebens — ich konnte mich nicht dazu entschließen." Damit hatte das Lernen erst einmal seinen Abschluß gefunden.

„Obgleich kaum zwölf Jahre alt, begann ich das Gewerbe meines Vaters zu erlernen. Wir arbeiteten von sechs Uhr am Morgen bis um zehn Uhr am Abend mit einer Ruhestunde am Mittag und je einer halben für Frühstück und Abendessen. Diese wenigen freien Augenblicke widmete ich meinen Schulbüchern, besonders dem, was ich von Latein und Griechisch gelernt hatte, denn es war mein größter Wunsch, Missionar oder Geistlicher zu werden." Für sein späteres Wirken aber war auch diese Zeit kein Verlust. Er machte im Nachhinein die Erfahrung von Missionaren, die sich unter Naturvölkern zur Pioniermission niederlassen, daß „die Fähigkeit mit Werkzeugen umzugehen, die

Maschinerie zu beobachten und in Ordnung zu halten" für das praktische Leben, aber auch für eine überzeugende missionarische Tätigkeit von großem Nutzen ist. Auch in anderer Hinsicht erwies sich diese Zeit als Lehrzeit, als Zeit in der Schule Gottes, durch den Anschauungsunterricht im Vorbild des Vaters: „Wenn wir um ihn knieten und er sein ganzes volles Herz in das Gebet um Bekehrung der Heiden zum Dienste Jesu legte, wenn er alle persönliche und häusliche Not ihm vortrug, so war uns allen, als seien wir dem lebenden Erlöser ganz nahe, und wir lernten ihn als unseren persönlichen Freund kennen und lieben."

Als Folge davon wuchs in John eine große Sehnsucht, das Licht des Evangeliums in heidnische Finsternis zu tragen.

Aber auch das Beispiel der Mutter wurde zum bleibenden Einfluß auf sein inneres Leben. „Unsere Familie war, wie alle, die Landbau trieben, durch eine vollständige Mißernte der Kartoffeln und den geringen Ertrag der Korn- und Haferfelder in große Not versetzt worden. Unser Vater war mit Wirkwaren nach Hawick gegangen, konnte aber mit dem Erlös erst am nächsten Abend heimkehren. Mittlerweile waren unsere ohnehin kleinen Vorräte zu Ende und unsere Mutter nahm uns in die Arme und bat uns, daß wir ohne Abendbrot zu Bett gehen sollten; sie habe Gott alles erzählt und ihn gebeten zu helfen; sicher werde er das schon morgen früh tun. Früh am anderen Tag brachte der Frachtfuhrmann von Lockerbie ein Geschenk ihres Vaters, der im ganzen wenig von ihren Verhältnissen wußte, keinesfalls aber eine Ahnung von der augenblicklichen Notlage hatte." Ein Sack Kartoffeln und ein Sack Mehl aus der neuen Ernte und der erste abgelegte Käse des Jahres konnten den Hunger der großen Familie stillen.

„Meine Mutter, die unser Erstaunen über die Gebetserhörung bemerkte, ließ uns mit ihr niederknien, dankte Gott von Herzen für seine Gnade und sagte zu uns: 'Liebt euren himmlischen Vater stets von ganzem Herzen. Tragt ihm im festen Glauben im Gebet alles vor, was ihr braucht, und er wird geben, wenn es zu eurem Besten und zu seiner Ehre geschehen kann.'"

Neben diesen praktischen und geistlichen Erfahrungen, die er sammeln konnte, ließ John das Ziel nicht aus dem Auge: Er sparte sich vom Tagelohn, den er von seinem Vater für seine Arbeit bekam, soviel, daß er sechs Wochen in Dumfries leben und die Akademie besuchen konnte.

„Dort erwachte mein Hunger und Durst nach dem Lernen wieder, und ich beschloß, meinen Beruf mit einem anderen zu vertauschen, der es mir ermöglichen würde, meine Erziehung zu verbessern. Fürs erste fand ich eine Verwendung bei den Sappeuren und Mineuren*, die damals Vermessungen für militärische Karten in unserer Grafschaft vornahmen.

Die Mittagsstunde, die die übrigen zum Fußball und anderen Spielen benutzten, brachte ich unter irgendeinem Baum zu, vertieft in meine Bücher. Unser Leutnant hatte dies von seinem Quartier aus bemerkt. Er ließ mich eines Tages in sein Arbeitszimmer kommen und fragte, was ich studierte. Daraufhin erzählte ich von meiner Lage und von meinen Wünschen. Er beriet sich mit seinen Kameraden, ließ mich dann wieder zu sich kommen und versprach mir in deren Gegenwart Beförderung im Dienst und volle Ausbildung auf Kosten der Regierung, wenn ich eine siebenjährige Dienstzeit vertraglich eingehen wollte. Ich dankte ihm höflich und

---

* „Bausoldaten" (Erstellung von Laufgräben und Stollen)

sehr herzlich, sagte aber, ich könnte mich höchstens auf drei oder vier Jahre binden, nicht auf sieben.

Erregt sagte er: 'Was? Sie wollen ein Anerbieten ausschlagen, über das viele Söhne von Gentlemen stolz sein würden?'

Ich sagte: 'Mein Leben gehört einem anderen Herrn, dem darf ich mich nicht für sieben Jahre entziehen.'

Er fragte scharf: 'Wem dienen Sie denn?'

Ich erwiderte: 'Dem Herrn Jesus Christus, und ich will mich sobald wie möglich darauf vorbereiten, sein Evangelium zu verkündigen.'

Sehr ärgerlich schritt er im Zimmer auf und ab, rief den Zahlmeister und sagte: 'Nehmen Sie mein Anerbieten an, oder Sie sind auf der Stelle entlassen.'

Ich antwortete: 'Es wird mir außerordentlich leid sein, wenn Sie das tun; aber wenn ich mich für sieben Jahre bände, so würde ich das Ziel meines Lebens gewiß verfehlen, und obgleich ich Ihnen sehr zu Dank verpflichtet bin, kann ich doch unmöglich Ihr gütiges Anerbieten annehmen.'

Sein Ärger machte ihn unfähig, meine schwierige Lage zu verstehen; die Zeichenapparate wurden abgeliefert, ich erhielt meine Bezahlung und ging ohne weitere Verhandlung."

Von dort aus führte Johns Weg nach Lockerbie, wo Erntearbeiter gesucht wurden. Hier fand er Arbeit.

„Als ich zum ersten Mal dabei half, kam der Farmer zu mir und befahl mir, eine Garbe zu binden. Nachdem ich es getan hatte, ergriff der kräftige Mann sie am Strohband − sie zerfiel völlig. Statt mich zu schelten, zeigte er mir aufs Genaueste, wie ich es zu machen hatte. Die zweite Garbe hielt seinen starken Griff aus, die dritte warf er eine Strecke weit ins Feld, und als er sie unbeschädigt aufhob, rief er: 'Gut so, mein Junge!

Nun vorwärts!'"

An den Tagen, wo wegen des Wetters nicht gearbeitet werden konnte, entwarf John einen Ziergarten für die Pächtersfrau. Als der Plan ihre Zustimmung fand, durfte er ihn auch selbst ausführen; denn schon von Kind an hatte er seiner Mutter bei der Besorgung des Gartens geholfen. Auch diese Zeit „ist mir später von Wert gewesen, als ich im fremden Land Missionshäuser zu bauen und Feld und Garten ohne irgendeine Hilfe, wie sie in Europa zur Verfügung steht, zu errichten hatte".

Ehe er in die Erntearbeit ging, hatte er sich um eine Stelle in Glasgow beworben. Eine Gemeinde suchte einen jungen Mann, der in einem Bezirk arbeiten, Traktate verteilen und sich um solche kümmern sollte, die dem Gemeindeleben fernblieben. Zusätzlich zum Gehalt sollte der erfolgreiche Bewerber die Chance haben, ein Jahr lang ein Seminar besuchen zu dürfen, um sich dort zum Lehrer ausbilden zu lassen. An einem bestimmten Tag sollte sich John Paton in Glasgow vorstellen. Die erste Strecke Wegs mußte zu Fuß zurückgelegt werden. Für den Rest benutzte er die Eisenbahn, die in jenen Tagen erst einige Hauptstrecken befuhr. Die Postkutsche war für den arbeitssuchenden jungen Mann ein unerreichbarer Luxus! In einem kleinen Bündel in einem Taschentuch trug er seine Bibel und seine sonstige Habe.

Einen Teil des Wegs begleitete der Vater den Sohn. Die Gebete und Eindrücke dieser Abschiedsstunde prägten sich dem Sohn tief ein: „Ich lief so schnell ich konnte, und als ich an einer Biegung des Weges mich umsah, stand der Vater noch da, wo ich ihn verlassen hatte. Ein letztes Mal winkte ich ihm zu, schritt um die Waldecke und war aus seinen Augen verschwunden.

Aber mein Herz war zu voll; ich konnte nicht weiter; ich wendete mich vom Weg abseits und weinte. Dann stand ich auf, erstieg einen Baum, um auszuspähen, ob er gegangen sei. In diesem Augenblick sah ich ihn das gleiche auf einem Hügel tun, von wo er lange dorthin blickte, wo er mich wandern wußte." Der Sohn setzte seinen Weg fort mit dem Wunsch, „mit Gottes Hilfe ein Leben zu führen, das nie Unehre oder Trauer über solche Eltern, wie Gott sie mir geschenkt hat, bringen könnte". Diese Abschiedsstunde, die ihm ein Mahnmal blieb, half ihm, sich von den herrschenden Sünden fernzuhalten und spornte ihn bei allen Studien an.

Gemeinsam mit einem Mitbewerber erhielt er die Stelle in Glasgow. Dadurch, daß die anderen Studenten ihnen weit voraus waren, gab es für die beiden früh und spät sehr harte Arbeit. Ehe das Jahr um war, waren sie in einem schlechten Gesundheitszustand aufgrund von Überanstrengung und mangelhafter Ernährung. Als John von einem heftigen Bluthusten befallen wurde und der Arzt ihm strengstens jedes Studium verbot, mußte er zur Erholung nach Hause gehen. Das war ein großer Schlag und eine harte Prüfung. Sein Kamerad erkrankte ähnlich und erholte sich nie wieder ganz davon. John dagegen war nach kurzer Ruhe zu Hause und durch die Pflege seiner Mutter wieder soweit gesund, daß er Arbeit und Studium wieder aufnehmen konnte.

Nach Ablauf des Jahres im Lehrerseminar bekam er eine Lehrerstelle an einer kleinen Schule in Girvan. Nachdem er sich dort eine Summe Geld gespart hatte, kehrte er nach Glasgow zurück und ließ sich an der Universität einschreiben. Auch diesmal lief nicht alles glatt.

„Leider reichten meine Ersparnisse nicht für das ganze Wintersemester aus. Ich hatte einem Studenten, der noch ärmer war, Geld geliehen, doch der war nicht imstande, das Geld zurückzugeben. Es schien nichts weiter übrig zu bleiben, als mein Studium aufzugeben und auf dem Lande eine kleine Lehrerstelle oder andere Arbeit zu suchen. Ich schrieb meinen Eltern, ich verließe Glasgow, um zu verdienen. Als ich diesen Brief unter Tränen wieder und wieder gelesen hatte, sagte ich mir, daß ich ihn nicht absenden könnte, weil er die armen Eltern zutiefst betrüben würde. Somit ließ ich ihn auf dem Tisch liegen, verschloß meine Tür und lief fort, um einen Verkauf meiner wenigen Bücher zu versuchen, damit ich das Studium noch einige Wochen fortsetzen konnte. Als ich nun vor dem Haus stand und mich fragte, was die Leute in dem Gewölbe wohl für die Bücher eines armen Studenten geben würden, zögerte ich doch, weil ich wußte, wie sehr nötig sie mir waren."

Die Bücher wurden an diesem Tag nicht verkauft, denn für den armen Studenten tat sich eine neue Tür auf: „Meinem Gott war keiner meiner Schritte verborgen, und er leitete sie. Ein Zettel an einem Fenster, das mein Auge sicher früher nie gesehen hatte, fiel mir auf; auf demselben stand: 'Lehrer in Maryhill Free Church School gesucht; Näheres im Pfarrhaus.' Der Pferdewagen, der in der Richtung von Maryhill verkehrte, kam, als ich mich eben nach einer Fahrgelegenheit nach dem ziemlich entfernten Teil der Stadt umsah. Rasch war ich an Ort und Stelle, sprach den Geistlichen, erhielt die Stelle, kehrte in meine Wohnung zurück, bezahlte meine Hauswirtin und zerriß den Brief an meine Eltern. Ein anderer voll Mut und Hoffnung wurde geschrieben, und früh am nächsten Morgen betrat ich die Schulstube."

Der Pfarrer hatte ihm eröffnet, daß die Schule sehr verwahrlost sei. Vernachlässigte Kinder des Fabrik- und

Kohlendistrikts störten den Unterricht so stark, daß John Patons drei Vorgänger sehr rasch das Handtuch geworfen hatten. Einer war nervenkrank geworden, ein zweiter hatte die Anstellung mit seiner körperlichen Gesundheit bezahlen müssen, dem dritten war bald aufgegangen, daß er der Problematik dieser Schüler nicht gewachsen war.

„Der Geistliche legte mir einen dicken Stock auf das Pult und sagte dabei: 'Machen Sie tüchtigen Gebrauch davon, oder Sie werden hier nie Ruhe und Ordnung aufrecht halten können!' Ich legte den Stock in die Schublade meines Pultes und sagte: 'Das wird meine äußerste Zuflucht sein!'

Die Zahl der Schüler war in der ersten Woche nur gering, etwa achtzehn am Tage und zwanzig abends. Ein Schreiber aus der nahen Fabrik kam zu den Abendkursen, wie er sagte, um Buchführung zu lernen, eigentlich aber, um mich vor Rohheiten der Schüler zu schützen.

In der zweiten Woche erschienen abends ein junger Bursche und ein Mädchen beim Unterricht, denen man bald anmerkte, daß sie nur gekommen waren, um zu stören. Durch lautes Sprechen untereinander, durch Lachen und Erzählen machten sie die Arbeit unmöglich. Je mehr ich um Stille und Ordnung bat, umso mehr lärmten beide zur großen Belustigung der wenigen Anwesenden. Endlich gebot ich dem jungen Mann Schweigen oder das Verlassen der Schule. Ich erklärte, ich würde die Ordnung um jeden Preis aufrecht erhalten; darauf lachte er und nahm Kampfstellung ein. Ruhig verschloß ich die Tür, steckte den Schlüssel zu mir, entnahm meinen Stock der Schublade und warnte alle, sich ruhig zu verhalten. Es war ein wirklicher Kampf, den wir fochten; er schlug plump mit den

Fäusten nach mir; ich wich durch rasche Bewegungen aus und erteilte ihm Schlag auf Schlag, bis er zuletzt erschöpft und besiegt auf seinen Platz zurückkehrte. Ich befahl ihm, sein Buch zu nehmen, was er mürrisch, aber ohne Widerrede tat. Ich sagte dann, alle möchten es verbreiten, ich würde denen, die kämen, um wirklich zu lernen, meine ganze Kraft widmen und ihnen stets helfen, vorwärts zu gelangen. Denen, welche Unheil und Entwürdigung der Schule im Sinn hätten, riete ich, künftig wegzubleiben, denn ich sei entschlossen, um jeden Preis Sieger zu sein und die Ordnung aufrecht zu halten. Dann versicherte ich, dieser Stock werde so lange nicht mehr gebraucht werden, wie Güte und Nachsicht meinerseits unter ihnen genügen würden, denn ich wolle lieber durch Liebe als durch Furcht herrschen. Dieser junge Mensch habe sehr gut gewußt, daß er mir gegenüber im Unrecht sei und nur das habe ihn, den körperlich mir weit Überlegenen, so schwach gemacht, daß ich ihn besiegen konnte. Ich würde übrigens ihm helfen und ihn fördern, als wenn nichts vorgegangen wäre, wenn er das richtige Benehmen von nun an zeigen werde. Das größte Schweigen herrschte nach meinen Worten, und alle beschäftigten sich ernsthaft mit ihren Büchern."

Die nächste Störung erfolgte am nächsten Morgen durch zwei der größeren Jungen. Auch hier blieben Ermahnungen ohne Wirkung. „Ich schüttelte beide derb am Kragen und stellte sie vor der Klasse auf; ich forderte die Mitschüler auf, ein Urteil zu sprechen und diese erklärten sie für 'schuldig' und tüchtiger Strafe würdig. Ich erklärte dann, ihr Urteilsspruch sei richtig, ich wolle aber, da es das erste Vergehen sei, diesmal von der Strafe absehen, da ich den Stock des Pfarrers nur in der alleräußersten Not anwenden wolle. Die beiden

Übeltäter baten um Verzeihung und versprachen, gehorsam und aufmerksam zu sein. Sie haben das Gelöbnis gehalten und gehörten später zu meinen besten Schülern. Auch in der Abendklasse wurde es fürs erste stiller, da die Unruhigsten wegblieben, weil sie sahen, daß Ernst gemacht wurde. Das Betragen aller gegen mich ließ nichts zu wünschen übrig. Die Zahl der Schüler nahm bis zur Überfüllung des Raumes zu, und ich mußte sogar eine Mittagsklasse einrichten, in die junge Mädchen und Frauen kamen, die im Schreiben und Rechnen die fast verlernten Anfangsgründe auffrischen wollten. Der Stock wurde ein nahezu vergessener Gegenstand."

Von langer Dauer sollte auch dieses Zwischenspiel nicht sein. Für die stark gewachsene, gut funktionierende Schule konnte das Schulkomitee einen besser ausgebildeten Lehrer anstellen. Und das tat es dann auch, ungeachtet dessen, was John geleistet hatte. So mußte er aufs neue die ungewisse Zukunft in die Hände Gottes legen.

Drittes Kapitel:

In der Stadtmission von Glasgow

Das Vertrauen Johns auf Gott, der ihn den richtigen Weg führen würde, wurde nicht enttäuscht.

Schon vor dem Beginn der Schularbeit in Maryhill hatte er dem Vorstand der Stadtmission in Glasgow seinen Dienst angeboten.

Am Vorabend seines letzten Tages in der Schule erhielt John einen Brief vom Missionsvorstand. Man hatte sich dort über die Person des jungen Mannes auf dem laufenden gehalten und wußte von dem Ende seiner Arbeit in Maryhill. Zu seiner eigenen Überraschung bekam er nach einer Prüfung eine Anstellung als Missionar in einem verwahrlosten Stadtteil. Das alles war ein Anlaß, die Führungen und harten Prüfungen der letzten Jahre in einem neuen Licht zu sehen: Eine bessere Ausbildung für diese Arbeit hätte John Paton sich kaum wünschen können. „Der Bezirk hätte noch nie einen Missionar gehabt und somit würde der Anfang nicht leicht sein, doch sollte ich gleich am nächsten Tag meine Besuche in und um Green Street, Calton, beginnen. Nachdem ich viele freundliche Ratschläge erhalten hatte, empfahl mich einer der Herren in warmem Gebet unserem Herrn und Meister zu der Arbeit, die in seinem Namen und auf seinen Befehl geschehen sollte."

Auch diese stadtmissionarische Aufgabe brachte John eine wachsende Befähigung für den Dienst, dem er sich eines Tages weihen würde. „So oft ich an diese Zeit zurückdenke, erkenne ich in den Erfahrungen eine Erziehung, eine Vorbildung für das geistliche Amt, die

nicht nur mir, sondern vielen sehr wertvoll gewesen ist:
Wir lernten es, mit Menschen umzugehen, die Hilfe
brauchten, es aber in den seltensten Fällen erkannten,
und bei denen es nicht leicht war, ihnen auf diese oder
jene Weise näherzutreten. Der Bezirk war in der Tat ver-
kommen, wie es mir die Herren gesagt hatten."

Die Menschen, denen er nachgehen sollte, hatten
durch die Umsiedlung vom Land in die Elendsviertel
Glasgows ihre sozialen Wurzeln verloren und erst recht
jegliche Bindung an eine Kirchengemeinde. Diese Ent-
wurzelten lebten ihr armes Leben, das oft von Alkohol
und tiefen Sünden gezeichnet war, in kleinen, armseligen, finsteren Wohnungen. Hier wollte Paton
ansetzen.

„Es fanden sich dort solche, die sich ihres Unglaubens
rühmten, Taugenichtse, Gewohnheitstrinker, Diebe.
Oft war auch das letzte Gefühl von Scham verschwunden, und die Sünde zeigte sich unverhüllt.

Ich sollte vier Stunden täglich den Hausbesuchen
widmen, sollte auf jede Weise suchen, die Leute zu
beraten und kurze Gebetsstunden mit ihnen zu halten.
In dieser Gegend gab es nur die engen finsteren Wohnungen der Armen und nicht ein einziges Haus mit
einem größeren Zimmer, in dem Raum für solche Versammlungen gewesen wäre. Es blieb nichts übrig, als
einen Heuboden dazu zu benutzen, der über dem Stall
eines Viehhändlers war. Nach etwa einem Jahr harter
Arbeit hatte ich sechs bis sieben, die nicht zur Kirche
zu bringen waren, an Sonntagabenden dort um mich.
Ebenso viele etwa, die am Abend eines Wochentages
sich versammelten, kamen im Zimmer einer armen, flei-
ßigen Frau zusammen, die von ihrem Mann übel
behandelt wurde. Er war ein guter Arbeiter, aber ein
starker Trinker und versetzte und verkaufte alles, dessen

er habhaft werden konnte. In wahren Wutanfällen schlug er die arme Frau in entsetzlicher Weise, da sie mit ihrem kleinen Kohlenverkauf seiner Meinung nach nicht genug verdiente. Unter Tränen und in herzlichem Gebet ertrug sie alles und versuchte, ihre Tochter in Gottesfurcht zu erziehen. Durch Gottes Gnade empfing er gute Anregungen in unseren Versammlungen. Er schwor dem Trinken ab, gab seine bösen Wege auf und ging nun allsonntäglich mit den Seinen zur Kirche. Nach und nach interessierte er sich warm für unsere Sache. Er versuchte, auch andere zum Beitritt des 'Vereins gegen geistige Getränke'* zu veranlassen und brachte seine früheren Genossen zu unseren Versammlungen in sein Haus. Seine Frau wurde mir durch ihren Einfluß und ihre Hilfe in jedem Elend von großem Nutzen, und so wuchs meine Hoffnung auf Erfolg mit jedem Tag."

Nach außen hin schienen die Resultate nach einem Jahr dürftig zu sein. Paton sollte in einen anderen Bezirk mit möglicherweise ansprechbareren Menschen versetzt werden. Aber er bat noch um einen halbjährigen Aufschub, „da ich die Überzeugung hatte, daß der gute Same doch endlich aufgehen und Frucht tragen würde. Die Herren bewilligten mein Bleiben für ein weiteres halbes Jahr. In der nächsten Versammlung sagte ich den Anwesenden, wenn es uns nicht gelänge, mehrere von denen zu uns zu ziehen, die jeden Kirchenbesuch unterlassen, so würde ich in einen anderen Bezirk versetzt werden. Auf der Stelle versicherte jeder Anwesende, das nächstemal wenigstens noch einen mitzubringen, und unsere beiden Versammlungen waren von dem Tage an gut besucht, und indem ihr Interesse wuchs und sie mich zu behalten wünschten, verdop-

---

* Abstinenzverein

pelten sie bald ihre Zahl zum zweitenmal. Bald wurden beide Versammlungen zu groß für das Lokal, wie es dieser arme Bezirk bot. Wir richteten Bibel- und Singstunden ein, eine Stunde für solche, die wieder zum Abendmahl zu gehen sich entschlossen und gründeten einen 'Verein zur Enthaltsamkeit von geistigen Getränken'."

Doch der Besitzer des Heubodens, der auf so vielfältige Weise benutzt wurde, kündigte, weil er den Boden selbst benötigte. Die Männer besorgten daraufhin aus eigenem Antrieb eine Räumlichkeit − wieder ein Heuboden. Die ungewöhnliche Lokalität wurde von diesen Männern mit einer Holztreppe ausgestattet, so daß die Versammlungen besucht werden konnten, ohne daß man die Ställe betreten mußte.

„Dies wurde im ganzen Distrikt lobend besprochen und vermehrte wiederum das allgemeine Interesse an unserer Missionsarbeit. Aber so großmütig wie dies von den hart arbeitenden guten Leuten war, blieb es doch ein Unterkommen, das uns über kurz oder lang genommen werden konnte, wenn es dem Besitzer nicht länger entbehrlich war. Eben damals kam ein Häuserkomplex dort zum Verkauf, der eine kleine Kirche, Schule und Pfarrwohnung enthielt." Die Gemeinde, die die Mission in Green Street gegründet hatte, übernahm die Kosten für diese Gebäude. „Die Lage im Mittelpunkt des Bezirks war eine günstige, und so wurde mir die Kirche zu unseren Versammlungen übergeben. In den übrigen Räumen richtete die Mission Schulen für arme Jungen und Mädchen ein, wo sie von guten Lehrern unterrichtet und mit Büchern, Kleidern und guter Nahrung von den Frauen der Gemeinde bedacht wurden."

Noch Jahrzehnte später sollten die Räumlichkeiten

den Armen Glasgows ein Segen sein. „Mir gaben die neuen Erleichterungen die Möglichkeit, die ganze Arbeit neu zu organisieren. Sonntagmorgen um 7 Uhr versammelte sich meine ernsteste, eifrigste Klasse zur Bibelstunde. Es waren dies zwischen siebzig und hundert der allerärmsten jungen Leute beiderlei Geschlechts. Sie hatten keine anderen Kleider als die, die sie täglich zur Arbeit trugen, in ihrem Besitz; sie waren sämtlich ohne Kopfbedeckung, viele barfuß. Es war eine Freude, zu beobachten, wie die Erscheinung auch der Ärmsten unter ihnen an Sauberkeit und Ordnung sich besserte, als sie nur einige Male unsere Stunde besucht hatten, wie sie nach und nach Schuhe tragen konnten, wie sich die Kleidungsstücke langsam besserten und sauberer gehalten wurden, so daß sie bald auch unsere Tagesversammlungen und später die Kirche nicht zu scheuen hatten, wie es früher in ihren Lumpen der Fall gewesen war."

Bei diesen jungen Leuten stellte sich ein neues Verantwortungsbewußtsein ein. Mit der Zeit übernahmen es einige von ihnen, am Sonntagmorgen um sechs Uhr an die Türen der weniger Starken, der Gleichgültigen, der Laxen, der Neulinge zu pochen, um sie ans Aufstehen und an die Bibelstunde zu erinnern. Durch ihre veränderte Lebensführung standen sie sich mit der Zeit materiell besser, trugen aber trotzdem zu den Sonntagsbibelstunden ihre Arbeitskleidung, um den ärmeren Kameraden nichts voraus zu haben.

Auch die übrigen Abende der Woche waren gefüllt mit Bibel- und Gebetsstunden, mit Lektionen über das Leben als Christen. Mancher fand von da aus den Weg zur Kirche. Ein Abend war dem Singen gewidmet, ein anderer dem Abstinenzverein, der wegen des verbreiteten Alkoholproblems in den armen Familien gegründet worden war. Hier tauschten die Betroffenen ihre Erfahrungen aus, lasen einander vor und sangen. Paton hatte erkannt, daß dem Alkoholiker nicht Mäßigung, sondern nur völlige Abstinenz helfen kann. Tatsächlich hatte diese „Therapie" der Enthaltsamkeit und der gegenseitigen Hilfe durch die Gespräche an den Vereinsabenden beträchtliche Erfolge.

„Auf diese Weise wurden mit Gottes Hilfe viele zu lebendigen Christen und als solche wieder ein Segen für ihre Umgebung. Acht junge Leute widmeten sich später dem Dienst der Kirche und haben ihre Anfangsgründe in Latein und Griechisch aus meinen damals noch geringen Kenntnissen dieser Sprachen entnehmen müssen!"

Neben der Durchführung von Versammlungen erwuchs dem jungen Paton in Seelsorge und Nachsorge ein zusätzliches Aufgabenfeld: „Zwischen fünf- und sechshundert besuchten die Abendversammlung regelmäßig, und zwar waren es ausschließlich Arme. Die Mehrzahl gehörte den unteren Schichten der Arbeiter an. Sobald sich ihre Verhältnisse durch Gottes Hilfe und durch das Verlassen schlechter Gewohnheiten besserte, wendeten sie sich anständigeren, gesunderen Teilen der Stadt zu und wohnten nun verstreut. Ich besuchte sie aber auch in der Ferne, um ihren Rückfall zu verhindern, bis ich sie der Kirche angeschlossen wußte, in deren Nähe sie nun wohnten und in deren schützender Fürsorge ich meine Freunde wohlbehütet wußte."

Aus den geforderten täglichen vier Stunden Arbeit waren längst mindestens doppelt soviel geworden, obwohl acht bis zehn junge Männer und noch einmal doppelt soviel junge Frauen unter Patons Leitung mithalfen, indem sie Krankenbesuche machten und Traktate verteilten. Dadurch konnte jede Familie regelmäßig zweimal im Monat besucht werden. Sie tauschten Erfahrungen und Notizen aus, und besondere Fälle wurden gemeinsam beraten. Es ergaben sich auch Möglichkeiten, das soziale Elend zu mildern, denn einige engagierte Arbeitgeber boten Paton Stellen für seine Schützlinge an, so daß dadurch mancher der furchtbaren Armut und der moralisch verwahrlosten Atmosphäre der Elendsviertel entrinnen konnte. Vielen ging es allein schon dadurch besser, daß ihr Lohn völlig ausreichte, sobald die Ausgaben für Branntwein verschwanden.

„Durch die ganze Zeit der Stadtmissionarsarbeit setzte ich, oft schwer genug, meine Studien an der Universität Glasgow fort und hörte neben den theologischen auch medizinische Vorlesungen. Mit Ausnahme eines Semesters, als meine Gesundheit ernstlich litt, kämpfte ich zehn volle Jahre um die nötigen Kenntnisse. Erreichte ich auch nicht die volle Gelehrsamkeit, nach der ich dürstete — schon weil der in der Jugend gelegte Grund zu schwach war —, so hatte ich in all meinen Bemühungen doch stets den Segen, meinen Herrn und Meister mir ganz nahe zu wissen, der manchem Begabteren fehlte."

Viertes Kapitel:

Der Entschluß

Die Green Street-Arbeit machte John große Freude, zumal es offensichtlich war, daß Gott sie sehr segnete. In den letzten Studienjahren aber wuchs in ihm die Überzeugung, daß auch diese Arbeit nur eine Vorbereitung, eine Durchgangsstation für seine künftige Aufgabe sein sollte. Vorerst sprach er mit niemandem darüber, daß er das Evangelium denen bringen wollte, die noch in der Finsternis der Götzenkulte lebten — den Völkern der Südsee.

Noch war ihm die Berufung nicht klar, aber seine täglichen Gebete waren erfüllt von dem Wunsch, für Gott auf den Inseln der Südsee Seelen zu gewinnen. Mit diesem Ziel vor Augen besuchte er neben den theologischen auch medizinische Vorlesungen, um auch in diesem Fach einen Universitätsabschluß zu bekommen. Zu letzterem kam es dann aber nicht mehr: Für die Mission auf den Neuen Hebriden, einer Inselgruppe in der Südsee, wurden solche gesucht, die bereit waren, dem schon dort tätigen Missionar John Inglis beizustehen. Zwei Jahre vergingen über diesem dringlichen Aufruf, ohne daß sich von irgendwoher eine Resonanz eingestellt hätte. Der letzte, verzweifelte Versuch, einen Kandidaten ausfindig zu machen, war ein von der Synode* durchgeführtes Losverfahren:

„Ich hörte die Verhandlungen mit dem lebhaftesten Interesse an und ebenso folgte ich dem so ganz unge-

---

* Synode (der Reformierten Presbyterianischen Kirche Schottlands): zuständig für Leitung und Verwaltung der Kirche

wöhnlichen Verfahren. Noch jetzt kann ich den Ernst der Wählenden vor mir sehen und die Totenstille mir vergegenwärtigen, mit welcher die Versammlung die Rückkehr der Herren erwartete, die sich mit den Wahlzetteln entfernt hatten.

Als diese mit feierlichem Ernst verkündigten, Gott wolle auf diese Weise keine Antwort geben, die Stimmen seien so zersplittert, das Resultat ein so unbestimmtes, daß man nicht einen einzigen als bestimmt zu dem großen Werke bezeichnen könne, traten Tränen in meine Augen. Es schien eine Wolke der Trauer sich über die ganze Versammlung zu senken, die nochmals Gottes Beistand in ernstem Gebet anrief.

In mir sprach es lauter und lauter: 'Da kein besser geeigneter Mann sich findet, stehe auf, und biete dich an!' Der Impuls zu rufen: 'Hier bin ich! Sendet mich!', war überwältigend! Doch war ich sehr zaghaft, ob ich nicht meine eigene Bewegung und meine heißen Wünsche fälschlich für den Willen Gottes hielt. Deshalb beschloß ich, über die Sache noch einige Tage ernstlich nachzudenken, sie von allen Seiten zu prüfen und Gott wieder und wieder zu bitten, mich das tun zu lassen, was er wollte."

Es folgte eine Zeit des Abwägens und Prüfens. Sollte er die blühende Green Street-Arbeit aufgeben? Ja, er war nicht unentbehrlich: Viele würden in der Lage sein, diese Aufgabe fortzusetzen. Er vergegenwärtigte sich, daß die Armen des Elendsviertels durchaus die offene Bibel hatten und ihnen seelsorgerlich Hilfe zur Verfügung stand. Die Heiden der Südsee aber mußten in Finsternis und Elend leben, weil sie niemals den Ruf Gottes gehört hatten, daß seine Gnade sie mit ihm versöhnen könnte.

„Für sie fand sich keiner, während viele fähig und

willig sein würden, meinen bisherigen Dienst fortzuführen. Zudem hatte ich durch meine medizinischen
Kenntnisse, wenn sie auch nicht zu Ende geführt waren,
doch etwas errungen, was mich in dem Streben nach
dem Ziel unterstützen konnte, und so wurde meine
Überzeugung, daß mich Gott rufe, nach und nach
immer fester."

Angeregt durch Johns Initiative beschloß schließlich
auch ein Studienkamerad, sich für die Mission auf den
Neuen Hebriden zur Verfügung zu stellen. Dr. Bates,
der Kirchenvorstand, „besuchte uns am nächsten
Morgen, unterhielt sich eingehend mit uns beiden über
die Sache und betete mit und für uns um die Arbeit, der
wir unser Leben widmen wollten. – Wir sollten
zunächst noch ein Jahr dem Studium der Medizin
widmen, uns auch einige Kenntnis in den Handelswis-
senschaften erwerben, Handwerken Aufmerksamkeit
schenken, kurz, unsere Befähigung für den zugewie-
senen Platz nach verschiedenen Seiten hin zu vergrößern suchen."

Dieser Entschluß Johns beschwor Proteste fast aller
Freunde herauf. Stand er nicht in einer blühenden
Arbeit, wo er nötig war? Hatte Gott diese Arbeit nicht
gesegnet? Brauchte nicht auch die Namenschristenheit
Missionare? Würde er den Erfolg der Arbeit in Glasgow
vertauschen mit einem fruchtlosen Dienst unter den
Kannibalen der Südsee?

„Ich erwiderte, mein Entschluß stehe fest und so sehr
ich meine Armen geliebt, so fühle ich doch, ich könne
sie dieses Zieles wegen verlassen, mit dem Wissen, daß
Gott ihnen auch weiterhin gute Hirten geben würde. In
bezug auf mein Leben unter Kannibalen stelle ich mich
unter den Schutz dessen, der mich so wunderbar
bewahrt habe in den Zeiten, da Cholera und Typhus

mich Tag und Nacht in den Wohnungen meiner Armen gefährdet hätten. In dieser Richtung sei ich ohne jede Sorge, da ich alles dem Herrn anheim stelle, dessen Ehre ich suchen wolle, im Leben wie im Tod.

Schließlich bot man mir dann ein Haus und ein von mir selbst zu bestimmendes passendes Gehalt an, das bedeutend höher sein sollte als das, was mir als Missionar zugesagt worden war, für den Fall, daß ich mich verpflichten würde, im Green Street-Bezirk zu bleiben."

Auch das machte ihn nicht schwankend. Ein größeres Problem bildete „die Anhänglichkeit meiner Armen, die sich in oft wiederholten, rührenden Bitten, bei ihnen zu bleiben, aussprach. Es trieb mich dies stets aufs neue ins Gebet hinein und in die Nähe meines Heilands. Aber lauter und lauter sprach die Stimme in mir: Überlasse das Angefangene ruhig dem Herrn! Geh' du hin und lehre alle Völker! Siehe, ich bin bei dir alle Tage! Und diese Worte klangen mir wie ein Marschbefehl dem Soldaten.

Oft mußte ich auch hören: Es gibt auch daheim Heiden! Laßt uns zuerst suchen und retten, was an Verlorenen vor unserer Tür liegt. Die Wahrheit dieser Meinung kannte ich seit Jahren: Jene, die so zu mir sprachen, dachten ebensowenig fürsorglich an die 'Heiden vor der Tür' wie an die auf der anderen Seite der Erde. Ich wußte, daß diese Leute an einem Tage vielleicht zehnmal soviel für einen Ball, ein Theater oder dergleichen ausgaben als sie das ganze Jahr für die Heiden zur Verfügung stellten, sowohl für die einheimischen als für die fremden. Ich habe für solche 'schlechte Haushalter über Gottes Gaben' stets großes Mitleid empfunden; aber ihre Meinung über mein Tun und Lassen konnte unmöglich Wert für mich haben.

Meine Eltern schrieben mir: 'Wir haben jeden direkten Einfluß auf dich vermieden, um Gott ganz in dir handeln zu lassen und nicht etwas zu erzwingen, das nicht sein Wille ist. Nun aber, da dein Entschluß feststeht, können wir dir sagen, warum wir Gott für seine Führung danken. Du weißt, daß dein Vater von ganzem Herzen hoffte, Geistlicher werden zu können, daß die Verhältnisse es nicht zuließen. Als wir dich, unseren Erstgeborenen, besaßen, weihten wir dich dem Herrn, wenn Gott es annehmen wolle, als Boten des Herrn zu den Heiden. Es ist unser tägliches Gebet gewesen, Gott wolle dich zu diesem Werke vorbereiten, fähig machen und dich diesen Weg führen, wenn es sein heiliger Wille sei. Nun, wo du entschlossen bist, bitten wir von ganzem Herzen, der Herr wolle dich annehmen, dich behüten und schützen und dich viele Seelen für ihn gewinnen lassen.'"

Das also war es gewesen: Von Anfang an war sein Leben dem Dienst des Herrn geweiht, ohne daß es John bewußt gewesen war. Jetzt erkannte John rückblickend die Hand Gottes in den Einzelheiten seines bisherigen Lebens. „Es regte sich auch nicht mehr der leiseste Zweifel in mir, ob ich seinem oder dem eigenen Willen gefolgt sei. Wohl hatte ich die Gebete meiner Eltern für mich gekannt und die Teilnahme, mit der sie mich bei Arbeit und Studien stets begleitet hatten; aber natürlich hatten sie mir zu meiner Erziehung keine Mittel gewähren können.

Ich habe durch die Einfachheit meines Lebens, zu der ich gezwungen war, eine vorbereitende Schulung für meinen Beruf gehabt, die mir sehr zustatten gekommen ist."

Für die Arbeit, die John Paton hinter sich ließ, fanden sich geeignete Nachfolger. Auch darin sorgte sein Herr dafür, daß er unbelastet von solchen Sorgen seine neue Aufgabe antreten konnte. Sein Bruder Walter, der ihm bereits seit längerer Zeit in Freistunden geholfen hatte, gab ohne weiteres Stellung und gute Zukunftsaussichten als Kaufmann auf, um in den Dienst der Green Street-Mission zu treten. Als er die Arbeit später verließ, um als Seelsorger einer Gemeinde zu wirken, trat ein anderer, sehr gesegneter Stadtmissionar an seine Stelle.

Der Herr der Ernte sorgte sowohl für die Arbeiter als auch für das Werk selbst!

Teil 2: Die Neuen Hebriden

Fünftes Kapitel:

Ankunft und erste Eindrücke

Am 1. Dezember 1857 wurden Paton und sein Freund Copeland als Missionare bestätigt. Daran schloß sich eine viermonatige Besuchstour durch die Kirchengemeinden an, „damit sie uns kennenlernen und persönliches Interesse an dem Unternehmen und uns bekommen möchten".

Nach der Ordination der beiden, die am 23. März 1858 in Glasgow erfolgte, schifften sie sich am 16. April 1858 ein. Paton verließ Schottland auf der „Clutha" nicht allein: Er hatte seine junge Frau Mary Ann Robson an seiner Seite. In 50 Kisten befand sich die Habe des jungen Ehepaares. Über Melbourne als Zwischenstation gelangten sie nach einer zweiten, zwölftägigen Seereise auf der „Sage" vor Aneityum auf den Neuen Hebriden an. Viereinhalb Monate waren sie auf den Weltmeeren unterwegs gewesen.

„Wir waren vor der Insel vor Anker gegangen; endlich kam das Boot des Händlers, um zu fragen, was wir benötigten. Wir sandten einen Brief an den dortigen Missionar Dr. Geddie, der früh am nächsten Morgen mit seinem Boot erschien, um uns zu holen. Mit ihm kam ein kleiner Missionsschoner, der 'John Knox', und ein größeres Missionsschiff, die 'Columbia', beide mit guten eingeborenen Matrosen bemannt. Bald waren unsere fünfzig Koffer und Kisten auf die Schiffe gebracht, die dadurch schwer beladen wurden; um so schwerer, als das Boot, das die anderen an Land ziehen sollte, leer bleiben mußte.

Dr. Geddie, Mr. Mathieson, meine Frau und ich waren zwischen unseren Kisten an Bord des 'John Knox' und mußten uns an diesen, so gut wir konnten, festhalten. Beim Abschwenken von der 'F.P. Sage' zerbrach einer von deren Davits* den Mast unseres kleinen 'John Knox' dicht über Deck. Er wäre auf meine Frau gefallen und hätte sie zerschmettert, hätte ich sie nicht auf eine uns allen fast unmöglich erscheinende Weise auf die Seite zu reißen vermocht. Er fiel nahe bei Mr. Mathieson nieder, doch ohne ihn zu verletzen. Das Boot, ohnehin überladen, war natürlich unfähig zu segeln; wir waren 10 engl. Meilen weit vom Lande und in bedeutender Gefahr; trotzdem lichtete die 'Sage' die Anker, segelte fort und überließ uns unserem Schicksal!

Wir trieben auf Tanna zu, eine von Kannibalen bewohnte Insel, die sicherlich über uns und unseren Besitz hergefallen sein würden. Wir waren im Tau von Dr. Geddies Boot, während Mr. Copeland und seine Eingeborenen hart arbeiteten, um die 'Columbia' und ihre Ladung nach Aneityum zu bringen. Trotz des Passatwindes war die See verhältnismäßig ruhig. Ungeachtet aller Mühe trieben wir aber vom Lande ab, bis Dr. Inglis, der von der Ankunft des Schiffes gehört und vom Hafen aus unsere hilflose Lage beobachtet hatte, mit mehreren Booten zu Hilfe kam. Alle diese wurden unserem Schoner vorgespannt, und den vereinten Anstrengungen aller Ruderer gelang es endlich, das Schiff vorwärts zu bewegen! Nach stundenlanger Arbeit unter der brennenden, fast tropischen Sonne landeten wir um sechs Uhr am Abend des 30. August in

---

* Davit: drehbarer Schiffskran

Aneityum, d. h. vier Monate und vierzehn Tage, nachdem wir den schottischen Hafen verlassen hatten. Die freundliche Begrüßung von seiten der Frauen der Missionare und der Eingeborenen, die bereits Christen waren, berührte uns sehr angenehm. Unser Dank gegen Gott, der uns aus der Gefahr errettet und an diesen friedlichen Ort inmitten der Neuen Hebriden gebracht hatte, war groß.

Mr. Copeland, meine Frau und ich erhielten zunächst Unterkunft und liebevolle Aufnahme auf der Station des Dr. Inglis. Da er soeben damit beschäftigt war, sein Haus durch verschiedene Anbauten zu vergrößern, fand ich hier außer der Schulung in höheren Dingen auch sehr notwendige Übung im Einrichten von Missionshäusern. Dann kamen meine 'Brüder an der Arbeit' zusammen, um zu beraten, auf welcher der vielen Inseln der Anfang gemacht werden solle. Der Beschluß lautete, daß Dr. Mathieson und seine Frau, die aus Neuschottland/Kanada stammten, auf der Südseite der Insel Tanna, in Kwamera, sich niederlassen sollten, während meine Frau und ich auf dieselbe Insel in das auf der Ostseite gelegene Port Resolution zu gehen hätten. Mr. Copeland sollte auf beiden Stationen beschäftigt werden, je nachdem, ob Mr. Mathieson oder ich seine Hilfe gerade am meisten brauchten.

Dr. Inglis und einige der zuverlässigsten Eingeborenen begleiteten uns nach Kwamera auf Tanna. Wir kauften dort Land für Missionshaus und Kirche, legten die Grundsteine und begannen den Bau, dessen Fortführung wir dann Mr. Mathieson überließen. Dasselbe geschah in Port Resolution; wir kauften Land und errichteten ein Haus für uns. Kalk erhielten wir durch Brennen von Korallenblöcken; das Dach sollte aus Zukkerrohr bestehen, das die Eingeborenen dazu besonders zu präparieren verstehen. Für die Arbeit sowohl als für Grund und Boden wurde bezahlt. Unglücklicherweise erfuhren wir erst zu spät, daß beide Missionshäuser zu nahe der See angelegt und dadurch dem Fieber ausgesetzt waren, das den Europäern die Südseeinseln so gefährlich macht.

Auf beiden Stationen fanden wir die Bewohner in sehr unruhigem, aufgeregten Zustand. Kriege und Kämpfe, teils mit entfernteren Stämmen, teils mit den Nachbardörfern, ja, mit den nächsten Nachbarn, hielten sie in Schrecken. Die Häuptlinge verkauften uns sowohl in Kwamera als in Port Resolution gern Grund und Boden; es schien ihnen nicht unlieb, daß Missionare unter ihnen leben würden. Messer, Äxte, Fischhaken, Decken und Kleider, die sie als Bezahlung erhielten, machten sie so willig. Sie mochten auch hoffen, durch Plünderung mehr davon zu bekommen als durch Arbeit, denn sie weigerten sich, uns ihren Schutz zu versprechen. Alles, was erzielt werden konnte, war, daß sie sich verpflichteten, selbst nichts gegen uns zu unternehmen. Was die Stämme des Inlands tun würden, daran könnten sie nichts ändern. Solche Zusagen bedeuteten nichts und sollten es auch nicht."

Paton machte seine erste Bekanntschaft mit der Mentalität der eingeborenen Insulaner. Versprechen waren immer zwiespältig: Entweder wurden sie gar nicht gehalten oder nur teilweise. Die Tannesen waren unzuverlässig, und man mußte jederzeit eines Hinterhaltes gegenwärtig sein. „Nichts Erdenkliches war zu niedrig oder zu grausam, wenn es dem Zweck des einzelnen oder aller dienen konnte. Meine ersten Eindrücke ließen meinen Mut tief sinken."

Es dauerte ein wenig, bis sich Abscheu in Mitleid verwandelt hatte und er unter den Tannesen so gerne arbeitete wie früher in den Elendsvierteln Glasgows. Die bemalte Nacktheit, die Unberechenbarkeit und der Kannibalismus des Naturvolkes waren eine harte Probe. Ermutigend wirkte sich aber der große Erfolg der Missionsarbeit auf der Nachbarinsel Aneityum durch Dr. Geddie und Inglis aus.

Während die Frauen der Missionare von Frau Inglis und Frau Geddie auf Aneityum in die Arbeit unter den weiblichen Inselbewohnern eingeführt wurden, bauten die Männer zwei Missionsstationen auf Tanna auf. „Den Tannesen waren Dr. Inglis und ich sichtlich ebensowohl Gegenstände der Neugier als der Furcht; sie kamen in Haufen, unserem Bau von Holz, Korallen und Kalk zuzusehen und sprachen unaufhörlich untereinander in offensichtlicher Bewunderung.

Ein Trupp Bewaffneter folgte dem anderen; sie kamen und gingen, große Beunruhigung hinterlassend. Man ließ uns durch unsere Lehrer aus Aneityum versichern, es würde niemand unsere Arbeit hindern, und überhaupt würden die Bewohner von Port Resolution keinen Kampf beginnen, sondern sich nur gegen Angriffe verteidigen. Eines Tages kam es zwischen unseren Nachbarn und Leuten aus dem inneren Teil der Insel zu lautem, wüstem Zanken. Die Fremden traten den Heimweg an, wurden aber von unseren Leuten, die doch nicht hatten kämpfen wollen, mit den Waffen verfolgt. Flintenschüsse und furchtbare Schreie der Wilden im nahen Wald zeugten von einem tödlichen Kampf. Schreck und Furcht lag auf den Gesichtern unserer Nachbarn. Bewaffnete mit ihrem Federschmuck in den Haaren sah man in allen Richtungen kommen und vorbeirennen, die Gesichter rot, schwarz oder weiß bemalt, manche mit einer roten und einer schwarzen Wange, die

Stirn weiß, das Kinn blau!

Manche der Frauen suchten mit ihren Kindern versteckte Zufluchtsorte auf; andere schienen die Gefahr, in der ihre Angehörigen schwebten, nicht mehr zu beachten, als wenn diese zu einem Fest gegangen wären, denn sie standen lachend und Zuckerrohr kauend am Strand. Als am Nachmittag der Tumult des Gefechts und die Flintenschüsse uns näher kamen, sagte Dr. Inglis: 'Die Mauern Jerusalems sind in unruhigen Zeiten gebaut worden; warum nicht auch das Missionshaus in Tanna? Aber lassen Sie uns für heute aufhören mit der Arbeit; wir wollen für diese armen Heiden beten.'

Wir zogen uns in eine Hütte zurück, die uns überlassen worden war, so lange wir sie brauchten und beteten mit vollem Herzen. Nach und nach wurde der Lärm geringer, und es schien, als ob die Eindringlinge zurückgeschlagen seien. Spät am Abend kehrte die Bevölkerung in die uns nahen Dörfer zurück, und es verlautete, daß fünf oder sechs der Erschlagenen gebraten und verzehrt worden seien und zwar nahe an einer heißen Quelle, die kaum eine Meile von unserem Haus in der Nähe der Bucht hervorsprudelte! Wir erfuhren es durch einen Jungen, den Dr. Inglis mitgebracht hatte und der uns als Koch diente. Er pflegte abends Wasser aus der heißen Quelle zu holen, um uns Tee zu machen. Diesmal kam er mit leerem Geschirr heim und sagte: 'Missi, dies ist ein böses Land. Die Leute tun dunkle Taten. Sie haben ihre Feinde gegessen und haben das Blut in die Quelle laufen lassen! Alles ist rot; ich kann Ihnen heute keinen Tee machen! Was soll ich tun?' Dr. Inglis sagte, er möge sich nach anderem Wasser umsehen; für heute würden wir Kokosnußmilch trinken, wie schon öfters. Der Junge schien erleichtert, dennoch sahen wir deutlich, daß trotz seiner schon länger dauernden Erziehung in der Mission zu Aneityum ihm das Töten und Essen der Feinde etwas Bekanntes, fast Natürliches schien, daß in seinen Augen das Verderben des Wassers das bei weitem größere Unrecht war! Wie sehr sind doch alle unsere Anschauungen die Wirkungen der Umstände und Umgebungen! Wäre ich an seiner Stelle geboren, so würde ich wahrscheinlich ebenso empfunden haben.

Am nächsten Abend, als wir unsere Aufgabe besprachen, hörten wir furchtbares, lang anhaltendes Geschrei aus den Dörfern schallen. Auf unsere Frage, was geschehen, hieß es, einer der gestern Verwundeten sei eben gestorben und man habe nun unter verschiedenen Zeremonien seine Witwe erdrosselt, damit sie in einer anderen Welt ihm dienen könne wie hier. Man hatte soeben die beiden Leichen zur Bestattung im Meer nebeneinander gelegt. Wir waren entsetzt, daß das in verhältnismäßiger Nähe hatte vorgehen können, ohne daß wir davon gewußt und versuchen konnten, es zu verhindern. Kein Tag verging, ohne uns neue Einblicke in die Finsternis zu gewähren, in der dieses unselige Volk lebte. Wie sehnten wir uns, ihnen von Jesus und der Liebe Gottes sprechen zu können! Wir sammelten fleißig jedes Wort ihrer Sprache, dessen Bedeutung wir erfuhren, um möglichst bald den Reichtum von Gottes Gnade vor den armen Menschen auszubreiten und sie von solchen Sünden zu befreien.

Nachdem wir mit dem Haus ziemlich weit gekommen waren, übergaben Dr. Inglis und ich noch verschiedene Arbeiten, wie Kalkbrennen und Holzsägen, gegen Bezahlung mit Messern, Baumwollstoffen usw. an die Tannesen. Dann fuhren wir nach Aneityum zurück, um meine Frau und unsere Kisten möglichst noch vor An-

bruch der Regenzeit, die bald eintreten mußte, nach
Tanna zu bringen."

Sechstes Kapitel:

Leben und Tod auf Tanna

Rückblick

„Ich möchte in einem kleinen Rückblick zusammen-
fassen, was vor 1858 auf diesen Inseln versucht worden
war, um das Evangelium zu verbreiten. Die allerersten
Missionare waren John Williams und sein junger
Gefährte Harris. Sie landeten auf der Insel Erromanga
am 30. November 1839, wurden aber, als sie kaum den
Fuß an Land gesetzt hatten, von den Wilden erschlagen
und − gegessen. So war gleich Märtyrerblut auf diesen
Boden geflossen, und er gehörte nun um so mehr dem
Herrn. Sein Kreuz mußte um so gewisser dort gepredigt
werden, wo seine Boten in seinem Namen das Leben
hingegeben hatten. So sandte die Londoner Missionsgesellschaft 1842 die Missionare Turner und Nisbet ab. Sie
wählten die Insel Tanna, weil sie Erromanga am
nächsten lag. Nach sieben Monaten waren Wut und
Mordlust der Tannesen nicht mehr zu bändigen.
Nachdem ihr Leben wiederholt bedroht worden war,
versuchten beide Missionare, in einem kleinen Boot zu
entfliehen. Sie wären dem sicheren Verderben entgegen-
gegangen, wenn die Wellen sie nicht wieder an Land
geworfen hätten. Am anderen Morgen fuhr ein größeres Schiff vorüber und wendete sich dann plötzlich
der Insel zu. Gott sandte ihnen diese Rettung, auf die
sie nicht hatten hoffen können, da fremde Schiffe sich
nie dieser Insel nähern. Die Pläne waren also wieder
hinausgeschoben. Der Herr verwendete Turners Arbeit
in anderer Weise. Er hat in Samoa viele Eingeborene

zu tüchtigen Lehrkräften ausgebildet, und seine Tätigkeit auf das Übersetzen der Bibel verwendet, von der viele Auflagen in die Hände der Südseeinsulaner kamen.

Nun versuchte man, Eingeborene von Samoa, die Turner ausgebildet hatte, auf die Inseln zu senden. Aber teils erlagen sie dem Klima, teils litten sie so entsetzlich unter der Grausamkeit der Einwohner, daß sie nicht bleiben konnten.

So hatte das Christentum immer noch nirgends auf den Neuen Hebriden Fuß gefaßt, als John Geddie und seine Frau 1848 und John Inglis 1852 auf Aneityum, der südlichsten Insel, ihr Werk begannen. Von der Londoner Missionsgesellschaft wurde T. Powell Dr. Geddie beigegeben, um ihm bei der Ansiedlung zu raten und beizustehen. Hier nun fand sich wunderbarerweise eine Bevölkerung, die von Anfang an Interesse zeigte und bald den Missionaren treu anhing. Nach wenigen Jahren erreichten die beiden Männer, daß 3500 Insulaner ihre Götzenbilder vernichteten, ihre heidnischen Gebräuche verließen und sich zum Christentum bekannten. Langsam nur legten sie das Heidentum ab, aber nachdem es geschehen war, gingen sie sicher und voll Hoffnung in der christlichen Erkenntnis vorwärts. Nach einiger Zeit wurde eine einfache häusliche Andacht eingeführt, die in jedem Hause treu gehalten wurde. Man betete bei den Mahlzeiten, Friede und Ordnung waren ungestört und das Eigentum war völlig sicher geworden. Und nach und nach erlebten diese Missionare die Freude, die ganze Bibel in den Händen der jungen Christen zu sehen! Sie und Mr. Copeland hatten sie mit großem Fleiß und endloser Mühe übersetzt. Die 'Britische und Ausländische Bibelgesellschaft' hatte sie gedruckt. Und wie war das zustande gekommen?

Als die Aneityumesen Einblicke in das Wort Gottes bekommen hatten, war es ihr größter Wunsch, die Heilige Schrift in ihrer eigenen Sprache zu besitzen, in der noch nie auch nur eine Seite niedergeschrieben worden war! Während die Missionare sich mit der schwierigen Übersetzung beschäftigten, arbeiteten die Eingeborenen daran, das Geld für den Druck zu beschaffen, das auf 1200 Pfund Sterling veranschlagt war. Durch fünfzehn Jahre bauten sie Arrowroot* 'für den Herrn'. Sie verzichteten auf dieses Essen und brachten die ganzen Ernten den Missionaren, die sie nach Australien und Schottland sandten, wo Freunde der neuen Christen sie möglichst gut verkauften und den Ertrag sammelten. Als das große Unternehmen beendet war, als die ersten Bibeln den sehnsüchtig Wartenden zugesendet wurden, zeigte es sich, daß die ganze Summe von den Aneityumesen verdient worden war!"

Einiges wird an diesem Rückblick auf die Entwicklung der Mission der Tanna benachbarten Insel Aneityum deutlich. Man könnte sich fragen, ob es für die Unterstützer der Mission im Heimatland durch Sammlungen nicht ein Leichtes gewesen wäre, die Summe von 1200 Pfund Sterling aufzubringen, während ein riesiger Aufwand, zahllose Hände und ein großer Arbeitseinsatz der Insulaner nötig waren, um in immerhin 15 Jahren das Geld zu beschaffen. Es ist jedoch offensichtlich, daß die Aneityumesen dem, was sie so mühsam über einen derart langen Zeitraum erarbeitet hatte, eine ganz besondere Wertschätzung entge-

---

* „Arrowroot" (pharmakolog.): Maranthenart (Pfeilwurz), deren Wurzeln und Knollen zu einem körnig-weißen Mehl vermahlen wurden, dem man wegen seines hohen Kohlehydratgehaltes eine Anwendbarkeit als Stärkungs- und Aufbaumittel zuschrieb.

genbrachten. Sie sahen den Verzicht, den die Missionare leisteten, sie registrierten deren Arbeitseinsatz bei der Spracherfassung und der Übersetzung, sie selbst hatten Verzicht und Arbeit geleistet – und erkannten umso mehr den großen Wert und die großartige Wirkung des Wortes Gottes.

Wieviel leichter fällt den Christen in den seit Jahrhunderten christianisierten Ländern der Griff zu ihrer Bibel – und um wievieles leichtfertiger sind wir darin, den Griff nach Gottes Wort zu unterlassen, durch das allein wir seine verändernde Kraft so kennen- und schätzenlernen würden wie die Christen von Aneityum.

Ankunft auf Tanna

Der Schoner „John Knox", das Schiff, das der Mission gehörte, war nicht für den Transport von Menschen geeignet. So gelangten die Patons und Dr. Copeland mit einem Handelsschiff im November 1858 auf Tanna an.

„Alle kamen, um uns staunend zuzusehen bei dem, was wir taten. Wir verstanden sie nicht; wir konnten ihnen kein einziges Wort sagen. Wir sahen sie an, lächelten und nickten ihnen freundlich zu. Das war unsere erste Begegnung. Einer der Wilden hob einen uns gehörenden Gegenstand auf und sagte: 'Nunski nari enu?' Ich schloß, daß er sagte: 'Was ist das?' Ich nahm ein Stückchen Holz, zeigte darauf und fragte: 'Nunski nari enu?' Sie lachten und sahen einander an.

Dann nannten sie mir das Wort, mit welchem sie das Holz bezeichneten, und ich sah, sie hatten meine Frage verstanden. So konnte ich also durch diese drei Worte die Namen, welche die sichtbaren Dinge in ihrer Sprache führten, erfahren. Ich notierte mir die Worte sorgfältig und wählte die Buchstaben dazu nach dem Gehör, auch die uns fremden Laute möglichst genau zusammenstellend.

Eines Tages kamen zwei Männer zu mir, von denen der eine ein Fremder war. Er deutete mit dem Finger nach mir und sagte: 'Se nangin?' Ich nahm an, daß er meinen Namen wissen wollte und ahmte Fingerbewegung und Worte nach. Sie lachten und nannten ihre Namen. Nun hatten wir das Mittel, Namen von Menschen und Dingen zu erfahren. Wir schrieben alles auf, lernten es laut und gewöhnten so unser Ohr an die fremden Laute. Da wir jeden Augenblick des Beisammenseins mit Eingeborenen benutzten und bald auch kleinere Sätze ihrer Unterhaltung auffingen und notierten, machten wir gute Fortschritte. Es war das erste Mal, daß ihre Worte durch Buchstaben wiedergegeben wurden. Ich bezahlte einige der Intelligenteren dafür, daß ich sie zu mir kommen ließ, um zu sprechen und mir Gelegenheit zu neuen Notizen zu geben. Anfangs gab es viel Mißverständnisse, aber auch absichtliche Täuschungen ihrerseits, die erst aufhörten, als wir weiterkamen und diese bemerkten. Später entstand bei diesen primitiven Lehrern sogar ein Interesse an unseren Fortschritten, und von da an halfen sie uns gern weiter.

Unter denen, die uns am meisten Hilfe leisteten, waren zwei schon ältere Häuptlinge, Nowar und Nouka, die sich in ihrer Gesinnung von den anderen abhoben. Aber sie standen beide in der Gewalt des kriegerischen Oberhauptes Miaki, einer Art dämonischen Herrschers über viele Dörfer und Stämme. Er und sein Bruder waren die allgemein anerkannten Führer in allen Kämpfen und Kriegen. Sie prahlten mit dem vergossenen Blut geschlachteter Feinde, und sie besaßen

Macht über eine große Zahl von Leuten, die ohne Besinnen ihren Befehlen folgten, gleich welches Verbrechen beabsichtigt war."

Kein Wunder, daß die Menschen auf Tanna in einer Atmosphäre der Angst und der Dämonie lebten. Ihre Häuptlinge galten ihnen als Götter, die Gewalt über Leben und Tod haben würden. Aus diesem Glauben heraus brachten die Tannesen ihren Häuptlingen Geschenke, entweder um diese „Götter" günstig zu stimmen oder um durch sie persönlichen Feinden zu schaden. Ein gefürchteter Zauber war der Nahak: Speisereste wurden mit einer Beschwörung belegt, um dem, der gegessen hat, zu schaden. Kultgegenstände waren Götzenbilder aus Stein und Holz, Zaubermittel und Fetische. Es war eine Religion der Angst: Ständig mußten erzürnte böse Geister beschwichtigt und bei Laune gehalten werden.

„Ich möchte hier meine Ansicht über die Frage aussprechen, ob es Völker gibt, die ohne jeden Gottesbegriff und ohne jede Verehrung, wenn auch nur von Götzen, leben. Wenn irgendwo, so hätte es auf diesen abgeschiedenen Inseln der Fall sein können. Aber im Gegenteil, sie sind mit Götzenbildern angefüllt! Den wahren Gott nicht kennend, suchen sie im Finstern tappend doch stets nach ihm. Sie sind nicht imstande, ohne irgendeine Art von Gott zu leben und haben fast alles zum Gegenstand ihrer Verehrung gemacht. Bäume und Haine, Felsen und Steine, Quellen und Flüsse, Insekten und andere Tiere, die Vulkane, kurz, alle Wesen und alle Dinge sind von ihnen schon als Götter angerufen worden."

Langsam fortschreitend − dem wachsenden Wortschatz entsprechend − konnte Paton damit beginnen, den Insulanern, den allmächtigen, gütigen Gott und seinen einzigen Sohn, Jesus Christus, näherzubringen. Dem Bewußtsein der Tannesen fremde Begriffe wie die Sündhaftigkeit des Menschen, die Liebe Gottes und die Annahme der ewigen Erlösung in Christus aber waren diesem Volk nur langsam zu vermitteln. Daß es überhaupt möglich war, hatte Paton aber auf Aneityum erlebt.

Als er die Sprache Tannas mehr beherrschte, machte er die Feststellung, daß auch die Tannesen (wie die meisten Völker) in ihrer Religion Anknüpfungspunkte für das Evangelium hatten, eine Ahnung von der Wahrheit, die in alten Zeiten durch die Sünde verloren ging.

„Die Tannesen bezeichneten den Himmel mit Aneai. Später entdeckten wir, daß derselbe Name einem Dorf ihrer Insel, dem am höchsten und schönsten gelegenen, entnommen war. Ihr bestes Stückchen Erde war den Heiden Sinnbild und Typus des Himmels. Auch besaßen sie eine Prophezeiung, nach der sie ein anderes Land, ein 'Kanaan' erhalten sollten. Daß sie überhaupt ein Aneai hatten und auf ein versprochenes Land hofften, öffnete ihre Seelen in natürlichster Weise für unsere Botschaft von Glaube und Hoffnung. Das bei ihnen allen vorherrschende Bestreben, mächtige Götter zu suchen und für sich zu gewinnen, ließ uns, sobald wir uns in ihrer Sprache ausdrücken konnten, williges Gehör finden, als wir ihnen vom lebendigen Gott und seinem Sohn Jesus Christus erzählten. Aber als wir weiter gingen und sagten, daß, wenn sie diesem allmächtigen Gott dienen wollten, sie ihre Götzen verlassen, ihre heidnischen Gewohnheiten aufgeben müßten, standen sie in Wut gegen uns auf, verfolgten jeden aufs grausamste, der sich uns freundlich erwies und ließen uns die schrecklichen Erfahrungen machen, die ich später erzählen werde."

Nicht die Nachricht von der Existenz Gottes und seines Sohnes Jesus Christus bewirkte die Feindschaft der Menschen auf Tanna. Der Aufruf zu einer Entscheidung für diesen Gott gegen die alten Götter brachte den Haß hervor.

Dr. Copeland, der Studienkollege Patons, vertrat Dr. Inglis auf Aneityum, während die Familie Inglis in die Heimat reiste, um den Druck des vollständigen Neuen Testamentes in der Sprache der Insel Aneityum voranzubringen.

Todbringende Malaria

„Mein erstes Haus in Tanna war auf der Stelle erbaut, die auch Mr. Turner und Nisbet gewählt hatten. Sie erschien praktisch, weil so nahe an der Küste alles, was jetzt und später von Schiffen gebracht wurde, nicht weiter zu tragen war und weil wir die Nähe des Meeres für kühlend hielten. Bald aber zeigte es sich, daß diese Gegend eine wahre Brutstätte für Wechselfieber und Malaria war und daß wir viel besser auf einem hochgelegenen Platz gebaut hätten, wo die Passatwinde die Luft reiner erhielten. Hinter dem Haus erhob sich ein etwa 400 Fuß hoher Hügel, der ihm Schutz gab; ohne diese Höhe wäre es gesünder gewesen! Ringsum standen herrliche, viel Schatten gebende Bäume, teils Brotfrüchte, teils Kokosnüsse tragend. Die Kühle unter ihnen hatte uns angezogen und mit zur Wahl des Platzes beigetragen. Aber es zeigte sich, daß sie Licht und Luft abhielten, die wir gebraucht hätten, weil wenig tiefer als das Haus, gegen das Meer zu, ein großer Sumpf war. So hörte denn die Malaria bei uns nicht auf."

Die Malaria war es dann auch, die John Paton fünf Monate nach der Ankunft zum Witwer machte. Am 12. Februar 1859 wurde sein Sohn Robert geboren. Der Freude über das Kind folgten Angst und Sorge; denn Mary Ann Paton bekam einen heftigen Malariaanfall. Schnell waren die Kräfte der vorher gesunden Frau aufgezehrt. Symptome von Lungenentzündung und das Delirium zeigten einen hoffnungslosen Zustand an. Nicht einmal drei Wochen nach der Geburt des ersten Kindes starb Mary Ann. Und wiederum weniger als drei Wochen später stand Paton vor dem Grab seines Sohnes. Die letzten Worte der sterbenden Mary Ann waren: „O wäre doch meine liebe Mutter hier! Sie ist eine so gute Mutter! Ein Juwel unter den Müttern!" Als sie sah, daß Mr. Copeland in der Nähe stand, sagte sie: „Denken Sie nicht, Mr. Copeland, daß ich es bereue, meine Mutter verlassen zu haben und hierher gekommen zu sein. Wenn ich mich heute dazu entschließen sollte, ich würde es ohne Bedenken wieder tun, ja, von ganzem Herzen! Aber manchmal fühlt man das Getrenntsein doch schmerzlich." Bald darauf legte sie ihre Hand in Johns und sagte: „J.C. schrieb einst, daß junge Christen unter den ersten Eindrücken glauben, jedes Opfer für Jesus bringen zu können. Er halte es nicht für sicher, bis sie geprüft worden seien. Ich", fügte sie mit großem Nachdruck hinzu, „ich glaube, daß sie es können!"

„Betäubt von dem entsetzlichen Verlust gleich zu Anfang meiner Laufbahn, immer wieder von Fieber und Malaria niedergeworfen, verlebte ich schwere Zeiten. Aber nie fühlte ich mich ganz verlassen: Der ewig gnädige Gott war stets bei mir. Er stärkte mich für die schwere Arbeit, meine Lieben der Erde zu übergeben, die ich ja, obgleich mein Herz fast brach, größtenteils selbst zu verrichten hatte. Ich faßte den Boden und die Wände mit Korallenblöcke ein, wählte den Platz für das Grab möglichst nahe dem Haus, und so wurde es in den folgenden Jahren, inmitten von Tod und Gefahren, mein Ruheplatz, an dem ich meinen Gott suchte, wo ich in Gebet und Tränen das Land, in dem ich meine Toten begraben hatte, vom Herrn erbat. Ohne Jesus und ohne die Gemeinschaft mit ihm wäre ich an jenem einsamen Grab wohl wahnsinnig geworden."

Siebtes Kapitel:

Berichte aus der Arbeit

Um denen, die in der Heimat die Mission auf den Neuen Hebriden betend unterstützten, Informationen über die Arbeit zukommen zu lassen, verfaßten Copeland und Paton Berichte, die die Gefahr wiederspiegelten, in der die Missionare in jedem Augenblick auf Tanna standen. Sie enthalten Wiederholungen und sind überaus detailliert, geben aber ein tiefes Bild der Erfahrungen und Nöte der Arbeiter.

„Wir fanden in den Tannesen nackte, ganz bemalte Wilde, erfüllt von Aberglauben und Bosheit. Sie sind außerordentlich unwissend, lasterhaft, ihren Gebräuchen blind ergeben und fast ohne eine Spur von Zuneigung für ihre Familien. Die Einwohner von Port Resolution sind durch den Umgang mit Weißen nicht besser, sondern schlechter geworden, da sie deren üble Gewohnheiten und Laster rasch angenommen haben. Man muß sich dieser Landsleute in der Seele schämen, die als Pioniere des Handels diese fernen Inseln besuchen, um Sandelholz zu erhalten. Die Eingeborenen werden von ihnen bedrückt und im Handel betrogen, ja beraubt, und wenn sie den kleinsten Widerstand leisten, ohne Bedenken von ihnen niedergeschossen. Selten vergehen ein paar Monate ohne solche Vorfälle, und es ist nur natürlich, daß sie *alle* Weißen hassen, Rache gegen sie üben und am liebsten keinen einzigen auf ihrer Insel landen sehen möchten. Hoffentlich wird unser Einfluß auch nach dieser Richtung hin günstig sein.

Wir hörten bald auf, der Gegenstand ihrer Neugierde

zu sein, wie im Anfang. Dafür aber begannen ihre Listigkeit und Habgier sich zu zeigen. Die Häuptlinge, die zuerst gutwillig den Platz zur Ansiedlung verkauft hatten, taten sich zusammen und gaben uns für die festgesetzte Bezahlung nur die Hälfte des Grundstücks. Als wir anfingen, es einzuzäunen, verboten sie es und bedrohten unsere Gehilfen aus Aneityum und uns mit dem Tod, falls wir mit dieser Arbeit fortfahren würden. So unterließen wir sie, um möglichst jeden Anlaß zum Streit zu vermeiden. Dann verteilten sie die Brotbäume des gekauften Platzes unter sich und verlangten, da wir die geforderten Preise unmöglich bezahlen konnten, daß wir mit dem Leben dafür einstehen sollten. Jede Beschädigung sollte an uns bestraft werden. Die Leute wurden mit jedem Tag unvernünftiger, so daß unser Leben schon damals jeden Augenblick gefährdet war. Zu dieser Zeit erschien ein Schiff im Hafen, von dessen Kapitän ich solche Dinge kaufte, die sie als Bezahlung für die Bäume verlangten. Nun hoben sie den 'Tabu', den Bann, auf, in den sie uns getan hatten und es schien eine Zeitlang, als wären sie nun zufriedengestellt. Es war eigentlich die dritte Bezahlung, die wir für das gekaufte Land leisteten. Wir waren uns wohl bewußt, das dies Nachgeben unsererseits gefährlich war und sie nur umso gieriger machen würde. Aber ganz auf uns selbst angewiesen, mußten wir die Leute versöhnen und unser Leben zu erhalten suchen, soweit es irgendwie mit der Ehre des Christen vereinbar war.

Bald nachher kam große Dürre über das Land und schadete den Yams und Bananen sehr. Natürlich waren wir die Schuld dieses Unglücks! Von weit und breit versammelten sich die Insulaner zur Beratung und beschlossen, daß, wenn nicht bald und genügend Regen käme, sie uns ermorden würden. Diesen Beschluß überbrachte uns am nächsten Morgen der Häuptling Nouka in Begleitung des Kriegshäuptlings Miaki. Sie fügten bei, daß auch Nouka mit uns sterben sollte, weil er uns schützte.

'Bittet Euren Gott um Regen und geht nicht aus Eurem Hause: Ihr seid in der größten Gefahr, wenn der Kampf ausbricht und wir mit Euch!' Mit diesen Worten verließen sie uns.

Aber all' diese Freundlichkeit und Schutzbereitschaft war nur Maske! Waren doch die beiden, im Glauben des Volkes und vielleicht auch in ihrem eigenen, 'Herren über Sonnenschein und Regen', und es kam gerade für sie sehr gelegen, daß sie die Wut des Volkes von sich auf uns lenken konnten, und wie auch immer sie uns gegenüber sprachen, so hatten sie ihre Untergebenen nur mehr und mehr gereizt. Der ewig Barmherzige sandte uns Hilfe: Als wir uns am Sonntag zum Gottesdienst trafen, begann der Regen zu fallen und zwar so ausgiebig, daß alle Wünsche erfüllt waren. Die Insulaner versammelten sich aufs neue und beschlossen, uns bis auf weiteres am Leben zu lassen, da unsere Gebete zu unserem Gott ihnen Rettung gebracht hätten.

Aber nun hatten die heftigen, langen Regengüsse Fieber und andere Krankheiten im Gefolge, und bald galten wir als Ursache davon. Orkanartige Winde, obgleich so häufig auf den Inseln, gaben vermehrten Grund zum Zorn über die Missionare, und von neuem wuchs die Gefahr täglich. Das Leben unter einem so von Aberglauben erfüllten und verfinsterten Volk, das jeden Augenblick von anderen Vorurteilen und Leidenschaften hingerissen wird, ist voll der traurigsten Erfahrungen.

Am 6. Januar 1860 kam während eines starken Sturmes ein großes Schiff in den Hafen und havarierte, indem es auf Felsen geworfen wurde. Der Kapitän des Schiffes, allgemein nur 'der dicke Hays' genannt, seine Frau, die ihrem Mann in Sydney davongelaufen sein sollte, sowie die ganze Mannschaft betrugen sich so schamlos auf der Insel, daß uns das angerechnet wurde, da sie Weiße waren wie wir. Wehren konnten sich die Eingeborenen gegen die vielen stark und gut bewaffneten Leute nicht. Die Rache sollte die Missionare treffen, äußerten sie überall und laut genug.

Unter sich waren die verschiedenen Stämme in fast fortwährenden Kriegen. Da jeder Häuptling tat, was zwar ihm gefiel, aber nicht seinen Nachbarn, mußten immer wieder die Waffen entscheiden. Schlachten im Inneren der Insel wechselten mit solchen am Hafen und anderen in unserer nächsten Nähe. Im Verhältnis zu der wilden Wut, mit der sie kämpften, gab es nicht sehr viele Tote, aber desto mehr Verwundete.

Außer bei diesen scheußlichen Siegesmahlen verzehrten sie ihresgleichen auch in Verbindung mit den Götzenkulten. Man hat mir wiederholt gesagt, daß die Gier der Kannibalen nach der entsetzlichen Speise bis zu solchem Grade steigen kann, daß sie, wenn es eben keine besiegten Feinde oder Opfer für ihre Götter gibt, sie die Gräber kürzlich Verstorbener öffneten, um sich zu befriedigen. Zwei solcher Fälle wurden mir schon bald nach unserer Ankunft gemeldet. Einmal war der große Nouka ernstlich erkrankt. Um ihn zu retten, opferte man drei Frauen dem entsetzlichen Gebrauch. Obgleich die Eingeborenen bald versuchten, derartiges vor uns, die es so streng verboten, zu verbergen, kamen uns doch eine Menge Fälle zu Ohren, obgleich natürlich die meisten uns gewiß verborgen blieben."

Das Los der Frauen und Alten

„Auf allen Inseln der Neuen Hebriden, ganz besonders aber auf Tanna, sind die Frauen die mit Füßen getretenen Sklavinnen der Männer. Die Frau hat alle, auch die härteste Arbeit zu verrichten, sie hat die schwersten Lasten zu tragen, während der Mann mit Flinte oder Keule und Speer hinter ihr geht. Ist sein Zorn durch sie gereizt, so mißhandelt er sie aufs grausamste. Selbst, wenn die Frau unter seinen Händen oder bald nach der Gewalttat stirbt, so nimmt niemand Notiz davon, ebensowenig wie es einem einfallen würde, der so übel Behandelten zu Hilfe zu kommen. Um die Pflege der Kinder kümmert man sich so wenig, daß es mir ein Wunder scheint, daß nicht alle sterben. Sobald sie auf den Füßen stehen können, überläßt man sie sich selbst. Was daraus folgt, ist natürlich wenig Liebe zu den Eltern und Grausamkeit gegen die Alten, die nicht mehr arbeiten können. Man überläßt die Alten fast allgemein dem Hunger und der Not, wenn man sich ihrer nicht in noch direkterer Weise entledigt."

Die Kinder

„Die Erziehung eines Jungen besteht darin, daß sein Pfeil und sein Speer nie ihr Ziel verfehlen, daß seine Keule und sein Tomahawk wuchtig niederfallen. Kann er Flinte und Revolver halten, so wird er auch für deren Gebrauch abgerichtet. Er begleitet Vater und Brüder in alle Kämpfe und wird da in alle Grausamkeiten und Begierden eingeführt, die er kennen und üben muß, ehe er von den übrigen als Mann in den Stamm aufgenommen wird. Die Mädchen müssen mit der Mutter ihre Felder bebauen, das Material zur Umzäunung der

Felder holen, bearbeiten und aufrichten. Außerdem scheinen sie dazu da zu sein, sich von Männern und Jungen herumstoßen und schlagen zu lassen."

„Traurig, niedrig und entwürdigt ist die Lage der Frau überall dort, wo Christus nicht gepredigt wird, oder wo, wenn es geschieht, man ihn doch unbeachtet läßt. Durch Christus, wie ihn die Bibel uns bringt und erkennen läßt, wird die Mentalität eines Volkes gehoben, die Frau aus dem Zustand der Sklavin gerissen und zur Freundin und Gehilfin des Mannes gemacht.

Die Tannesen hatten zwar eine Art Wocheneinteilung, aber natürlich keinen Sonntag. Nachdem wir etwa ein Jahr auf der Insel gewesen waren, wurde unser Morgengottesdienst von etwa zehn Häuptlingen besucht, die etwa ebensoviel Personen mitbrachten. Nach Beendigung der Feier aber verlebten sie den Tag wie jeden anderen. Auf einigen der nördlicheren Inseln hatten die heidnischen Bewohner einen besonderen Tag, wovon ich mich selbst überzeugte. Zweimal warfen wir dort den Anker aus, sahen aber keinen einzigen der Eingeborenen, weil sie ihren 'Sonntag' hatten. Sie kamen erst am anderen Morgen zum Vorschein.

Einige der Tannesen sprachen etwas Englisch. Das waren die schlechtesten Leute von allen, da sie mit den Worten auch die elende Gesinnung der Sandelholzhändler angenommen hatten. Da diesen daran lag, die Eingeborenen so unwissend wie möglich zu erhalten, um sie nach wie vor ausbeuten zu können, so haßten auch sie uns natürlich, und es war ihnen ein leichtes, die Feindschaft gegen uns in den mißtrauischen Leuten stets neu anzufachen.

Nach unserem Gottesdienst besuchten wir, selbst ehe wir viel mit den Leuten sprechen konnten, die umliegenden Dörfer, um die Bewohner kennenzulernen und ihnen in mancher Not, wo möglich, zu helfen.

Wirklichen Fortschritt konnten wir natürlich erst erwarten, wenn wir die Sprache beherrschten. Wir unterschieden bald, daß in zwei, durchaus nicht gleichen Dialekten gesprochen wurde. Wir wählten zum Studium den, der um uns her gebraucht und bis zu der zweiten Station in Kwamera verstanden wurde. Mit Gottes Hilfe und großem Fleiß dauerte es nicht allzulange, bis wir über Sünde und die Erlösung durch Jesus Christus zu ihnen sprechen konnten.

Nach und nach hatten die beiden Stationen zwölf 'Lehrer' aus Aneityum zur Hilfe bekommen. Natürlich hatten diese weder Schulung noch Bücher, denn die Sprache hatte noch nie ein Schriftzeichen gehabt. Die Arbeit der Lehrer, die als von einer nahen Insel stammend den Leuten rascher bekannt wurden, bestand darin, ihnen durch ihre guten Sitten, ihre ganz veränderte Lebensführung als Beispiel zu dienen. Gewöhnlich werden diese 'Lehrer' dem neuankommenden Missionar vor allen Dingen zur Verständigung mit den Einwohnern beigegeben. Auf dem bisher fast nicht betretenen Boden von Tanna mußten auch sie erst die Sprache lernen. Da nicht nur auf jeder Insel anders gesprochen wird, sondern auf mancher, wie eben in Tanna, die Eingeborenen des Nordens die des Südens nicht verstehen, so erschwerte dies selbstverständlich unsere Arbeit und forderte mehr Zeit, als wir gedacht hatten.

Eines Tages war die Nachricht gekommen, daß auf der Insel Erromanga drei Weiße und mehrere Eingeborene, die für die Sandelholzhändler gearbeitet hatten, erschlagen worden seien. Alle erzählten es, und die Häuptlinge kamen zusammen, um zu beratschlagen.

In solchen Versammlungen pflegten sie Kava zu trinken, das anfangs die Wirkungen des Branntweins, später die des Opiums entwickelt. Erregt von der erwähnten Nachricht, tranken sie mehr als sonst und lagen abends in völliger Betäubung im Dorf und der Umgebung am Boden. Feinde aus dem Innern der Insel kamen in der Dunkelheit heran, töteten einen der hilf- und bewegungslos Daliegenden, und nun begannen die Kämpfe zwischen den Stämmen aufs neue.

Miaki, der Kriegshäuptling, ließ am anderen Morgen einen entsetzlichen Lärm auf einer der großen Seemuscheln machen, ein Zeichen, das sofort alle Untergebenen herbeirief. Sie stürmten fort, wurden wieder ins Dorf geworfen, drangen wieder vor und erschöpften zuletzt ihre Wut in schreiend geführten Unterhandlungen, von denen die Töne bis zu uns drangen. Dann trat Ruhe ein. Die feindlichen Häuptlinge kamen zu mir mit der Bitte, die Verwundeten zu verbinden. Als ich es getan hatte, bat ich so gut ich es damals konnte, sie möchten sich versöhnen, und sie taten es scheinbar gutwillig. Als ich nach einiger Zeit für 14 Tage nach Aneityum ging, brach jedoch der Kampf wieder aus, bei dem mehrere getötet wurden.

Ungefähr zur Zeit, als ich meine Frau verlor, erkrankte mein Gefährte Mr. Mathieson auf seiner Station und mußte in einem Zustand nach Aneityum befördert werden, der seinen baldigen Tod anzudeuten schien. Auch dies Ereignis hatte auf die Eingeborenen die schlechteste Wirkung wegen ihrer abergläubischen Begriffe von Krankheit und Tod. Wir hatten allen Grund, wegen ihrer Erregung auch um meine Gräber zu fürchten, die wir deshalb genau bewachen mußten. Zum Unglück erkrankte auch noch ein Lehrer, der den kranken Missionar gepflegt hatte, und starb auf jener

Station. Er war vorher bei mir gewesen und sagte kurz ehe er entschlief: 'Ich werde meinen lieben Missi nicht mehr sehen! Sagt ihm, daß ich glücklich sterbe, denn ich liebe Jesus sehr und gehe nun zu ihm.'

Die Insulaner kamen nun zu mir und fragten mich in heftigem Ton nach der Ursache dieser Unglücksfälle. Da vernünftige Erklärungen nichts nützten, drehte ich den Spieß um und fragte, ob sie selbst nicht schuld an allem seien. So unglaublich es klingt, diese Frage machte sie stutzig, und sie entfernten sich. In wiederholten Versammlungen berieten sie die Sache, kamen dann zu mir und sagten: 'Wir geben Euch keine Schuld, aber Ihr dürft auch uns nicht anklagen. Wir glauben, daß jemand aus einem der Stämme, die im Wald wohnen, ein Stück von etwas, das wir gegessen und übrigließen, gefunden hat. Er hat es dem bösen Geist im Vulkan gegeben, und der bringt all' das Elend über uns.'

Ein anderer Häuptling verteidigte sich so: 'Karapanamun, der Anruman oder der böse Geist von Tanna, den wir alle fürchten und anbeten, verursacht das Übel. Er weiß, daß, wenn wir Euch folgen und Euren Gott anbeten, wir ihn nicht mehr fürchten würden, daß wir ihm nicht mehr das Beste von allem bringen würden, wie unsere Väter und wir es stets getan haben. Er ist zornig über Euch und über uns.'

Eine kurze Zeit scheinbarer Ruhe folgte nun, bis Nowhat, ein Häuptling höchsten Ranges aus Aneityum, den die Bewohner von Tanna sehr hoch hielten, uns besuchte. Als er sehr bald nach der Heimkehr starb, wurden die Tannesen aufs neue wütend gegen uns und erklärten rundheraus, wenn wir die Insel nicht verließen, würden sie uns alle ermorden. Von unserer Gefahr unterrichtet, wurde Nowhats Bruder zu uns geschickt, um die Leute zur Ruhe zu überreden. Nach zwei Tagen schon erkrankte auch dieser und konnte nichts ausrichten! Nun war der Beweis geliefert, daß wir das Unglück verursachten! Alles sei gesund auf der anderen Seite der Insel, nur wo wir lebten, sei alles dem Tode geweiht. Versammlung folgte auf Versammlung, und selbst ein Bund mit feindlichen Stämmen wurde geschlossen, dessen Besiegelung Menschenopfer zu den Festlichkeiten forderte. Wiederholt kamen Frauen Zuflucht suchend in das Missionshaus. Wir konnten die ihnen folgenden Männer nur anflehen um Gnade für die zitternden unglücklichen Frauen. Schutz zu gewähren lag außer unserer Macht.

Unser Untergang wurde in vielen Versammlungen beschlossen, aber Gott gab selbst heidnischen Herzen Barmherzigkeit ein. Der alte Nowar, der Häuptling, unter dem wir lebten, und Arkurat, sein erster Gehilfe, warnten uns und vereitelten nicht nur jeden Plan, sondern widersetzten sich offen den Beschlüssen der übrigen. Das aber hatte zur Folge, daß Nowar und sein Anhang unser Schicksal teilen sollten, ja daß auch ein Europäer, der seit kurzem Tanna bewohnte und Handel trieb, dem Tode verfallen müsse, damit niemand übrig bleiben würde, der die Tat verraten könnte. Wieder waren sie beisammen, hielten wütende Reden, als unter einer plötzlichen Eingebung, die sicher vom Gott der Barmherzigkeit kam, ein Kriegshäuptling, der bisher geschwiegen hatte, aufstand und seine Keule furchtbar schwingend und dann auf die Erde stoßend ausrief: 'Wer Missi töten will, muß zuerst mich töten, wer die Lehrer umbringt, muß vorher mich und meine Leute erschlagen, denn wir wollen sie mit unserem Leben verteidigen!' Als noch ein zweiter angesehener Häuptling sich ihm angeschlossen hatte, ergriff Furcht die Versammlung, und sie löste sich auf. Dieser Auftritt war umso erstaunlicher, als gerade diese beiden, die ziemlich weit entfernt im Innern der Insel wohnten, als Zauberer verehrt wurden und in uns ihre schlimmsten Feinde sahen. Allerdings hatte ich dem Bruder des ersten Häuptlings die Wunden verbunden, und er war gesund geworden. Aber ich lege auf diese Tatsache nicht allzuviel Gewicht. Es war der Herr, der für uns eintrat mit seinem Schutz, den wir in innigsten Gebeten auf den Knien liegend, während man über unser Schicksal beschloß, angerufen hatten.

Aber nur nach und nach legte sich die Erregung, unter der die armen Frauen viel zu leiden hatten. Die Zornigen schlugen sie beim geringsten Anlaß furchtbar. Ich sprach bei jeder Gelegenheit dagegen und verurteilte das Betragen hart, aber wie zum Hohn prügelte ein Mann seine Frau gleich darauf vor meinem Haus. Meine Einmischung bestrafte er am nächsten Tag dadurch, daß er mit einer bewaffneten Bande erschien, um mich zu töten. Ich ging ihm entgegen, stellte ihm aufs neue sein großes Unrecht vor und hatte die Freude, daß er ruhig wurde. Er entfernte sich mit dem Versprechen, seine Frau menschlich zu behandeln. Auf den Herrn vertrauend setzte ich zunächst alles daran, dies Schlagen der Frauen und das Erwürgen der Witwen abzuschaffen. Nach und nach gewann ich zehn Häuptlinge, die beides ihren Stämmen verboten und auch die nicht notwendige Arbeit am Sonntag untersagten. Leider aber war die Macht der Häuptlinge in Dingen, die nicht den Krieg betrafen, nicht eben groß, und allzuviel durfte ich davon nicht erhoffen, da ein Häuptling mir buchstäblich sagte: 'Wenn wir die Frauen nicht schlagen, so arbeiten sie nicht! Sie gehorchen nur, wenn sie unsere Macht fühlen. Wenn nichts helfen will, so schlachten wir zwei oder drei, dann halten die übrigen Ruhe!'

Alle Beweise, wie grausam es sei und wie es die Armen für Tage unfähig zur Arbeit machte, halfen nichts. Die ständige Antwort auf meine Bitten, es mit Güte zu versuchen, war: 'Tannesische Frauen vertragen Güte nicht!' Um ein Beispiel zu geben, ging ich mit den Lehrern und ihren Frauen stets in den Wald, um uns Holz zum Feuer zu holen. Wir trugen selbst die schwersten Lasten und überließen den Frauen nur, was sie ohne Anstrengung fortbringen konnten. Den Begegnenden erklärte ich dann, daß Christen ihre Frauen und Schwestern so behandelten, und daß diese sie dafür liebten und gern für sie die Arbeiten tun würden, für die sie geeignet seien. Dies half mehr als alle Worte, sie wenigstens dazu zu bringen, zu sehen, daß unsere Lehre vom Heiland die Menschen gütiger und glücklicher mache.

Als wieder ein Krieg ausgefochten war, gelang es mir, zwanzig Häuptlinge zu gewinnen, unter sich einen Bund zu schließen und zu versprechen, daß keiner von ihnen Krieg beginnen wolle, und daß sie nur zur Verteidigung der Ihren kämpfen wollten.

Um diese Zeit kamen verschiedene Männer regelmäßig abends zu mir, um sich zu belehren. Sie schämten und fürchteten sich, das Missionshaus bei Tag zu betreten. Erst wenn Tür und Fenster fest geschlossen waren, ließen sie sich nieder, blieben dann aber Stunden und legten mir Fragen über unsere Religion und ihre Gesetze vor. Ein alter Mann sagte mir: 'Ich würde gern ein Awsuaki, d. h. ein Christ, wenn mich nicht alle auslachen würden! Das könnte ich nicht ertragen!' 'Es fehlt nicht viel' … Aber ehe wir ihn tadeln, bedenken wir, wie viele in christlichen Ländern leben und sterben, ohne weiterzukommen als er!

Als die Frau eines Häuptlings gestorben war, beschloß dieser, ihr ein christliches Begräbnis zu veranstalten. Er hatte sich weißen Baumwollstoff gekauft, in den die Leiche gehüllt werden sollte und kam zu mir, um Band zu erbitten, das der Händler nicht hatte. Ich bot ihm an, bei der Beerdigung mit ihm zu beten, doch lehnte der Mann dies ab, mit der Begründung, daß dann niemand kommen würde, aber er wollte, daß alle Tannesen dieser ersten Begräbnisfeier beiwohnen sollten. Dem alten Nowar, der sich längst zu mir hielt, erlaubte er, am Grab ein Gebet zu sprechen. Es waren wunderbare Empfindungen, die mich bei dieser Nachricht durchzogen: Ein Heide, dessen Glaube noch schwach, dessen Vorstellungen noch vielfach vom Aberglauben getrübt waren, rief am Grab einer Heidin den wahren Gott an! Die Lehre von der Auferstehung zog die Tannesen am meisten an. Daran ließ eine Menge von seltsamen Fragen in dieser Richtung keinen Zweifel. So wechselten Mutlosigkeit und Hoffnung in Beziehung auf Erfolg in uns. Wo wir konnten, erzählten wir den Armen vom Heiland und der göttlichen Liebe, die Erbarmen mit allen habe und allen Erlösung schenken will, die Jesus lieben und an ihn glauben.

Aber es war oft schwere Arbeit, erschwert durch die Verstellung, die Verlogenheit und die Leidenschaft zur Dieberei, Eigenschaften, die fast alle kennzeichneten. Ihre Geschicklichkeit im Stehlen war erstaunlich. Fiel ein Messer, eine Schere oder dergleichen zur Erde, so setzte der Tannese, während er mich fest ansah, seinen Fuß darauf, dessen Zehen die Beweglichkeit der Finger haben. Wie mit dem Daumen konnten die Leute solche Gegenstände mit der großen Zehe festhalten. Sie entfernten sich mit der unschuldigsten Miene der Welt mit dem Gegenstand. Andere steckten das, was sie aus meinem Zimmer mitnahmen, in die zahllosen, wie Peitschenschnüre geflochtenen Zöpfchen ihres dichten Haares, während noch andere sich nichts daraus machten, was ihnen begehrenswert erschien, offen vor meinen Augen davonzutragen. Bei den meisten wurde nicht der Diebstahl als Vergehen angesehen, sondern ungeschickte Ausführung, die zur Entdeckung führte.

Eines Tages nach lange dauernden Regengüssen, die alles im Missionshaus durchfeuchtet hatten, bewachten die Lehrer, ihre Frauen und ich selbst unsere Bettstücke, die wir an die Sonne zum Trocknen gebracht hatten. Plötzlich erschien atemlos vom raschen Lauf Miaki, der Kriegshäuptling, und rief: 'Missi, kommt schnell, ich brauche Rat!' Er rannte in meine Wohnung, ich folgte ihm, aber ehe er noch ein Wort hatte sagen können, hörte ich die Frauen nach mir rufen. Als ich hinaus kam, sah ich Miakis Leute im nahen Wald verschwinden. Meine Decken, Leintücher usw. waren fort! Das alles hatte nur ein oder zwei Minuten gedauert. In solcher Zahl waren die Leute herbeigestürzt, daß von einer Abwehr seitens der Wachehaltenden keine Rede sein konnte. Miaki schlug einen Moment die Augen wie beschämt nieder, dann schwang er wütend seine Keule nieder und rief: 'So will ich diese Kerle bestrafen! Sie sollen alles zurückbringen!'

Er erwartete wohl, daß ich ihm dies untersagen würde, da ich bei jeder Gelegenheit die Kämpfenden zur Ruhe zu bringen versuchte. Ich sagte, daß, wenn ich im geringsten an seine Gerechtigkeit glauben sollte, er uns die so notwendigen Gegenstände verschaffen möchte. Er verließ mich, natürlich nur, um seinen Anteil des Raubes zu erhalten. Da er sich längere Zeit von mir fernhielt, hoffte ich darin doch noch einen Funken von Gewissen erblicken zu dürfen. Als ich ihn später sprach, versicherte Miaki, nicht ein Stück gefunden zu haben. Natürlich war das eine Lüge, d. h. in den Augen dieser Armen ein guter Charakterzug.

Einmal in einer recht dunklen Nacht hörte ich, wie eine Bande meine Hühner und einige meiner Ziegen, von deren Milch ich größtenteils lebte, stahl. Ich hatte diese Tiere und das Geflügel für Äxte, Messer und Kaliko von den Insulanern gekauft. Möglicherweise ging es ihnen weniger um die Beute als um mein Erscheinen unter ihnen in der totalen Finsternis, wo man nicht mit Genauigkeit hätte feststellen können, wer mich erschlagen hätte.

Da kein Kamin im Haus war, obgleich ein wärmendes, trocknendes Feuer in der Regenzeit oft wünschenswert war, stand ein Häuschen nahe, auf dessen Herd meine Speisen bereitet wurden und wo wir das Geschirr aufbewahrten. Auch dieser Raum wurde eines Tages total ausgeleert. Alles Toben des Häuptlings brachte kein Stück zurück! Da ich zum mindesten den Wasserkessel brauchte, um nicht zu verhungern, bot ich eine Wolldecke für diesen an. Kein Geringerer als der Kriegshäuptling Miaki brachte ihn, doch fehlte der Deckel! Der sei auf der anderen Seite der Insel und um keinen Preis zu bekommen, da jener Stamm ihm nicht untertan sei. Ich war schon glücklich über den nun offenen Kessel und machte meine Betrachtungen darüber, wie selbst das Leben von einer solchen Kleinigkeit abhängen kann.

Weil wir keine Möglichkeit hatten, uns zu widersetzen, ließen die Lehrer und ich alles über uns ergehen. Wir trugen es gern im Dienst unseres Herrn. Die Hoffnung verließ uns nicht, daß diese Armen in uns Freunde und Helfer sehen würden, sobald es uns gelingen würde, sie Jesus erkennen und lieben zu lehren. Aber trotz unserer Ergebung gab es manche harte Probe, veranlaßt durch die bei jeder Gelegenheit an uns verübten Grausamkeiten."

Das Kriegsschiff

„Eines Morgens kamen Leute gerannt mit den Worten: 'Missi, Missi, ein brennendes Schiff oder ein Gott kommt über das Meer! Es sind keine Flammen zu sehen, aber Rauch wie aus dem Vulkan! Was ist es? Ein böser Geist oder ein brennendes Schiff?' Den ersten folgten andere, und alle waren in großer Angst. Ich erwiderte: 'Ich kann nicht gleich hingehen, sondern muß meine besten Kleider anziehen. Es wird eines der großen Kriegsschiffe meiner Königin Victoria sein. Den Kapitän muß ich voll Ehrfurcht empfangen. Er wird fragen, wie ihr mich behandelt, ob ihr mich bestehlt und mir nach dem Leben trachtet, oder ob wir Freunde sind.'

Diese Worte gaben zu lebhaftem Gespräch und vielen Fragen auch von seiten der Häuptlinge Anlaß, die mich inständig baten, alles Vorgekommene zu verschweigen. 'Wenn der Kapitän mich fragt, muß ich wahr reden.' 'Wird er fragen?' 'Ich glaube ja!' 'Missi, sagt ihm nichts, sagt ihm nichts! Ihr sollt gleich alles wiedererhalten, und niemand soll Euch je wieder etwas nehmen.'

Und fort liefen alle, um in kurzem mit einer Menge Sachen zurückzukehren. Als ich aus meinem Zimmer trat, sollte ich sagen, ob das alles sei, was ich vermisse, was ich natürlich nicht wissen konnte. Aber ich freute mich über die zauberhafte Macht, die der kommende Kriegsdampfer auf die Häuptlinge ausübte, die früher nie einen Dieb hatten finden können und ließ alles, was gebracht worden war, ins Haus tragen. 'Ich sehe den Deckel meines Teekessels nicht', sagte ich, einen Blick auf das bunte Durcheinander werfend. 'Ihr sollt ihn morgen haben, Missi, er ist auf der anderen Seite der Insel! Aber sagt dem fremden Mann es nicht!'

'Ich bin froh, daß ihr soviel gebracht habt', sagte ich. 'Wenn ihr drei Häuptlinge, Nouka, Miaki und Nowar, nicht von ihm davonlauft, wird er euch wohl nicht strafen. Bleibt ihr und eure Leute fern und versteckt, so wird er fragen, warum ihr euch fürchtet, und ich müßte es ihm sagen. Also bleibt bei mir, und in Zukunft bestehlt niemanden!'

'Wir sind in großer Angst, wollen aber bleiben, Missi.' Noch jetzt fühle ich die Freude, als an jenem schönen Morgen das Dampfschiff 'Cordelia' in unseren Hafen einlief. Kapitän Vernon kam mit zwei Booten voll Mannschaft, begleitet von einigen seiner Offiziere, bald an Land und war voll Teilnahme, da er bereits in Australien Gerüchte über die Gesinnung der Tannesen gegen uns gehört hatte. Sobald die Boote nahe genug waren, um die Uniformen zu unterscheiden, rannte Miaki davon, um nach einer Weile in einem alten roten englischen Militärrock wieder zu erscheinen, den er von einem Händler gekauft haben mochte. Er hatte die Uniform, die ihm etwas zu knapp war, über dem sonst unbekleideten Körper zugeknöpft. Sein häßlich bemaltes Gesicht, die Unzahl von peitschenschnurähnlichen Zöpfchen verwandelten die Erscheinung, die für gewöhnlich wenigstens den Ausdruck von wilder Freiheit hatte, in ein schmutziges, unbedeutendes Geschöpf. Miaki marschierte heran, als eben meine Begrüßung mit Kapitän Vernon und seiner Begleitung stattfand. Er fühlte sich als erster in diesem Kreise und begann mit einer Miene hochmütiger Würde die Fremden zu betrachten, deren Augen wiederum auf der zum Lachen reizenden Erscheinung ruhten.

'Wer ist denn das?' fragte der Kapitän. Nach der Vorstellung: 'Dies ist Miaki, unser erster Anführer im Krieg', flüsterte ich dem Fremden zu, daß er ein wenig Englisch verstehen würde und zwar gerade nur soviel, um gefährliche Mißverständnisse herbeizuführen. Der Kapitän murmelte also nur: 'Welch' verächtliches Geschöpf!' − Worte, die sich in Miakis Wörterbuch nicht fanden. Nach einer Weile sagte Miaki: 'Missi, da der große Häuptling, den Königin Victoria geschickt hat, nicht von allen Leuten auf der Insel gesehen werden kann, so bittet ihn, daß wir einen Speer neben seinen Füßen in die Erde stecken dürfen. Wir werden, wo sein Kopf aufhört, eine Kerbe schneiden und den Speer überall hinschicken, damit alle sehen, wie groß der Häuptling ist.' Der Kapitän ließ es geschehen, worüber Freude herrschte. Tausenden wurde der Speer gezeigt, und längere Zeit bildeten 'der Häuptling und sein Schiff' den Gegenstand der Unterhaltung.

Kapitän Vernons angebotene Hilfe konnte mir von meiner Arbeit gegen die grauenhaften Gewohnheiten und den Aberglauben der Bewohner nichts abnehmen. Jedoch ließ ich auf sein Verlangen hin alle erreichbaren Häuptlinge berufen. Am nächsten Morgen erschienen etwa zwanzig von ihnen, sämtlich bewaffnet. Sichtlich waren die meisten in großer Unruhe, als sie in meinem Haus um den Kapitän Platz nahmen, der wohl eine Stunde dazu verwendete, ihnen gute Ratschläge zu geben und sie zu unserer Sicherheit zu warnen. Dann lud er alle ein, ihn auf die 'Cordelia' zu begleiten. Er selbst zeigte ihnen die großen Kanonen und wie sie einem Spielzeug gleich auf Schienen sich leicht bewegen ließen. Als wir auf Deck um ihn versammelt waren, ließ er zwei Schüsse abfeuern: Die große Entfernung, in der die Kugeln ins Meer fielen und es aufwühlten, und der

Lärm der Kanonenschüsse vermehrte sichtlich Angst und Schrecken in den Leuten. Als er nun aber ein Geschoß in eine Gruppe von Kokospalmen senden ließ, als deren Äste wie Zündhölzer zerbrachen, da baten alle flehentlich, wieder an Land gebracht zu werden. Nachdem jedem einzelnen noch ein kleines Geschenk gegeben worden war, wurden sie entlassen. Die Eindrücke des Gesehenen wurden in lebhaften Reden den übrigen mitgeteilt und manche Mythe mag sich über den 'Feuergott des Meeres' und über 'den Häuptling der weißen Königin' in den Köpfen der Bewohner festgesetzt haben.

Um diese Zeit brachte mir das Schiff der Londoner Missionsgesellschaft den Besuch mehrerer Missionare, die mich wenigstens für einige Zeit mitnehmen wollten, damit ich mich erholen könnte. Aber die Furcht, nicht wieder landen zu dürfen, wenn ich einmal den Rücken gekehrt hatte, ließ es mich ablehnen. Auch brachte dieses Schiff aus Aneityum Holz zum Bau eines Gotteshauses, so daß ich auch dieser Arbeit wegen jetzt mich nicht entfernen wollte. Auf die Wirkung der Besuche von Kapitän Vernon und der Missionare durfte ich schon bald nicht allzuviel Hoffnung setzen. Die Eindrücke verwischten sich nur zu rasch. Aber wenn auch so manchmal unser Mut zur Erreichung des Ziels sinken wollte, wußten wir doch, daß Gottes Gnade hinreichend sei, auch diese finsteren Herzen zu erleuchten, und das hielt uns aufrecht."

Umzug

„Vierzehnmal hatte mich nun die Malaria niedergeworfen und schlimme Anfälle gebracht, die jedesmal eine längere Krankheitszeit im Gefolge gehabt hatte. Der mir erteilte Rat, mich in der Höhe anzusiedeln, war mir auch von Ärzten brieflich wiederholt worden, und ich sah die Notwendigkeit ein, ihn jetzt zu befolgen. Ich kaufte den Hügel, an dessen Fuß das erste Haus lag. Er bot auf seinem höchsten Plateau Platz für Kirche und Missionsstation, war zwischen drei- und vierhundert Fuß hoch, und da seine andere Seite nur durch einen schmalen Streifen Land vom Meer getrennt war, bot er gesunde, von der See gekühlte Luft, die so frei von Sumpfmiasmen war, wie das überhaupt hier möglich ist. Ich war, durch Erfahrung klug geworden, diesmal beim Kauf sehr vorsichtig. Ich berief alle Männer des Dorfes und ließ die Ansprüche der einzelnen an den gewünschten Flächen feststellen. Ich bezahlte alle wieder in großer Versammlung, so daß später ein Leugnen des Kaufes nicht stattfinden konnte. Von einem Händler erwarb ich Deckplanken eines gestrandeten Schiffes und wollte nun ein Häuschen bauen mit zwei Zimmern und einem Vorratsraum. Sobald es bewohnbar sein würde, wollte ich das alte Häuschen abbrechen und an das neue anfügen.

Mitten in diesen Vorbereitungen überfiel das Fieber mich wieder und zwar viel ärger als je zuvor. Als die Anfälle nachließen, war die Erholung viel langsamer als früher, und es schien mir, als könnte ich überhaupt nie wieder arbeitsfähig werden. Mein treuer aneityumesischer Lehrer Abraham und seine Frau halfen mir den Berg ersteigen, auf dem allein stärkende Luft zu erhoffen war. Ich kroch mehr als ich ging, und trotzdem konnte ich den Gipfel nicht erreichen. Ich brach zusammen und hatte das Gefühl, der letzte Augenblick sei gekommen. Von den treuen Helfern Abschied nehmend, befahl ich meine Seele dem Herrn. Als ich aus langer und tiefer Ohnmacht erwachte, trugen die beiden mich bis auf die Höhe des Hügels, bereiteten mir ein Lager aus Kokospalmwedeln und stellten einen dachartigen Schirm aus dichten Zweigen her, um mich vor der glühenden Sonne zu schützen. Nun brachten die treuen Menschen mir Kokosmilch und später ihre übliche Nahrung, als endlich nach Tagen das Bewußtsein wiederkehrte und auch blieb. Die Passatwinde, die ohne Hindernis den Hügel bestreichen, erquickten mich und stellten mich rascher her, als ich für möglich gehalten hatte. Die Eingeborenen hatten mich wohl aufgegeben, und weil jeder um die eigene Gesundheit besorgt war, war keiner von ihnen während der ganzen Zeit zu mir gekommen.

Während ich dann den Bau begann, waren wieder der alte Abraham und seine Frau mir Hilfe und Rettung. Meine Kräfte reichten nicht weiter, als Balken und Bretter zusammenzufügen. Ich fühlte mich unfähig, alles heraufzutragen, was nötig war, und sie taten es für mich. Ich schlief während der ganzen Zeit unter den Zweigen des Schirmes, weil eine Rückkehr in das ungesunde Haus mich rückfällig gemacht haben würde, und doch hing das Leben davon ab, vor der Regenzeit die neue Wohnung fertig zu haben. Was Abraham, der wie seine Brüder auf Aneityum Kannibale gewesen war, mir in dieser Zeit an Hilfe und Wohltaten geleistet hat, übersteigt jedes Lob. Bis zur äußersten Grenze seiner Kräfte arbeitend, konnte ich ihm auch alles überlassen, alles ihm auftragen. Er war treu bis zur Aufopferung in jeder Arbeit! Ja, er war so ganz und gar ein neuer Mensch in Christo geworden, daß in jeder Not, in allen Gefahren und in jenen Momenten schwerster Krankheit, als ich zum Beten zu schwach geworden war, seine Gebete mich stärkten und mit Erbauung erfüllten wie einst die meines Vaters."

Achtes Kapitel:

Weitere Missionsblätter aus Tanna

„Meine Friedenspartei, die zwanzig Häuptlinge, hielten eine Zeitlang ihr Versprechen treu. Sie fingen keinen Krieg an. Als aber acht von ihnen auf dem Rückweg von Stämmen im Innern der Insel, die sie in Frieden besucht hatten, ermordet worden waren, folgten sie dem Brauch und erklärten den Krieg. Die jungen Leute unserer Dörfer wurden dadurch so freudig erregt wie bei uns zu Hause ihre Altersgenossen, wenn sie eine Landpartie oder sonst ein geselliges Vergnügen vorbereiten.

Die Leute in meiner Nähe rieten mir, mich für einige Zeit zu entfernen. Die zu erwartenden Feinde ließen mir dagegen sagen, ich möge ruhig bleiben; gegen mich hätten sie nichts. Mein Haus werde vor Brand und Plünderung besser geschützt sein, wenn ich dort sei. Ich beschloß, einen Versuch zu machen, Frieden zu stiften und ging mit Abraham und einem anderen Lehrer zu den feindlichen Stämmen. Wir kamen durch verlassene Dörfer und Pflanzungen. Meinen Gefährten sank der Mut. Auch ich war in Sorge, wie es uns ergehen würde. In tiefem Schweigen und unter fortwährenden Bitten zu Gott um seine Hilfe legten wir den Weg zurück.

Lange fanden wir niemand. Plötzlich stießen wir auf den ganzen bereits versammelten Feind. Bei unserem Anblick griffen alle zu den Waffen. Ich betete mit voller Seele, nahm die beiden Lehrer ganz dicht zu mir und rief ihnen so laut wie möglich in ihrer Sprache zu: ʼIch grüße euch alle, Männer von Tanna! Fürchtet nichts; ich bin euer Freund! Ich liebe euch alle und komme, um euch zu erzählen, was Gott will und was ihm gefällt, daß ihr tun sollt!'

Natürlich waren wir wie immer unbewaffnet. Ein alter Häuptling ging mir entgegen, nahm meine Hand und führte mich in die Mitte der Leute mit den Worten: 'Setzt Euch zu mir, und erzählt mir. Nach und nach werden die übrigen auch keine Furcht mehr haben.' Einige rannten sichtlich zu Tode erschreckt in den nahen Wald. Andere sprangen in wilder Freude herum mit dem Ruf: 'Missi ist gekommen! Missi ist hier!' Die Aufregung wuchs von Minute zu Minute. Männer und Jünglinge, scheußlich bemalt und ihre geflochtenen Haare mit vielen, zum Teil großen Federn besteckt, drängten sich von allen Seiten herbei. Frauen und Kinder lugten aus den Büschen, um gleich darauf zu verschwinden. Nachdem wir mehr als eine Stunde verhandelt hatten, willigte der Häuptling in den Frieden. Die meisten stimmten ihm bei. Es wurde mir erlaubt, mit ihnen und für sie zu beten und ihnen vom Heiland zu erzählen. Als wir uns zur Heimkehr anschickten, brachten sie als Geschenk zwei Hühner, Kokosnüsse und Zuckerrohr mit dem Wunsch, wir möchten bald wieder zu ihnen kommen. Von diesem Tage an würde keiner von uns von ihrer Seite her angefeindet werden. Ich gab ebenfalls Geschenke, die aus Hemden und Stücken roten Kalikos* sowie aus Fischhaken bestanden, Dinge, die ihnen sehr wünschenswert erscheinen.

Mittlerweile war unsere Abwesenheit zu Hause bemerkt und unser Plan bekannt geworden. Unsere Leute hatten sicher geglaubt, daß wir bei diesem äußerst wilden Stamm erschlagen und verzehrt werden würden. Als sie uns nicht nur gesund, sondern mit Geschenken beladen heimkehren sahen, trauten sie ihren Augen

---

* Kaliko: Baumwollstoff

nicht. Es war jedenfalls ein ihnen unerhört erscheinender Vorgang. Der Frieden dauerte mehr als vier Wochen, eine ausnahmsweise lange Waffenruhe, die den Yamspflanzungen und den Umzäunungen zugute kam. Beides war seit Jahren nicht so gut bestellt worden.

So schwer es auch manchmal war, mit den Vorurteilen und Gebräuchen der Eingeborenen zu kämpfen – viel schwerer, viel entmutigender war es, wenn ich dem Tun und Treiben eines Menschen entgegentreten mußte, den ich nur mit dem tiefsten Gefühl der Schande als Landsmann anerkennen mußte. Einer z. B., ein Mr. Winchester, Kapitän und Besitzer eines Handelsschiffes, trat mir gerade in dieser Zeit entgegen, indem er meine Arbeit zerstörte. Er verkaufte, wenn er auf die Insel kam, den Leuten alte Gewehre, Pulver, Zündkapseln, Kugeln usw., und nahm dafür Geflügel, Kokosnüsse, Schweine und dergleichen in Zahlung, die er entweder selbst wegführte oder durch andere anlegende Schiffe loswurde. Als er diesmal kam, hatte er wohl von seinen Waren zur Kriegsführung wenig verkauft. Er fing nun an, Pulver, Kugeln usw. zu *verschenken* und Musketen zu verleihen. Er hetzte die Hafenbewohner geradezu in einen grundlosen Kampf, *nur um seine Waren loszuschlagen!* Sobald die Feindseligkeiten begonnen hatten und die geschenkten Dinge verbraucht waren, blühte sein Handel auf. Er ließ sich nun für ein Weinglas voll Pulver, für 3 bis 4 Kugeln oder für 10 Zündhütchen mit einem großen Schwein bezahlen! Die armen Heiden, wieder einmal in Wut geraten, zahlten, was er wollte, nur um den Kampf fortzuführen. Ich stellte dem Elenden wiederholt seine Sünde vor und die Schande, die er auf Christentum und Zivilisation wälzen würde. Er lachte mir ins Gesicht und sagte in frechem

Ton: 'Friede paßt mir nicht für mein Geschäft!' Das war ein Blick in den Abgrund menschlicher Habgier und Bosheit. Ich war ihm gegenüber natürlich machtlos und mußte alles geschehen lassen.

Als dieser Kampf begann, holte Miaki, der Kriegshäuptling, seinen Bruder Rarip aus meinem Hause ab, wo dieser liebe achtzehnjährige Jüngling, der sich eng an mich angeschlossen hatte, seit einigen Wochen lebte. 'Missi, ich hasse diesen Krieg', sagte er mir. 'Ich will bei Euch bleiben, denn es ist nicht recht, Menschen zu töten.'

Auch Miaki gegenüber weigerte Rarip sich, ihn zu begleiten. Ich bat für ihn, so flehentlich ich konnte. Es half nichts. Miaki riß ihn mit fort in den eben tobenden Kampf. Eine der ersten feindlichen Kugeln traf den Jüngling, den Miaki nicht von seiner Seite gelassen hatte. So starb er in den Armen des Bruders, fast unmittelbar, nachdem beide mich verlassen hatten! Als ich zu der Leiche eilte, fand ich schon eine Menge um diese versammelt, die mit allen Arten von wilden Gebärden die Trauer um den Bruder des Häuptlings an den Tag legten: Frauen und Mädchen, teils auf der Erde sitzend, teils liegend, rauften sich die Haare, bemalten sich Gesicht, Brust und Arme schwarz. Sie weinten laut, verwundeten sich mit Scherben von zerbrochenen Flaschen, warfen sich zur Erde und stießen ein Geheul aus. Männer rannten mit den Köpfen gegen Bäume, schlitzten sich die Haut mit Messern auf, daß das Blut in Streifen an ihnen herablief und schrieen ebenfalls. Mein Herz war tief betrübt, diese Zeichen eines Schmerzes zu sehen, für den sie keinen Trost zu finden wußten.

Ich holte ein Leintuch und Band, um Rarips Leiche einzuwickeln und für das Grab vorzubereiten: Augenscheinlich war es den Eingeborenen lieb und wohltuend zu sehen, daß ich den Toten liebgehabt hatte; denn alle verlangten, ich sollte ihn in christlicher Weise bestatten. Ich las aus dem Worte Gottes vor und betete mit einem übervollen Herzen inmitten der unvergeßlichen Auftritte! Wann, wann nur würden die Tannesen das besitzen, was mich jetzt erfüllte, den tröstenden Glauben an die Unsterblichkeit und das ewige Leben, durch Jesus Christus in Gnaden geschenkt!

Der Krieg zog sich in die Länge, die Verluste waren ungewöhnlich groß. Die Rache des Volkes begann sich gegen den Händler zu wenden. 'Ihr verleitet uns zu diesem Kampf! Ihr betrogt uns und die anderen. Rarip ist tot und viele andere. An Eurem Leben sollt Ihr dafür büßen', sagten sie zu ihm.

Winchester, zufrieden, solange Geflügel und Schweine stündlich in seinen Hof gebracht wurden und ohne Gewissensbisse über die gemordeten Menschen, kam nun zitternd und bebend zu mir, um für sich und seine Frau bei mir Zuflucht zu finden. Natürlich sagte ich ihm, daß die Mission und ihr Haus auch nicht im mindesten mit seinen Untaten in Verbindung treten könnte. Er bildete sich nun eine Wache aus Eingeborenen anderer Inseln, die er wie Sklaven behandelt hatte, nahm ihnen aber die Waffen wieder ab, da er wohl fürchtete, sie würden in ihren Händen ihm selbst zur Gefahr werden. Dann bat er, ich möge, während er einige Stunden schlafe, täglich meine Lehrer zum Schutze seiner Frau absenden. Im Wachen werde er allein sein Leben teuer genug verkaufen. Beide Lehrer waren ängstlich und weigerten sich; befehlen wollte und konnte ich es ihnen nicht. So verlebte er die Tage in Angst, bis an die Zähne bewaffnet, jeden Augenblick auf den Überfall der Eingeborenen wartend. Nachts schlief er in seinem Schiff, das er weit draußen in der Bucht verankerte und entfloh, sobald ein seefahrendes Boot anlangte, mit seiner Beute. Der durch ihn entstandene Krieg dauerte mehr als drei Monate. Dann glückte es mir, durch Geschenke nach beiden Seiten hin, das Versprechen zu erhalten, die Waffen niederzulegen. Aber die Wünsche nach Rache in den Herzen so vieler zu stillen, gelang mir natürlich nicht. Ich mußte mich wenigstens mit diesem Erreichten zufrieden geben.

Ich war während dieser Kämpfe jeden Sonntag in das Lager gegangen und hatte einen Gottesdienst gehalten, dem viele ehrerbietig beiwohnten. Alles Reden zum Frieden aber hatte nichts gefruchtet. Als ich eines Tages von unseren Leuten aus mich zu den Feinden begeben wollte, hielten sie mich zurück und sagten: 'Missi, betet nur für uns! Euer Gott wird uns stark machen. Ihr müßt nicht mit den Feinden beten, damit er ihnen nicht auch hilft!' Von da an machte ich es mir zur Pflicht, *stets beide Parteien* zu besuchen und sie zu lehren, daß Gott ihnen beiden gebietet, Frieden zu halten.

Um diese Zeit pflegten etwa vierzig Personen Nowar zum Gottesdienst zu begleiten, dem sie mit ziemlicher Aufmerksamkeit folgten. Nowar selbst war voller Freude, und es schienen Erkenntnis und Liebe bei ihm zuzunehmen. Dennoch war auch er nicht immer beständig, sondern veränderlich und in Zweifel, ob er das Bessere erwählt hatte.

Hier und da gab es Ereignisse, die unseren Einfluß vermehrten, weil wir einigen einen Nutzen brachten. So war z. B. einer der Zauberer beim Fischen von einem Fisch gebissen worden, was Wundbrand und den Tod zur Folge hatte. Man war eben mit den grausigen Zeremonien beschäftigt, die der Erdrosselung seiner zwei Frauen vorhergehen sollten, als ich in das Dorf kam. Es gelang mir durch Bitten und Erklärungen, die beiden Todgeweihten zu retten, und jeder solche Fall, wo sie bereit waren, von ihren schrecklichen Gebräuchen Abstand zu nehmen, machte mir Mut, daß diese mit der Zeit verschwinden würden.

Eines Morgens zu früher Stunde sah ich das Haus von vielen Bewaffneten umringt. Ein Anführer sagte mir kurz und klar, sie seien gekommen, um mich zu töten. Ich sah, daß ich völlig in ihrer Gewalt war. Von einer Verteidigung gegen so viele konnte keine Rede sein. Ich kniete nieder, übergab in heißem Gebet Jesus Leib und Seele, wie ich dachte, zum letztenmal, und trat dann unter die Männer. Ruhig setzte ich ihnen auseinander, wie wenig gut sie an mir handelten und daß ich ihnen allen nie irgend etwas zuleide getan hätte. Auch wies ich auf die Folgen hin, welche für sie aus dem Mord entstehen würden, als plötzlich ein Anführer sagte: 'Ihr habt Recht! Wir handelten schlecht an Euch! Nun aber wollen wir für Euch kämpfen und alle töten, die Euch hassen.' Mit Gewalt mußte ich die Hand des Häuptlings halten, um meinetwegen niemand zu töten, weil Jesus uns gelehrt hätte, auch unsere Feinde zu lieben und ihnen Gutes zu tun. Mehrere schlichen während unserer Unterhaltungen fort. Die Bleibenden versprachen, uns freundlich gesinnt zu bleiben.

Aber wieder einmal beschloß eine allgemeine Versammlung, uns die Wahl zu lassen, ihnen entweder nichts mehr vom Herrn zu sagen oder getötet zu werden. Wir könnten mit ihnen Waren austauschen und dann bleiben, da sie uns gern hätten, aber ich dürfte nichts mehr über unseren Gott lehren. Ich erwiderte, ich sei hier nicht aus Gewinnsucht, sondern aus Liebe zu ihnen, aus Mitleid mit ihren verdunkelten Seelen. Da trat ein Häuptling vor, der in Sydney gelebt hatte und

Englisch sprechen konnte. In dieser Sprache hielt er folgende Rede: 'Missi, unsere Väter liebten und beteten den 'bösen Geist' an, den ihr Teufel nennt. Wir sind entschlossen, das gleiche zu tun, denn wir lieben die Wege unserer Väter. Missi Turner kam und störte unsere Anbetung, aber unsere Väter besiegten ihn, und er floh. Sie besiegten auch Peta, den Lehrer aus Samoa, so wie wir den Fremden töteten, der vor euch hier war. Wir haben auch die Lehrer aus Aneityum gemordet und ihre Häuser verbrannt. Nach jeder Tat war es gut in Tanna. Wir lebten wie unsere Väter, und Tod und Krankheit verließen uns. Jetzt sind meine Leute entschlossen, Euch umzubringen, denn wir wollen nichts von Euren Sitten und Eurem Gott wissen!' Dann rief er einige seiner Leute in seine nächste Nähe — es waren solche, die in Australien gewesen waren — und fuhr in bitterem Ton fort: 'Die Leute in Sydney gehören zu Eurem Britannien. Sie wissen so gut wie Ihr, was Recht ist und was Unrecht, und wir alle hier haben sie am Sonntag fischen, kochen, arbeiten und sich vergnügen sehen, wie an jedem anderen Tage. Ihr sagt, wir sollen am Sonntag nicht arbeiten. Aber Ihr selbst kocht Euch das Wasser zum Tee, wie die ganze Woche. Wir haben die Leute in Sydney tun sehen, was Ihr schlecht nennt, was wir aber lieben. Ihr seid nur einer, sie sind viele. Sie haben Recht, so müßt Ihr Unrecht haben! Ihr lehrt Lügen über Euren Gott und seinen Willen!'

Ich hatte bei der Erwiderung leider zuzugeben, daß die große Menge den Befehl Gottes nicht beachtet und den Sonntag zum Vergnügen benutzt! Aber ich sagte, daß Tausende ihm auch hierin gehorchten und wahre Diener ihres Herrn seien. Bei den so oft wechselnden Stimmungen dieses Volkes konnte es geschehen, daß jene, die mit offen ausgesprochenem Mordvorsatz zu mir gekommen waren, nun doch in Gespräche über die höchsten Dinge eingingen und mir aufmerksam zuhörten, wie ich ihnen den Segen schilderte, den die Bibel in alle Länder bringt und daß sie später meinem Gebet für sie still lauschten.

Aber schon wenige Tage später, als viele Eingeborene bei mir waren, erhob einer seine Axt wütend über meinem Kopf. Ein Häuptling der Kaserumini schlug sie ihm aus der Hand und rettete mich vom Tode. Ein Leben unter solchen Gefahren ließ mich immer näher und enger dem Heiland anschließen. Ich wußte ja nie, ob nicht im nächsten Augenblick der Haß wieder hervorbrechen und mich ums Leben bringen würde. Ich lernte täglich meine schwache Hand fester in die einst durchbohrte zu legen, die nun die Welt beherrscht, und Ruhe, Frieden und Ergebung erfüllten meine Seele trotz allem.

Schon am nächsten Tag folgte mir ein Häuptling mit seiner Flinte fast vier Stunden lang, bei allen meinen Gängen, meiner Arbeit im Hause und draußen. Oft erhob er die Waffe zum Schuß. Aber meines Gottes Macht hat die Hand zurückgehalten von der Tat. Ich sprach freundlich mit dem Mann, verrichtete dabei aber meine Arbeit, als wenn er nicht anwesend wäre, fest überzeugt, daß mein Gott mir die Aufgabe zugewiesen habe und mich schützen würde, bis ich mein Teil davon erfüllt haben würde. Die wunderbaren Errettungen stärkten meinen Glauben mächtig und machten mich bereit für kommende Gefahren, die sich aneinanderreihten. Ohne die unumstößliche Gewißheit der Gegenwart und der Macht unseres Erlösers würde ich sicherlich den Verstand verloren haben und elend umgekommen sein. Seine Worte: 'Siehe, ich bin bei euch alle Tage, bis an der Welt Ende!' wurden eine *solche Wirk-*

lichkeit für mich, daß ich mich kaum erschreckt haben würde, wenn ich den Herrn auf mich herabschauend gesehen hätte wie Stephanus. Ich fühlte Christi tragende Liebe wie Paulus und sagte oft mit ihm: 'Ich vermag alles durch Christus, durch welchen ich mächtig bin.' Es ist einfach Wahrheit, daß ich meinen Herrn mir nie so nahe fühlte, wie in den Momenten, wo Keule, Flinte oder Speer auf mich gerichtet waren.

Eines Nachts erwachte ich dreimal durch die Versuche eines Häuptlings, mit seinen Leuten mein Haus zu erbrechen. Obgleich mit Flinten bewaffnet, fehlte ihnen doch der Mut, weil sie das Gefühl von Unrecht hatten. Sie kehrten unverrichteterdinge heim, und es hieß am nächsten Tag, mit Spießen sei gegen mich nichts zu machen. Das beste wäre, das Haus anzuzünden und uns, wenn wir entfliehen würden, mit Keulen zu erschlagen. Aber auch hier half uns der Herr: Der Plan wurde einem Lehrer mitgeteilt, und als man bemerkte, daß wir Wache hielten, schlossen sie, daß ihre Absicht uns bekannt sei. Das aber schien ihnen für eine Zeit allen Glauben an sich selbst zu nehmen, und sichtlich beschämt, wenn ich ihnen freundlich begegnete, blieben sie etwas ruhiger.

Namuri, einer der Lehrer, wurde eines Morgens durch den Kawas (oder Mordstein) schwer verwundet. Der Angreifer war ein sogenannter Priester bei den Tannesen. Er schlug den Niedergesunkenen noch wiederholt mit der Keule. Der Lehrer taumelte blutend und fast ohnmächtig in mein Haus, in das er wie durch ein Wunder noch laufen konnte. Die Verfolger waren ihm auf den Fersen, hielten aber im Lauf ein, als sie sahen, daß er mich erreicht hatte. Seine schweren Verletzungen heilten nur langsam. Als er endlich so ziemlich wiederhergestellt war, verlangte er seine Arbeit und sein Leben unten im Dorf wieder zu beginnen. Ich bat ihn, sich zu schonen und noch eine Zeitlang zu warten, bis die Wut der Leute sich etwas mehr gelegt hätte. Der gute Namuri antwortete mir darauf: 'Missi, wenn ich die Unglücklichen nach meinem Blut dürsten sehe, so erkenne ich mich selbst in ihnen. Ich wollte den ersten Missionar, der zu uns kam, auch mehr als einmal gern töten. Wäre der aus Furcht fern von uns geblieben, so wäre ich heute ein Heide. Aber er hörte nicht auf, uns zu belehren, und durch die Gnade Gottes bin ich durch ihn ein Christ geworden. Derselbe Gott kann ja auch die armen Tannesen erleuchten, daß sie ihm dienen und ihn anbeten. Ich kann nicht fern von ihnen bleiben, Missi! Aber ich will im Missionshaus schlafen. Bei Tage muß ich arbeiten.'

Einen solchen Mann zurückzuhalten, das vermochte ich nicht. Er kehrte unter die Leute zurück, und eine Zeitlang ging es über Erwarten gut. Die Insulaner zeigten viel mehr Interesse als früher, und eben dies mochte den Heidenpriester aufs neue in Zorn gebracht haben. Denn eines Morgens, als Namuri mit mehreren betete, sprang er auf den Armen zu, schlug ihn wiederholt mit der Keule und ließ ihn für tot liegen. Die Anwesenden entflohen, um nicht für mitschuldig gehalten zu werden, und so blieb Namuri länger ohne Hilfe liegen. Als sein Bewußtsein wiederkehrte, schleppte er sich bis zu mir und sagte: 'Missi, ich sterbe. Sie werden Euch auch töten! Entflieht, rettet Euer Leben!' Ich verband seine Wunden, tröstete ihn und betete mit ihm. Er war ganz ruhig. Seine großen Schmerzen beklagte er mit keinem Wort, sondern wiederholte stets: 'Für Jesus! Um meines Jesu willen!'

Sein Gebet: 'Herr Jesus, vergib ihnen, denn sie wissen nicht, was sie tun! O nimm nicht alle deine Diener von Tanna weg! Herr, bringe alle Tannesen dazu, dich zu lieben und dir zu folgen!' wiederholte er oft, bis er den letzten Atemzug tat. Ihm war Jesus alles in allem. Für ihn gab es keine Schrecken des Todes. Er schied in der sicheren Hoffnung, bald beim Herrn zu sein. Klein und niedrig mag der Mann von der Welt geachtet werden, aber ich wußte, daß ein guter Diener des Herrn im Kampf für ihn gefallen war. Ich machte ihm einen Sarg, und mit Tränen und Gebeten übergaben wir die Leiche der Erde nicht allzufern von unserem Haus.

Am nächsten Tag kamen Häuptlinge mit dem Vorschlag, mein Leben sollte gesichert sein, wenn ich jedem einzelnen Kaliko, Messer und Äxte schenken wollte. Sie wurden natürlich abgewiesen, da ich wußte, daß meine Sicherheit nicht eher gewährleistet sein würde, als daß alle dem Herrn dienten.

Wiederholt war es mir gelungen, Frauen, deren Männer gestorben waren, vorm Erwürgtwerden zu retten. Auch in dieser Zeit kamen Fälle vor, und auf meine Belehrungen bekam ich diesmal zur Antwort: 'Unsere Väter haben *dies* nicht getan. Wir haben diesen Brauch in Aneityum gelernt. Da man ihn dort abgeschafft hat, so können wir es auch tun, ohne unsere Väter zu kränken.'

Es gab auf dieser Seite der Insel nur heiße Quellen, deren Wasser in der heißen Zeit Tage brauchte, um abzukühlen und zum Trinken brauchbar zu sein. Es gelang mir, in etwa 12 Fuß Tiefe gutes kaltes Wasser zu finden. Ich fütterte die Wände mit Steinen aus, die ich in meinem Boot von einem anderen Ort holen mußte. Es schien den Insulanern ein wahres Wunder, 'daß Regen *von unten herauf* käme'! Von der Zeit an versorgten sich alle an meinem Brunnen. Es war gutes Wasser, ohne jede Beimischung von Salz, obgleich der Wasserstand bei der Flut stieg und mit der Ebbe sank.

Nun verwandte ich längere Zeit zum Bau eines Hauses, das als Schule und Kirche dienen sollte. Ich kaufte Balken in Aneityum, deren Preis (fünfzig Hosen) mir von meinen ehemaligen Schülerinnen in Glasgow gesandt worden waren. Mit viel Mühe und Arbeit stand das Haus endlich fertig und war, wenn auch primitiv, doch ein so passendes Gotteshaus, wie man es sich in den Tropen nur wünschen konnte.

In jenem Klima schadet es nicht, daß die Fensteröffnungen nicht verglast werden konnten. Aber die Tannesen waren nicht erfreut, daß wir festen Fuß faßten. Beim ersten Gottesdienst erschienen nur fünf Männer, drei Frauen und drei Kinder. Also mußte ich die Gewohnheit beibehalten, daß ich in die einzelnen Dörfer ging, und dort Gottesdienst unter dem Schatten von Bananenstauden oder Kokospalmen hielt.

Ein mir unvergeßliches Ereignis war der erste gelungene Druck eines tannesischen Büchleins. Thomas Binnie aus Glasgow hatte mir eine kleine Druckerpresse und Lettern geschenkt. Setzen und Drucken hatten nicht zu den Künsten gehört, in denen ich in der Heimat Unterricht bekommen hatte, und es erschien mir weit schwieriger als der Bau des Hauses. Langsam nur kam ich weiter, sehr langsam, aber mit Ausdauer ging es doch vorwärts. Eine große Schwierigkeit bot mir die richtige Anordnung der Seiten, so daß sie beim Falten richtig aufeinander folgten. Als ich es herausgefunden und den ersten korrekten Bogen meiner Presse entnahm, war es ungefähr ein Uhr nach Mitternacht. Ich bekenne, daß ich einen lauten Freudenschrei in der stillen Nacht ausstieß, daß ich meine Mütze in die Luft warf wie ausgelassene Jungen, daß ich um die Presse herumsprang wie ein Kind um ein

Spielzeug, bis ich mich ernstlich fragte: Bist du an dem Punkt, den Verstand zu verlieren? Ist es nicht passender für einen Missionar, vor seinem Herrn auf den Knien zu liegen und ihm zu danken für diesen ersten Abschnitt seines heiligen Wortes, der je in dieser Sprache gedruckt wurde? Und so betete ich um weiteren Segen und dankte dem, der mir geholfen hatte, dies Mittel zur Verbreitung seines Wortes zustande zu bringen. – Aber die Tannesen zeigten eine abergläubische Angst vor Büchern, besonders vor 'Gottes Buch', die ich erst zu überwinden hatte.

Bald nachher landete der Kapitän eines amerikanischen Schiffes, 'Camden Packet'. Er bat mich, an Bord zu kommen und Gottesdienst zu halten. Es war wie das Auffinden von Quellen in der Wüste, mit Kapitän Allan und seiner Mannschaft umzugehen. Sie waren sämtlich treue Christen, die ihren Heiland liebten, eine kleine Gemeinde, eines Sinnes und Herzens. Man wollte mir Vorräte geben, doch konnte ich von dem, was sie hatten, – die Ladung war Fischtran – keinen Gebrauch machen. Um mir aber dennoch einen Liebesdienst zu erweisen, ließ der Kapitän durch den Schiffszimmermann mein Boot gründlich ausbessern, so daß es so gut wie neu war mit seinem festen Boden. Und von einer Bezahlung wollten weder Herr noch Diener hören, die mir, dem Fremden, in echt christlichem, brüderlichem Geiste nur etwas Gutes, nur Liebe hatten erweisen wollen."

Wachsende Gefahren

„Bald nach diesem Besuch tauchten neue Gefahren auf. Während ich eines Tages an meinem Haus arbeitete, erschien der Kriegshäuptling mit einer Menge Leuten, bewaffnet mir ihren heimischen Kriegswerkzeugen und Flinten. Sie beobachteten mich eine Weile, ohne zu sprechen, dann erhoben alle das Gewehr, wie auf ein Zeichen, nach meinem Kopfe zielend. Entfliehen war unmöglich! Hätte ich gesprochen, so würde es die Gefahr vergrößert haben. Das Sehen verging mir, dessen entsinne ich mich deutlich. Dann betete ich inbrünstig zum Heiland, er möge mich beschützen, oder mich zu sich in sein Reich nehmen. Als meine Augen ihren Dienst wieder taten, versuchte ich, weiterzuarbeiten, als ob niemand in meiner Nähe wäre. In diesen Augenblicken empfand ich so lebendig wie nie zuvor die Worte: 'Was ihr bitten werdet in meinem Namen, das will ich tun' − und ich wußte, ich war gerettet! Ohne ein Wort zogen sich alle ein wenig mehr zurück, legten die Flinten wieder an und schienen sich durch Mimik gegenseitig zum ersten Schuß anzufeuern. Aber mein Gott und Herr hielt sie ab. Sie entfernten sich, und ich blieb zurück mit wieder neuem Grund, ihm in allem für Zeit und Ewigkeit zu vertrauen. Aber die Gefahren schienen nun von allen Seiten zu kommen. Sehr häufig wurde mir offen nach dem Leben getrachtet, so daß ich vorsichtiger werden mußte, und manchen Tag mein Haus oder den Garten nicht verlassen durfte. Denn ich habe stets geglaubt und halte heute noch daran fest, daß wir Gottes Schutz für unser Leben nur dann erwarten dürfen, wenn wir selbst jedes erlaubte und jedes mögliche Mittel zu diesem Zweck anwenden.

Wieder ankerte ein großes Schiff in unserem Hafen. Es war im Besitz und unter der Führung eines Franzosen, der sich Prinz von Jean Beuve nannte. Er hatte bei Napoleon III.'s Thronbesteigung flüchten müssen, war amerikanischer Staatsbürger geworden und hatte nun Reisen mit seinem Schiff unternommen, das mehr wie ein Kriegsfahrzeug ausgestattet war, um Länder und Orte aufzusuchen, die durch ihre Produkte sich anboten, sie in eine Dampferlinie einzubeziehen. Der Franzose bot mir an, ja er drang in mich, mich nach Aneityum oder nach Sydney in Sicherheit zu bringen. Ich konnte mich aber dazu nicht entschließen, weil ich fürchtete, nicht wieder landen zu dürfen, sobald ich einmal die Insel verlassen hätte. Aber ich beschloß, den Einfluß der Anwesenheit der Europäer im Hafen zu benutzen und mit Hilfe der Lehrer und ein paar gutgesinnter Insulaner mein erstes Häuschen abzubrechen und an meine höher gelegene Wohnung anzuschließen. Als wir dabei das Dach von Zuckerrohr verbrannten, glaubte der Franzose, die Tannesen hätten ihre Drohung ausgeführt, mir die Hütte zu verbrennen, ehe ich sie versetzen konnte. Er ließ seine Kanonen laden und eilte mit mehreren Booten voll Mannschaft auf die Insel, um mir beizustehen. Es tat mir leid, daß ich den hilfsbereiten Mann nicht von meiner geplanten Arbeit in Kenntnis gesetzt hatte. Er aber lachte herzlich, ließ seine Leute vor den Tannesen exerzieren, berief dann, ohne daß ich ihn darum gebeten hätte, alle nahe wohnenden Häuptlinge und erklärte ihnen, wenn mir ein Leid zugefügt würde, kehre er zurück und werde ihre Dörfer ohne Barmherzigkeit mit Kanonen zerstören. Man versprach dem lebhaften Herrn alles. Dennoch wiederholte er seine Bitten, mit ihm abzureisen, und er mochte mich für einen träumerischen Schwärmer halten, als ich sein Anerbieten dankend ablehnte.

In schneidendem Kontrast zu der Liebe, welche diese Männer mir erwiesen, steht das Benehmen eines anderen. Fast schäme ich mich zu gestehen, daß dieser wie ich selbst britischer Nationalität war. Im Dienst eines Sandelholzhändlers in Sydney stehend, versuchte er das Boot, das uns als nötigstes Stück für Missionare in diesen Gegenden mitgegeben war, mir abzulocken, indem er mir von dem mit mir ausgesandten Mr. Copeland die Botschaft bestellte, es ihm zu überlassen. Da ich wußte, daß dieser unmöglich einen solchen Auftrag gegeben haben konnte, verweigerte ich die Herausgabe des Bootes. Der gewissenlose Landsmann ging nun an das Bootshaus und ließ sich für ein wenig Tabak von einigen Tannesen beim Erbrechen der Tür und dem Herausbringen des Kanus helfen. Als ich ihm an den Strand folgte, fluchte der Mensch entsetzlich, stieß mich vor den Eingeborenen hin und her und wollte sogar nach mir schlagen. Als ich den Leuten sagte: 'Ihr helft dem Mann, mein Boot zu stehlen, ihr wißt, es gehört mir', liefen sie davon. Später gelang es ihm doch, mit Hilfe anderer weiter weg wohnenden Leute das Boot ins Wasser zu bringen und mitzunehmen. Ein viel schlechteres, das für ihn unbrauchbar geworden war, schickte er nicht etwa dafür zurück; er ließ es einfach von seinem Schiff losmachen, es den Wellen überlassend, die es auf eine Sandbank warfen, von wo wir es später mit großer Mühe auf die Insel brachten. Wenn diese geldgierigen Händler einen Missionar, einen britischen Landsmann, so behandelten, so kann man sich vorstellen, wie sie mit den armen Eingeborenen verfuhren. Solange es Sandelholz gab, wurde es ihnen abgepreßt, und wenn sie es nicht für ihre geringen Preise bekommen konnten, gab es Mord und Totschlag. Tausende und Abertausende sind an dem Sandelholz dieser Inseln verdient worden. Aber es klebt viel Blut an dem unseligen Geld, und namenloses Elend ist von diesen Leuten durch alle Arten von Sünde unter die Insulaner getragen worden! Selbst untereinander erschossen sich die Weißen in ihren Streitigkeiten und im betrunkenen Zustand. Aber ich kann mich kaum an einen einzigen erinnern, bei dem das Geld Segen gebracht hätte. Alle sind in ihren Sünden zugrunde gegangen, und selbst den Schiffseigentümern, in deren Dienst diese Greuel begangen wurden, von denen manche vielleicht nichts ahnten, ist der Reichtum zum Fluch geworden.

Als kein Sandelholz mehr aufzutreiben war, begann der sogenannte 'Kanaka*-Arbeits-Handel' mit den Kolonien, der seitdem Tausende von Insulanern in Abhängigkeit gebracht hat, die sich von Sklaverei kaum unterscheidet und wodurch die Bevölkerung der Inseln sehr bedeutend abgenommen hat. Im besten Fall verbreiteten die Sammler von Sandelholz und Kanaka-Arbeitern Laster, Krankheit und Tod um sich her. Im schlimmeren Fall zwangen diese Unmenschen die Armen zu Arbeiten, denen sie nicht gewachsen waren, oder sie schossen sie unter dem einen oder anderen Vorwand nieder. Ihr Grundsatz war: 'Laßt sie umkommen, damit die Weißen diese Inseln bewohnen können!'

Es war ganz natürlich, daß die armen verängstigten Insulaner *alle* Weißen fürchteten und haßten, daß sie keinen Unterschied machten zwischen uns, die wir ihr Bestes wollten, und jenen, denen nicht einmal ihr Leben etwas galt, und daß sie den Peinigern zu schaden suchten, wo es irgend ging. Ein solcher 'Arbeitshändler', der länger in Port Resolution lebte, hatte seine Vorräte an Tabak, Pulver, Kugeln und Gewehren in einem Keller unter seinem Haus. Er war nur innerhalb des Hauses durch eine Falltür zu erreichen. Sehr scharfe Hunde und Bewaffnete bewachten das Haus Tag und

---

* Kanaka („Mensch"): Südseeinsulaner

Nacht, so daß er sich völlig sicher fühlte. Die schlauen Tannesen aber hatten in einem Dickicht sich in die Erde hineingewühlt und tatsächlich eine tunnelartige Verbindung mit dem Keller hergestellt und den stets heißbegehrten Schießbedarf, Tabak und andere Dinge gestohlen. Mein Herz blutete beim Gedanken, was aus diesen unstreitig nicht unbegabten Menschen durch die Bibel werden konnte und werden mußte, und daß sie stattdessen so mißhandelt, demoralisiert und vernichtet wurden.

Daß sich die Tannesen sagten, als sie meine eigene Mißhandlung seitens jenes Händlers sahen, daß, wenn mein eigener Landsmann ohne Strafe mir Boot und Kette stehlen dürfte, sie es auch tun könnten, ist ganz natürlich! Ich zögere nicht zu sagen, daß der schließliche Abbruch der Station auf Tanna zum größten Teil dem Treiben jener Händler zuzuschreiben ist, durch das der Haß des Volkes gegen alle Europäer aufs höchste gesteigert wurde.

Der Häuptling Nowar blieb mir treu, und ihm konnte ich am meisten trauen. Er fehlte nie beim Gottesdienst, begleitete mich mit mehreren anderen auch stets auf meinen Wegen in die landeinwärts gelegenen Dörfer zum Gottesdienst und wehrte dabei mehr als einmal Gefahren von mir ab. Dieser Nowar verabredete sich mit anderen Häuptlingen, ein großes Fest zu Ehren Gottes, den sie von nun an allein anbeten wollten, zu veranstalten. Es war die größte Versammlung, die ich auf Tanna gesehen habe. Als alle versammelt waren, holten mehrere Häuptlinge meine Lehrer und mich ab. Vierzehn Häupter von Stämmen redeten nach und nach zu der Menge, und zwar schlugen sie vor, daß niemand mehr durch Nahak getötet werden sollte, denn die Zauberei sei eine Lüge. Ihre Priester sollten nicht länger behaupten, daß sie Wind und Regen, gute Jahre und Mißernten, Krankheit und Tod zu senden oder abzuwehren imstande seien. Alle Anwesenden sollten den Dienst Gottes aufnehmen, wie der Missionar sie gelehrt habe, und die verbannten Stämme sollten aufgefordert werden, wiederzukehren und bei ihnen zu wohnen. Diese Reden riefen nicht die leiseste Entgegnung unter der großen Menge hervor. Die Männer meinten es ohne Zweifel ernst, und wäre unter ihnen einer gewesen, dessen Verstand sie beherrschte, so hätte sicher Großes daraus werden können. Aber die Tannesen sind von einem unzuverlässigen, wankelmütigen Charakter. Sie halten bei jedem Anlaß lange Reden, von denen aber die meisten keinen Ernst, kein festes Wollen enthalten. Es war sicher, daß sie durch entgegengesetzte Einflüsse ebenso rasch wieder ihren alten Göttern sich zuwenden würden.

Den Reden folgten eine Reihe heidnischer Zeremonien, die mir Entsetzen einflößten. Sie bezogen sich auf die ungeheuren Speisevorräte, die man aufgehäuft hatte. In zwei langen Reihen aufgestellt hielten die Männer anfangs tiefes Schweigen inne, dann folgten unter Niederknien und Wiederaufstehen die entsetzlichsten Töne, Schreien und Stöhnen. Nachdem alle dies dreimal getan hatten, und zwar jedesmal mit sichtlich größerer, fast wütender Erregung, folgte ein geradezu wahnsinniger Gesang, darauf allgemeines Händeschütteln und nochmals eine Rede von Nowar. Dann ging es an das Austeilen und Austauschen der Speisen, welche die Häuptlinge für ihre Untergebenen in Empfang nahmen. Darauf nahten sich Nowar und Nerwangi, als die Leiter des Ganzen, meinen Lehrern und mir und ersterer sprach: 'Wir halten dieses Fest, um Häuptlinge und Volk zu bewegen, den Krieg aufzugeben, Freunde zu werden und euren Gott anzubeten. Wir wünschen, daß ihr bei uns bleibt und uns gute Sitte lehrt. Als Beweis unserer Aufrichtigkeit und unserer Liebe bringen wir euch diese Speisen.'

Ich erwiderte an die ganze Versammlung gewendet, wie erfreut ich über ihre Entschlüsse und ihre Versprechungen sei. Ich bat sie dringend und herzlich, daran festzuhalten und sie zu erfüllen; sie würden reichen Segen für sich und ihrer Kinder davon ernten. Dann ging ich in die Mitte des Kreises, legte ein Bündel roten Baumwollstoff, einige Stücke weißen, Fischhaken, Messer und dergleichen dort nieder, ebenso die uns gebrachten Speisen, und indem ich die Häuptlinge bat, alles nach Stämmen zu verteilen, sagte ich, es sei dies ein Zeichen meiner Liebe zu ihnen allen.

Als man in mich drang, die Speisen zu behalten, mußte ich ihnen erklären, daß ich ihnen zwar für ihren guten Willen gegen mich dankbar sei, daß ich aber unmöglich davon genießen könne, da sie diese ihren Götzen geweiht hätten, sogar dem bösen Geiste Karapanamun. Christen würden nur den Segen des lebendigen Gottes auf sich und ihre Speisen herab erbitten, der keinen anderen Gott neben sich habe. Sie würden später auch nur zu diesem beten. Doch dankte ich ihnen für ihren guten Willen ebenso, als ob ich die Speisen genommen hätte, womit sie auch ganz befriedigt schienen.

Es folgten nun Tänze, mit 'Hindergrundmusik' aus Händeklatschen und Singen. Sie wurden in strenger Ordnung durchgeführt, ebenso ein Scheinkampf, bei dem eine Anzahl Eingeborener aus dem nahen Wald ins Dorf einfiel. Dann nahte das Ende der Feier. Man packte die Speisen ein, um sie mitzunehmen, denn die Tannesen essen nicht mit Genossen anderer Stämme zusammen. Zum Schluß fand noch ein Austauschen der Kleidungsstücke statt, nicht mit Federn und sonstigem Schmuck, sondern auch mit kunstvoll verschlungenen langen Gürteln und sogar mit den aus europäischen Stoffen verfertigten einfachen Bekleidungsstücken. Wenn man diesem Geben und Nehmen zusah, konnte man die Leute für einander sehr freundlich gesinnt halten. Das waren sie auch, doch nur für die Dauer des Festes! Die alten Fehden blieben unvergessen! Die Rachsucht war nicht ertötet in diesen Herzen und mußte über kurz oder lang wieder zu bösen Kämpfen führen.

Ich hatte nun in sechs Dörfern an der Küste Stationen mit Lehrern aus Aneityum besetzt. Ungefähr noch einmal soviele Ortschaften waren willig, einen Lehrer aufzunehmen, sobald ich ihn bekommen konnte. Diese Dörfer sollten die beiden Hauptstationen auf Tanna verbinden. Diese Lehrer waren selbst noch Kannibalen gewesen. Aber ich kann allen bis auf einem in Wahrheit das Zeugnis geben, daß sie, so gut sie es vermochten, ihren Glauben in treuem Dienen lebten. Ich besuchte sie sehr oft, ermutigte und leitete sie zu ihrem Tun an, für das ich wiederum bei den Eingeborenen Interesse zu wecken suchte. Aber sobald Unruhen ausbrachen, mußten sie zu mir flüchten, um doch etwas gesicherter zu sein. Die Schwierigkeiten ihrer Lage, zumal beim ersten Fußfassen in einem Dorf, trugen diese Lehrer mit großer Geduld und wirklicher Selbstverleugnung. Keine irdischen Einflüsse hätten diese Wirkung bei ihnen erzielen können. Das konnte nur die Gnade Gottes in Christo tun. Obgleich sie noch oft in einzelnen Situationen in Gefahr waren, in ihre alten heidnischen Fehler wie Zorn und Ungeduld zurückzufallen, waren sie doch im tiefsten Herzen erneuerte wiedergeborene

Menschen, die, soweit es irgend in ihren Kräften stand, ihrem Herrn und Meister gern dienen wollten. Am hellsten leuchtete der neue Geist in meinem Abraham und in Kowari.

Einer dieser Lehrer kam einst mit Tagesanbruch, als ich durch anhaltendes Schießen in der Nähe des Hafens aufgeweckt worden war, mit der schauerlichen Kunde, daß sechs oder sieben Leute eines Festes wegen niedergeschossen worden seien, das man nach einem beendeten Kampf zur Wiederaufnahme eines verbannten Stammes feiern wollte. Als ich hinuntereilte, hörte ich, daß die Führer in großer Versammlung beschlossen hatten, diese Zahl von Leuten zu opfern, daß sie aber die Namen derer geheimgehalten hatten, die das Opfer ihrer scheußlichen Sitten sein sollten. Über allen hatte das Verhängnis geschwebt, und in der Angst schien es jedem wie etwas Unabwendbares gewesen zu sein, was mit Mut getragen werden mußte. Vor Sonnenaufgang war an diesem Morgen vor jedes dem Schicksal verfallene Haus ein Mörder gestellt worden. Als auf einen Schuß hin die Opfer vor ihre Hütte eilten, traf sie die Mordwaffe des Lauernden, soweit sie nämlich zum Tode bestimmt waren. Die toten Körper wurden für kurze Zeit an den Händen an einem 'heiligen Baum' aufgehängt – als Opfer für ihre Götter! Später wurden sie mit vielen Zeremonien an den Strand getragen und von einer Wache behütet.

Die gegen uns Gutgesinnten teilten uns mit, daß auch wir alle diesem Fest zum Opfer fallen sollten. Ich nahm also sämtliche Lehrer und ihre Frauen zu mir und schloß uns ein. Den ganzen Vormittag umkreisten Bewaffnete unsere Station. Sie probierten die Festigkeit der Fenster und der Tür wiederholt und flüsterten miteinander. Vielleicht hielt es sie ab, den Eingang zu erbrechen, weil sie

wußten, daß ein Revolver und eine doppelläufige Vogel-
flinte in meinem Hause waren, an deren Gebrauch ich
aber nicht dachte. War ich doch gekommen zu retten,
nicht zu zerstören, und es wäre mir damals und zu jeder
Zeit leichter gewesen, zu sterben, als einen der Stammesleute zu töten. Unsere Rettung lag in stärkeren
Händen. Wir brachten den größten Teil jenes Tages auf
unseren Knien zu im innigsten Gebet und wußten, daß,
was auch kommen möge, der Herr es zu seiner Ehre
und unserem wahren Heil wenden würde. Gegen
Abend zogen sich die Feinde zurück, um ihr grauen-
volles Menschenopfer zu verzehren und einen Frie-
densbund mit Blut zu besiegeln, der natürlich nach
kurzer Zeit wieder in Blut begraben wurde. Wir aber
hatten uns noch längere Zeit besonders sorgfältig zu
hüten; denn wo immer wir waren, verfolgten uns
Bewaffnete, um womöglich uns zu töten. Aber der Herr
ließ es nicht zu. Sein starker Schutz war mit uns!

Als nicht lange nachher um eines ganz alten Streites
willen neue Kämpfe ausbrachen, ging ich täglich in das
Lager, redete zum Frieden und rief Gott an, ihnen
gnädig zu sein und sie zu erleuchten. Drei heidnische
Priester, die anwesend waren, erklärten mir offen, sie
könnten und wollten nichts von meinem Gott hören. Sie
selbst seien mächtig und könnten mich mit Nahak, d.
h. mit Zauberei, töten, wenn sie nur ein Stückchen einer
Frucht oder sonst von irgendeiner Speise, von der ich
gegessen hätte, erhielten. Letzteres ist die wesentliche
Bedingung ihrer 'Schwarzen Kunst' und zugleich die
Ursache, warum die Eingeborenen keine Speisereste
liegen lassen. Keiner wirft auch nur ein Stückchen
Schale von Bananen weg, wenn er davon gegessen hat,
aus Furcht, es könnte in die Hände der Priester geratend
ihn töten. Da eben dieser Aberglaube die weitaus häu-

figste Ursache für allen Streit und alle Kämpfe auf Tanna ist und stets neues Blutvergießen verursacht, so gedachte ich einen Schlag dagegen zu führen, und Gott um seinen Beistand bittend, nahm ich die Herausforderung an.

Eine Frau hatte einen Zweig mit Quonquore in der Hand, eine Frucht, die an unsere Pflaumen erinnert. Ich bat sie, mir einige zu geben, worauf sie mir den Zweig reichte mit den Worten: 'Nehmt gern so viel Ihr wollt.' Ich pflückte nun von der ganzen Menge drei Früchte ab, biß von jeder ein Stück ab, verzehrte es und gab die Reste den drei 'weisen Männern' mit den Worten: 'Ihr habt alle gesehen, daß ich von diesen Früchten gegessen habe. Ich behaupte, eure Priester werden mich, obwohl sie die Stücke haben, ohne Pfeile, Speer, Keule oder Flinte nicht töten können, denn sie haben diese Macht weder über mein Leben noch über euer Leben.'

Die Eingeborenen schienen vor Schreck über meine Tat zu erstarren. Sie sahen mich schon vernichtet! Gewöhnlich wird diese Zeremonie ohne Zeugen vorgenommen, weil die Eingeborenen aus Furcht entfliehen, etwa so wie Europäer vor der Berührung mit der Pest sich ängstigen. Auch jetzt entliefen sie mit dem Rufe: 'Fort, Missi! Missi, fort!' Ich aber blieb, um zu beobachten. Unter allerlei Zeremonien wickelten sie die Pflaumenreste in gewisse Blätter eines 'heiligen Baumes', der nahe stand und formten so drei Dinger, die einer Kerze nicht unähnlich waren. Dann entzündeten sie unter dem Baume ein 'geweihtes Feuer', zündeten die kerzenförmigen Blätter unter Murmeln an, bliesen sie an, damit sie besser brannten, schwangen sie um ihre Köpfe und warfen mir Blicke zu, um sich zu überzeugen, daß die Wirkung eintreten würde. Es schien mir, als ob sie selbst an ihre Lügen glaubten, denn sie waren im höchsten Ernst. Mehr als je wünschte ich, die Nacht solchen Aberglaubens zu vertreiben und rief: 'So beeilt euch doch! Laßt eure Götter euch helfen! Ich bin nicht tot, mir geht es gut!'

Nach längerem Bemühen erklärten sie, sie brauchten Rat und Hilfe einer größeren Anzahl von Priestern. 'Wir wollen Missi töten, ehe sein Sonntag wiederkehrt!' 'Sehr wohl!' rief ich. 'Ich fordere alle eure Priester auf, mich durch Nahak zu töten! Wenn ich am nächsten Sonntag gesund in euer Dorf komme und zu meinem Gott dort bete und euch über ihn belehre, so werdet ihr alle zugeben, daß eure Götter mir nichts anhaben können und daß ich im Schutz des wahren, lebendigen Gottes stehe.' Die Woche verstrich in der ganzen Gegend in großer Erregung. Von nah und fern waren die Zauberer berufen. Die Kauris, große Muschelgehäuse, wurden geblasen und bezeugten, daß man bei der Arbeit sei. Ab und zu kamen einzelne der geängstigten Götzendiener, um zu sehen, ob ich noch lebte. Als ich am Sonntag mit dem Friedensgruß unter die Leute trat, waren große Massen von Menschen versammelt, und kaum ein Laut war zu hören, als sie mich erblickten. Ich sagte: 'Meinen Gruß euch allen, Freunde! Ich bin gekommen, euch von meinem Gott zu erzählen und für euch zu ihm zu beten.'

Die drei 'geweihten Männer' gestanden offen ein, daß sie den Zauber unablässig versucht hätten und antworteten auf meine Frage, warum sie nichts erzielt hätten, ich sei selbst ein 'geweihter Mann' und da mein Gott der stärkere sei, so habe er mich vor ihren Göttern beschützen können. 'Jawohl', rief ich aus, 'mein Gott ist stärker als eure Götter! Er beschirmte mich und half mir. Er ist der alleinige wahre und lebendige Gott, der einzige, der die Gebete der Menschenkinder hören und erfüllen kann! Eure Götter können nicht hören, der meine kann es. Er will auch eure Bitten erfüllen, wenn ihr ihm Herz und Leben geben und ihm allein dienen wollt! Das ist mein Gott, und er will auch euer Gott, euer Beschützer sein, wenn ihr ihn und sein Wort hören und seiner Stimme folgen wollt!'

Ich setzte mich auf einen Stein und forderte die Leute auf, sich zu lagern und begann meine Erzählungen vom Herrn. Zwei der Zauberer blieben in meiner Nähe, um zuzuhören. Der Dritte, Ranghöchster unter ihnen, ein großer, sehr stattlicher Mann, raffte seinen Speer auf, wirbelte ihn über dem Haupte und erhob ihn gegen mich. Darauf sagte ich zu den Leuten: 'Natürlich kann er mich mit den Waffen töten, aber er hatte es übernommen, mich durch Zauberei umzubringen und versprach ganz besonders, Waffen nicht zu gebrauchen. Wenn ihr jetzt erlaubt, daß er mich ersticht, so tötet er einen, der euer Freund ist und der euch nur Gutes tun will. Ich weiß, es wird meinen Gott erzürnen, und der wird euch strafen.'

Der Mann lief wie wütend umher und beschimpfte alle Anwesenden, daß sie mich anhörten. Ich setzte mich ruhig wieder nieder. Die beiden anderen und die ganze Menge drängten sich dicht um mich, so daß er seinen Speer nicht auf mich werfen konnte. Um Blutvergießen zu verhindern, erbot ich mich, mit den Lehrern heimzukehren, nachdem ich, so warm ich konnte, gebeten hatte, nicht meinetwegen zu kämpfen. Wir gelangten ungefährdet heim, doch tauchte noch lange Zeit der erzürnte Mann fast täglich neben mir auf, gleichgültig, wo ich mich befand. Unzählige Male hatte er seine Goliathwaffe gegen mich erhoben; aber Gott hielt seine Hand, er warf sie nicht nach mir! Ohne Zweifel hatte dieser Fall bei manchen den Glauben an

Zauberei erschüttert. Aber auszurotten ist er selbst bei den Bekehrten dieser Inseln nicht ganz.

Dazu durfte ich die beiden anderen 'geweihten Männer' freilich nicht zählen, aber sie blieben mir günstig gesinnt, forderten sogar einen Lehrer in ihre Mitte und erlaubten, daß einige junge Leute täglich in unsere Schule kamen. Die beiden Priester und einige andere begannen um diese Zeit, Kleidung zu tragen und hielten sich fleißig zu mir. Wenn sie auch noch nicht Christen waren, so schienen sie doch 'dem Reiche Gottes nicht mehr fern' zu sein. Einige fingen an, mit ihren Familien zu beten und ihre Bitten an den zu richten, der sie erhören kann. Eine Anzahl von diesen begleitete mich nun von Ort zu Ort, wenn ich in ihre Nähe kam, und sie hatten sichtliche Freude an der Belehrung aus dem Wort Gottes.

Wieder einmal waren Kämpfe begonnen worden: Unsere Dorfbewohner hatten einen Wald niedergebrannt, um sich besser vor Überrumpelungen schützen zu können. Trotzdem hatte der Feind sie während einer Beratung überrascht, so daß viele aus den Dörfern am Hafen gefallen waren. Mit wahrer Wut wurde der Kampf nun geführt, und lange hatte ich die Leute wieder nur im Lager und auf den Schlachtfeldern zu besuchen. Sie sahen es jetzt sehr gern, daß ich kam und bei ihnen Gottesdienst hielt. Sie bestimmten Waffenruhe für diese Stunden und holten mich in ihr Lager ab. Wohlbewaffnet gingen sie vor und hinter mir und erwiesen mir alle Freundlichkeit.

Sehr wenig sagte es ihnen zu, daß ich auch zu den Feinden ging. Sie wollten, ich sollte nur für sie zu Gott beten. Ich mußte ihnen wiederholt erklären, daß Gott der Vater aller sei und daß er wollte, ich solle mich aller annehmen. Nur mit Hilfe der beiden früheren Priester, die mich nicht hatten töten können, gelang es mir, zu den Feinden zu kommen. Konnte ich auch nicht sofort den Frieden bewirken, so wurde doch seltener gekämpft und dann wieder einmal Frieden geschlossen, der aber leider selten etwas anderes war als ein Waffenstillstand.

Auf der zweiten Missionsstation, auf der Südwestseite der Insel, arbeiteten wie schon gesagt Mr. und Mrs. Mathieson. Leider waren beide von zartem Körperbau und hatten Anlage zur Tuberkulose. Trotzdem waren sie stets eifrig am Werk. Um diese Zeit ließen sie mich bitten, ihnen möglichst etwas Mehl zu senden, da sie schon länger ohne alle europäischen Nahrungsmittel und überhaupt ohne Versorgung von außen geblieben waren. Der Krieg machte es unmöglich, landeinwärts bis zu ihnen durchzudringen, und Sturm und hochgehende Wogen schlossen den Seeweg für mein Boot wenigstens ebenfalls aus. Ich bat Nowar und Manuman, einige tüchtige Männer zu werben und mich in ihrem stärksten Kanu hinzurudern. Sie willigten ein, und wir fuhren ab. Ich hatte einen ziemlich großen Topf mit Mehl gefüllt, den festschließenden Deckel daraufgebunden und diesen kostbaren Schatz in der Mitte des Bootes befestigt. Was wir sonst brauchten, banden wir an unseren Körpern fest. Nur wirkliche Not konnte das Unternehmen bei dem Zustand, in dem Meer und Land sich befanden, rechtfertigen. Die Insulaner waren alle ihre See gewohnt und dazu gute Schwimmer, was ich von mir nicht gerade behaupten kann.

Indem wir die Insel umfuhren, mußten wir uns außerhalb der hohen Wellen halten, welche an die Korallenriffe schlugen, und bald waren wir vom Schaum der furchtbaren Brandung völlig durchnäßt. Wir waren noch etwa 2 Meilen (engl.) von unserem Bestimmungsort entfernt, als alle erklärten, sie könnten nicht weiterrudern. Ihre Anstrengungen waren groß gewesen, und so mußte ich einwilligen, schon hier an Land gesetzt zu werden, in der Nähe eines Ortes, der nicht zum Kriegsschauplatz gehörte, und an dem meine Ruderer Freunde hatten. Mir schien aber gerade hier die Brandung furchtbarer als an anderen Stellen, und so machte ich den Versuch, sie doch zum Weiterfahren zu bewegen, indem ich ihnen vorstellte, daß das Boot an den Korallenriffen zerschellen müßte, daß unsere Vorräte verloren sein und einige von uns sicher ertrinken würden. Trotzdem wendeten sie die Spitze des Bootes landeinwärts, hielten sich durch entgegengesetzte Ruderschläge möglichst auf ein und derselben Stelle, die Wellen scharf beobachtend. Endlich rief der Anführer: 'Missi, festhalten! Da kommt eine kleine Welle, sie soll uns an Land bringen.'

Ich sandte flehentliche Gebete für uns alle zum Herrn! Jetzt war die Welle unter uns. Alle Ruder schlugen ein, und wie eine Möwe schoß unser Boot hoch und mit der Woge gegen den Strand zu. Im nächsten Augenblick hatte diese das Riff erreicht und warf sich im Rücklauf mit mächtigem Getöse über unser Boot. Fast alle sprangen nun in die Flut, um halb schwimmend, halb watend das Land zu erreichen. Auch ich folgte dem Beispiel und wurde von einem der Männer erfaßt, dessen Arbeit von einer Welle erleichtert wurde, indem sie uns beide auf den Strand warf. Im Nu waren alle um mich versammelt, und als ich Gott für meine Rettung gedankt hatte, sah ich, daß Manuman, der einäugige Beschützer meiner Bestrebungen, noch im Boot war und von den Wogen umhergeworfen wurde. Sofort stürzten sich mehrere wieder in die Brandung, ergriffen das Boot und brachten es mit Manuman glücklich ans Land. Nach einem innigen

Dankgebet für unsere Rettung und den Leuten für ihre treue Hilfe herzlich dankend, bezahlte ich einen Bewohner des Dorfes, um den ganz trocken gebliebenen Mehltopf und was wir sonst mitgenommen hatten auf die Missionsstation zu tragen. Ich schloß mich ihm an, während meine Leute sich vornahmen, bei ihren Freunden in dem Dorfe zu bleiben, bis ruhigeres Wetter sichere Heimkehr gestatten würde.

Mit großer Freude und Dankbarkeit empfingen Mr. Mathieson und seine Frau mich und die Vorräte, die sie aus großer Not befreiten. Nachdem ich einige Stunden geschlafen hatte, bereitete ich mich zur Heimkehr vor, da ich aus Furcht vor Zerstörung meines Häuschens nicht länger fernbleiben durfte. Ich war noch nicht weit auf meinem Rückweg gekommen, als die Sonne unterging. In dem Stationsort hatte ich niemand bewegen können, mich zu begleiten. Auch Eingeborene später passierter Dörfer weigerten sich, da wir beim Durchschreiten des Landes der kriegsführenden Stämme ganz ohne Zweifel getötet werden würden. Ich rechnete nächst Gottes Schutz auf die Feigheit der Eingeborenen, die nachts nie, außer in großen Gruppen, ihre Dörfer verlassen. Ich wußte, daß es beim Betreten des feindlichen Gebietes völlig dunkel sein würde, und so hoffte ich, niemanden im Freien anzutreffen, wenn ich die Dörfer vermeiden konnte. So hielt ich mich zunächst an der Küste, folgte dieser und versteckte mich im landeinwärts liegenden Busch, wenn ich Stimmen hörte, bis diese verklungen waren.

Nachdem ich etwa die Hälfte meines Weges, teils rasch gehend, teils laufend, zurückgelegt hatte, hörte der flache Strand auf, der mir bisher so bequem gewesen war. Die Küste begann hier steil zu werden. Es blieb mir, da ich das Binnenland unbedingt vermeiden mußte, kein anderer Ausweg, als auf dem nun felsigen Ufer dem Meer entlang meinen Weg fortzusetzen. Aber auch dort oben waren Dörfer, und ich mußte mehr kriechend als gehend meinen Weg in der Dunkelheit suchen. Tief unter mir tobte das Meer noch wie am Morgen. Senkrecht fielen die Felsen dorthin ab. Ein Fehltritt, ein Gleiten, und ich war verloren. Aber es kam noch schlimmer: Der Fels fiel plötzlich nicht nur neben mir, sondern auch vor mir steil ab. Ich wußte, ich mußte an einem Bach angekommen sein, der hier ins Meer fließt. Da ich hier unmöglich hinunterklimmen konnte, mußte ich mich landeinwärts wenden, am Lauf des Baches aufwärts, wo ich eine Stelle kannte, an der ich absteigen und ihn durchwaten konnte. Diese mußte ich in der dunklen Nacht verfehlt haben. Ich war ganz nahe bei einem unserer schlimmsten Dörfer angelangt, sah die Feuer in den Hütten und hörte die Stimmen der Bewohner. Den Morgen erwarten, um die beste Stelle zum Abstieg sehen zu können, wäre der sichere Tod gewesen. So mußte ich wieder an die Küste kriechen, wo ich, orientiert wie ich jetzt war, auch eine Stelle wußte, wo ein Abstieg oder Abrutsch nicht ganz unmöglich war. Als ich glaubte, sie erreicht zu haben, versuchte ich durch Hinunterwerfen von Steinen mich zu vergewissern, auch meinen Schirm schob ich hinunter, aber ich hörte ihn nicht aufschlagen, weder auf Wasser noch auf Land. Ich war aber ziemlich sicher, an der richtigen Stelle zu sein. War die Ebbe schon vorgerückt, so mußte ich auf trockenen Strand fallen, auf dem ich dann bald mein Haus erreichen konnte.

Nach flehentlichem Gebet um Gottes mächtigen Schutz befestigte ich meine Kleider so eng wie möglich um mich, so daß ich im Rutschen nirgends hängenbleiben konnte, legte mich auf den Rücken, hob den

Kopf möglichst hoch und ließ mich, erst noch einen Zweig festhaltend, langsam los. Ich streckte beide Arme krampfhaft vor mich, versuchte auch die Füße so hoch als möglich über der Erde gerade auszustrecken. Mit einem Flehen zum Heiland ließ ich den Zweig los. Ein starkes Schwindelgefühl ergriff mich. Es war, als ob ich durch die Luft fliegen würde, und die wenigen Sekunden erschienen mir wie eine sehr lange Zeit. Aber ich stieß an kein Hindernis, bis meine Füße in die See kamen. Die Ebbe war in starkem Rückfluß, so kam ich ohne bedeutende Verletzung auf die Füße, fand sogar meinen Schirm und konnte rasch aus dem niedrigen Wasser auf den trockenen Strand waten, wo die Fortsetzung des Weges leicht war. Eben diese tiefe Dunkelheit war in Gottes Hand meine Rettung. Ich traf keine Seele, bis ich an ein Dorf der Unsrigen gelangte, aber gerade dort drohte mir noch Gefahr. Als ich mich näherte, glaubten sie, es sei einer von den Feinden und wollten Feuer geben. Mein Zuruf: 'Ich bin Missi! Schießt nicht! Ich grüße euch alle!' hielt sie noch rechtzeitig davon zurück.

Mit welchem Dank ich den Herrn pries für solchen Schutz und wie gut ich danach in meiner Hütte schlafen konnte, läßt sich denken. Als am nächsten Morgen die Eingeborenen von meiner Wanderung hörten, sagten alle: 'Jeder von uns wäre getötet worden bei dem Absturz! Nur Euer Gott ist stark genug, an einer solchen Stelle zu schützen!' Mit Rührung und aus vollem Herzen sagte ich: 'Ja! Ihr habt recht, Freunde! Und dieser Gott will auch euch helfen und schützen, wenn ihr ihm nur gehorchen, wenn ihr an ihn glauben wollt!'

In der Tat, jene Nacht war eine Prüfung meines Glaubens. Nur in der Überzeugung, daß ich in seinem Dienst auch in seinem ständigen Schutz sein würde, daß er auf diese oder jene Weise alles zu einem guten Ende führen würde, konnte ich die Reise durchführen, die für mich eine Pflicht an meinem Bruder war. Ja, die Worte des Paulus sind wahr, heute und in alle Ewigkeit: 'Ich vermag alles durch den, der mich mächtig macht, Christus!'"

Neuntes Kapitel:

Tiefere Schatten

Nach etwa zwei Jahren Arbeit auf Tanna trugen einige Ereignisse dazu bei, daß die Lage sich zuzuspitzen begann. Das Ehepaar Johnston entschloß sich, auf Tanna eine dritte Missionsstation einzurichten. Weil aber die Regenzeit einsetzte, blieben sie vorerst bei dem vereinsamten Paton, der ihnen den ersten Sprachunterricht erteilte. Sie lernten erstaunlich schnell und machten bereits die ersten Versuche, sich in ihre neuen Aufgaben einzuarbeiten. Um diese Zeit aber begann auch die große Tragödie auf Tanna. Einer der Sandelholzhändler brüstete sich Paton gegenüber, daß er den Insulanern auf besonders subtile Weise den Garaus machen wollte. Er hatte vier erkrankte junge Leute in verschiedenen Häfen Tannas ausgesetzt, die das für Naturvölker todbringende Masernvirus in sich trugen.

„Über alle Maßen empört protestierte ich gegen solche Schändlichkeit und erhielt die Antwort: 'Unsere Parole ist – diese Geschöpfe vertilgen, damit der Weiße sich des Landes bemächtige!' In solchem teuflischen Geiste hatten sie auch einen jungen Häuptling, Kepuku, den Schützer von Mr. und Mrs. Mathieson, durch Versprechen eines Geschenkes auf eines ihrer Schiffe gelockt. An Bord hatten sie ihn vierundzwanzig Stunden ohne Nahrung gelassen und ihn in den Raum gesperrt, in dem Masernkranke lagen. Dann hatten sie ihn wieder auf die Insel gebracht, wo er schwach und in höchster Erregung doch noch zu seinem Stamm zurückkehren konnte. Er hatte in der Missionsstation Mr. Mathieson erzählt, was ihm geschehen war und glaubte,

113

die Krankheit schon in sich zu fühlen. Ich schäme mich einzugestehen, daß diese skrupellosen Sandelholzhändler meine Landsleute waren und daß sie mit voller Absicht so teuflisch handelten. Die Mehrzahl von ihnen war alkoholabhängig und ihr Verkehr mit den Insulanern glich durchweg einer Pest.

Die Krankheit verbreitete sich rasch und trat in schlimmster Form auf. In manchen Dörfern lagen fast alle, so daß kaum jemand zu finden war, der den Fiebernden einen Schluck Wasser reichen konnte. Die Furcht wuchs so unter den armen Menschen, daß sich fast niemand fand, der mir beim Begraben der Leichen helfen wollte. Von meinen Lehrern und in deren Familien waren allein dreizehn Personen hingerafft worden! Die Überlebenden waren von Schreck und Angst so gelähmt, daß, als der kleine Missionsschoner 'John Knox' in Port Resolution landete, alle nach Aneityum zurückkehrten, mich und meinen alten treuen Abraham ausgenommen. Abraham glaubte, die ganze Station würde aufgelöst, und auch ich würde die Insel verlassen. So kam er mit seinen wenigen Habseligkeiten an den Hafen. Als er sah, daß ich blieb, sagte er: 'Missi, wir sind jetzt in sehr großer Gefahr! Wollt Ihr nicht mitkommen? Oder soll ich bleiben? Würdet Ihr es *gern sehen*, wenn ich bei Euch bliebe?' 'Ja, Abraham', erwiderte ich, 'ganz gewiß behielte ich Euch sehr gern in meiner Nähe. Aber die Umstände sind derart, daß ich Euch nicht darum bitten kann.' 'Dann bleibe ich aus freier Wahl, Missi', antwortete Abraham, 'und ich bleibe gern. Wir wollen zusammen arbeiten, solange wir in Tanna am Leben bleiben.' Mit diesen Worten legte der gute Mann sein Bündel auf die Schulter und ist in allen späteren Schicksalen treu an meiner Seite gewesen!

Ehe die Epidemie unter den Tannesen verbreitet worden war, hatten Mr. Copeland und ich begonnen, für unsere Helfer, Mr. und Mrs. Johnston, auf der Nordwestseite der Insel in Black Beach die Niederlassung zu gründen. Besser als man hoffen konnte und rascher kamen wir damit vorwärts. Die Lehrer wurden angesiedelt, und man konnte daran denken, bald das Werk auch an jener Seite der Insel zu beginnen. Aber diese Krankheit vernichtete alle unsere Hoffnungen. Die Wut der armen mißhandelten Bewohner kehrte sich ebenso gegen uns wie gegen ihre Feinde — waren ja doch auch wir Weiße! Selbst meine Arzneien, die doch früher gern und sogar von den Feindlichsten in der Not begehrt worden waren, und die Hilfe, die das Ehepaar Johnston und ich bei der täglichen Pflege den Schwerkranken brachten, wurde nicht von allen angenommen, obgleich nur einzelne von denen starben, die sich unserer Behandlung anvertrauten. Die übrigen begingen auf der Höhe des Fiebers die unsinnigsten Dinge: Viele sprangen ins Meer, um die glühende Hitze zu mildern und fanden einen fast augenblicklichen Tod. Andere suchten ihre brennende Haut in der Erde zu kühlen, in die sie sich graben ließen, tiefer und tiefer, wenn die obere Schicht erhitzt war, und viele starben buchstäblich in ihrem Grab!

Unvergeßlich bis zum letzten Atemzug bleibt mir der 1. Januar 1861. Mr. Johnston, seine Frau, Abraham und ich hatten einen Teil des Tages zusammen zugebracht. Wir hatten einen neuen Bund vor Gottes Angesicht geschlossen, hatten uns aufs neue versprochen, im Dienst des Herrn auszuhalten, uns den Heiden der Neuen Hebriden zu widmen und fühlten uns gestärkt. Als Mr. und Mrs. Johnston nach dem Abendgebet zu ihrem Häuschen gingen, das kaum zwölf Fuß von meinem errichtet war, kehrte er zu mir zurück, um mich zu benachrichtigen, daß zwei mit Keulen Bewaffnete, deren Gesichter geschwärzt waren, unter meinem Fenster ständen. Ich ging mit Mr. Johnston hinaus und erhielt auf die Frage, was sie wollten, die Antwort: 'Arznei für einen kranken Jungen!' Ich nahm die beiden hinein, behielt sie, auch während ich die Arznei bereitete, im Auge. Ich war sicher, daß ihre unkenntlichen Gesichter nicht umsonst geschwärzt waren. Sie wollten die Medizin nicht in Empfang nehmen, sondern griffen beide nach ihrem 'Killingstone', einem steinernen Totschläger. Ich sah sie mit festem Blick an und sagte, sie müßten sich entfernen. Es sei spät, Mr. Johnston gehe auch, und morgen sei ich zu weiterem Dienst für die Kranken bereit. Statt meiner Aufforderung zu folgen, griffen sie zu ihren Keulen. Ich ging auf sie zu, um sie sanft hinauszuschieben, doch gingen sie von selbst, als sie sahen, daß ich entschlossen war, sie wegzuschicken. Mr. Johnston war vorausgegangen. Er war schon im Freien und hätte nur die wenigen Schritte bis zu seiner Tür zu machen gehabt. Aber er bückte sich, um ein Kätzchen aufzuheben, das aus meiner Wohnung entwischt war. In diesem Augenblick schlug der nachfolgende Eingeborene mit der Keule auf ihn ein. Zwar war Mr. Johnston noch durch Ausweichen dem Hauptschlag entgangen, stürzte aber doch mit einem Schrei zu Boden. Das steigerte den Mut der beiden, die nun auf den Armen losstürmten und dachten, ihn leicht töten zu können. Aber unsere beiden treue Hunde sprangen ihnen ins Gesicht und vereitelten den Schlag. Der eine traf teilweise den Hund, der böse gequetscht wurde, der andere Hieb traf den Boden. Da die Hunde nicht nachließen, an ihnen hochzuspringen, liefen die Männer davon, obgleich beide Hunde keiner

Rasse angehörten, die ihnen Schaden antun konnte. Es waren kleine Terrier, die nur durch ihre große Wachsamkeit und ihren Mut uns wiederholt genützt haben.

Den Fliehenden schloß sich eine Menge anderer an, die im Busch versteckt gewesen waren. Davids Erfahrung, 'Gott ist unsere Zuflucht und unsere Stärke', wurde auch zu unserer in jener Nacht. An solche Momente in Tanna war ich nun schon gewöhnt, und nachdem ich Gott von Herzen für die Errettung gedankt hatte, konnte ich ruhig und fest in seinem Schutz schlafen. Mr. Johnston jedoch war mehrere Tage lang sehr erregt, und ich habe den von Natur aus fröhlichen Mann von dem Moment an nie wieder lächeln sehen. Er sagte mir am anderen Morgen: 'Ich kann immer nur sagen: Schon am Rande der Ewigkeit! Wie habe ich meine Zeit verwendet? Was habe ich getan? Habe ich genug Liebe und Eifer für die Seelen anderer verwendet? Ich wußte ja, als ich meinen Beruf wählte, daß mein Leben in ständiger Gefahr sein würde, aber erst das Gefühl wirklicher Todesnähe zeigt uns die ganze Wichtigkeit des Lebens, für das wir verantwortlich sind, und den ganzen Ernst des Todes, der uns vor Gottes Thron ruft!' Er ging dann in sein Haus und blieb den größten Teil des Tages allein und im Gebet.

Am nächsten Tag und an den folgenden waren wir vier fast die ganzen Tage bei den Kranken in den Hütten, um ihnen, so viel wir konnten, Erleichterung zu bringen. Am 16. Januar hatte ich Holz zum Bau eines weiteren Häuschens zu behauen. Mahanan, der Bruder des Kriegshäuptlings, stand mit seinem Tomahawk stundenlang in meiner Nähe und sah mir zu. Wie immer in solchen Fällen arbeitete ich weiter, suchte aber den ungebetenen Gast doch möglichst zu beobachten. Das war bei Garten- und Feldarbeit stets ganz gut möglich gewesen. Hier aber brauchte ich für mein scharfes Werkzeug ungeteilte Aufmerksamkeit, und so glitt einer meiner Schläge vom Balken ab und fuhr mir ins Bein. 'Das habe ich nicht getan!' rief Mahanan, indem er fortlief, schien aber nicht eben betrübt, daß ich mich verletzt hatte. Verschiedene Blutgefäße waren zerschnitten und der Knöchel leicht verletzt. Ich verband die Wunde so gut ich konnte, machte kalte Umschläge, hatte aber doch große Schmerzen und mußte die Wunde gut pflegen, um sie möglichst bald zu heilen, denn meine Hilfe bei den Kranken war nicht gut zu entbehren: Da die Johnstons sich oft nicht mit ihnen verständigen konnten, ließ ich mich ab und zu zu den Kranken tragen, um die Medizin zu bringen und ihnen beizubringen, wie sie zu gebrauchen war.

Mr. Johnston sah von Tag zu Tag elender aus, da er fast gar nicht schlief. Am 16. Januar, an dem Tag, als ich mich verwundet hatte, sandte er zu mir um mein Fläschchen Laudanum.* Ich fügte, um ganz sicher zu sein, einen Zettel bei, auf dem ich die Zahl der Tropfen notierte, obwohl ihm die Dosis bekannt war und er sie auch bereits ausgeteilt hatte. Er selbst nahm die Dosis und gab seiner Frau ebenfalls eine und kam am anderen Tag an mein Bett mit den Worten: 'Wie barmherzig ist doch Gott, der so segensreiche Hilfe in die Natur legte! Ich habe so herrlich geschlafen und fühle mich endlich wieder fähig zur Arbeit.' Er wiederholte es am Abend und sprach sich am anderen Morgen ebenso dankbar und erfreut aus über die Wirkung des Schlafes auf seinen heruntergekommenen Körper.

Am dritten Tag kam Frau Johnston und rief mir zu, sie könne ihren Mann nicht aufwecken, obgleich es fast

---

* Laudanum: Beruhigungsmittel

Mittag sei. Mein Wundfieber war gerade an dem Tag ziemlich hochgradig, trotzdem schleppte ich mich an Mr. Johnstons Bett. Ich fand ihn in tiefem Schlaf, die Zähne vom Kinnbackenkrampf fest geschlossen. Nur nach und nach und mit größter Mühe gelang es, ein Gegenmittel einzuflößen. Nach zwölf Stunden, während denen wir alles getan hatten, was möglich war, begann er zu sprechen. Am nächsten Tag konnte er einige Schritte machen. Zwei Tage blieb der Zustand sehr wechselnd. Am 21. Januar nahm der Betäubungszustand wieder überhand und wich nun keinem Mittel mehr. Um 2 Uhr hatte Johnston ausgelitten! Seine Frau und ich empfanden den Verlust aufs schmerzlichste. Wir bestatteten seine irdische Hülle neben denen meiner Frau und meines Kindes, in der Nähe und unter dem Schutz des Missionshauses. Mrs. Johnston kehrte mit dem ersten Schiff nach Aneityum zurück, wo sie für drei Jahre auf Dr. Geddies Missionsstation die Mädchenschule übernahm. Später heiratete sie meinen Freund Copeland und brachte den Rest ihres Lebens mit ihm auf Fotuna zu, wo beide ihrer Lebensaufgabe, die Heiden für den Herrn zu gewinnen, mit größtem Eifer lebten.

Für mich war Mr. Johnstons Tod ein sehr schwerer Verlust. Er schien ganz und gar der Mann zu sein, der durch seine Gesundheit geeignet war, dem Klima zu widerstehen und Jahre hindurch seinen Eifer der Sache Gottes auf Tanna zu weihen. Während der drei Wochen, die er nach dem Überfall am Neujahrstag noch lebte, war er von Grund auf verändert. Er wollte zwar nicht zugeben, daß der Keulenschlag ihn heftig genug getroffen habe, um zu schaden; aber da er auf den Rücken gezielt war, ist immerhin eine Verletzung des Rückgrats oder des Gehirns möglich — jedenfalls war es dies Ereignis, das den Mann so wesentlich beein-flußte und änderte. Unser Umgang war besonders für mich, den schon Jahre hindurch Vereinsamten, eine große Freude gewesen, und ich vermißte ihn schmerzlich. 'Nicht verloren − nur vorangegangen!'

Eine andere traurige Begebenheit, die sich sehr bald nach diesem Todesfall zutrug, muß ich erwähnen. Kowia, ein tannesischer Häuptling hohen Ranges, war in seiner Jugend nach Aneityum gekommen und dort im Christentum unterwiesen worden. Er hatte dort eine Christin geheiratet, war kurze Zeit vor dem Ausbruch der Masern mit Frau und zwei Kindern nach Tanna heimgekehrt und stellte sich entschieden und offen auf meine Seite. Er bot mir an, als Lehrer unter mir zu arbeiten, was ich dankbar annahm, da ich sein Bekenntnis treu erfand und da seinem Eifer seine Stellung als Häuptling Nachdruck geben konnte. Die Stammesgenossen drängten ihn, Gott aufzugeben und drohten ihm mit Wegnahme seiner Ländereien und mit dem Verlust der Häuptlingswürde. 'Nehmt alles!' war Kowias Antwort, 'ich halte mich dennoch zu Missi und dem christlichen Gottesdienst.' Von den Drohungen gingen sie zu Spott und Beschimpfungen über, die er lange geduldig hinnahm. Dann aber wurde er vor mir und einer großen Menge beschimpft, und der Mann geriet in Harnisch. Er stand würdevoll auf, sah mit flam-menden Augen um sich und sagte: 'Missi, die Leute glauben, ich sei ein Feigling, weil ich ein Christ bin! Sie beschimpfen mich so oft und so hart sie können. Aber nur dies *eine* Mal will ich ihnen beweisen, daß ich nicht feige und noch ihr Häuptling bin und daß das Chri-stentum nichts von uns nimmt, sondern Mut und Kraft stärkt!' Mit diesen Worten sprang er zu einem der Männer, entwand ihm im Nu die Keule, und sie wie ein

Spielzeug über seinem Kopf wirbelnd rief Kowia: 'Kommt, kommt alle und versucht eure Kraft! Mein Gott stärkt mir Herz und Arm! Er wird mir helfen, wie er mir überall hilft! Kommt doch! Ich will euch zeigen, daß ich noch euer Haupt bin!' Alle entflohen, als er sich näherte und rief: 'Nun, wo sind denn die Memmen?' Er legte die Keule nieder und hatte Ruhe vor Spott und Beschimpfungen. Er wohnt mit Frau und Kindern in einem Häuschen, das ich inzwischen ganz nahe bei meinem errichtet hatte. Er war für Abraham und mich eine wertvolle Hilfe, schon weil er doch ungefährdeter überall auftreten konnte als wir.

Meine Verwundung, das Fieber und der Tod Mr. Johnstons, der mich gezwungen hatte, beides zu vernachlässigen, warfen mich aufs Krankenlager. Eines Tages, als ich nach längerer Bewußtlosigkeit zu mir kam, saß Kowia an meinem Lager. Als ich die Augen öffnete, freute er sich und begann mir von allem zu erzählen, was geschehen war, seit ich krank lag. Viel zu schwach, um ihm antworten zu können, schwieg ich und schloß, da mir die Sinne wieder zu vergehen schienen, die Augen. 'Missi', sagte der treue Mensch, 'alles ist tot! Wenn ich auch sterbe, wer wird Euch die Kokosnüsse vom Baum holen, wer wird Euch kühles Wasser bringen? Wer wird Euch Lippen und Stirn anfeuchten?' Aufs tiefste gerührt durch diese Äußerungen eines ehemaligen Kannibalen lag ich da, noch immer unfähig zu sprechen. Da kniete Kowia nieder, und ich hörte ihn beten: 'O mein Heiland Jesus! Missi Johnston ist tot; du hast ihn in dein Reich aufgenommen! Missi Johnston, die Frau, und Missi Paton sind schwer krank! Ich bin krank und deine Diener aus Aneityum sind krank und sterbend! O Herr, willst du deine Diener und dein heiliges Wort ganz wegnehmen aus diesem dunklen

Land? Die Tannesen hassen dich und deinen Dienst, aber du willst doch gewiß nicht die Armen verlassen, die dich nicht erkennen! Laß sie nicht in der Finsternis. Mache die Herzen würdig, dein Wort aufzunehmen. Lehre sie dich fürchten und Jesus zu lieben, und mache Missi Paton gesund, damit Tanna gerettet werde!'

Das war Arznei für mich, eine von Gott gesandte, die mich aufrichtete und stärkte. Von da an erholte ich mich langsam. Wenige Tage später kam Kowia wieder und rief: 'Missi, ich bin sehr schwach; ich werde sterben. Ich komme, Abschied von Euch zu nehmen. Ich werde bald daheim sein bei Jesus.' Auf meine Fragen, was geschehen sei – ich lag noch immer, und man hatte mir die Trauernachrichten verborgen – sagte Kowia: 'Missi, seit Ihr krank seid, habe ich Frau und Kinder verloren und begraben. Wir aus Aneityum sind alle krank, die meisten sind tot, ich bin sterbend. Wenn ich hier oben auf dem Hügel sterbe, wird niemand Abraham helfen, mich hinunter zu tragen und mein Grab neben Frau und Kindern zu machen. So will ich unten sterben, will neben ihnen liegen und mit ihnen auferstehen, wenn der Heiland wiederkommt. Ich bin froh, zu Jesus zu gehen, Missi! Nur eines bekümmert mich, daß alle Diener Gottes von Tanna genommen werden! O Missi, betet für unsere armen Brüder, und betet noch einmal für mich!' Er kniete an meinem Bett nieder, und wir beteten aus tiefstem Herzen füreinander und für Tanna. Meine Bitten zu bleiben, wies er fest ab. 'Missi, Ihr wißt nicht, wie nahe ich dem Tode bin. Abraham wird mich führen und mir neben den Meinen ein Grab machen. Lebt wohl, Missi, wir sehen uns bei Jesus wieder!'

Und nun lag ich allein im immer noch hohen Fieber. Es war, als wenn mir das Herz brechen sollte, als ich den treuen Bekenner auf Abrahams Arm gestützt fortwanken sah! Mühsam nur erreichte er die Gräber, und kaum, daß er sich niedergelegt hatte, war der Kampf ausgekämpft und entschlief er im Herrn. Abraham erfüllte seinen Wunsch und bettete ihn neben Frau und Kindern zur ewigen Ruhe. – So starb ein Mann, der einst Kannibale und Häuptling der Kannibalen gewesen, aber durch die Gnade Gottes und die Liebe zum Heiland zu einem wahren Christen geworden war! Er starb, wie er gelebt hatte, seit Jesus in seinem Herzen wohnte: ohne die leiseste Todesfurcht und im täglich wachsenden Glauben an die Erlösung durch das Blut des Lammes. Kowia beschämt alle Verächter der Mission. Ich verlor in ihm einen der besten Freunde, wußte aber damals und weiß es heute, daß an dem großen Tag wenigstens eine Seele aus Tanna dem Herrn Preis und Lob zujubeln wird.

Indem ich hiermit die schreckliche Zeit der Epidemie abschließe, will ich noch erwähnen, daß, soweit ich feststellen konnte, ein Drittel der Bevölkerung von Tanna wegstarb. In einzelnen Dörfern fehlte nahezu die Hälfte! Die Überlebenden waren oft außerstande, die Menge der Toten zu bestatten. Nicht besser war es auf den übrigen Inseln der Gruppe. Ja, in Aniwa, dem späteren Ort meiner Arbeit, fanden die Menschen noch massenhafter den Tod.

Natürlich benutzten die Holzhändler die Erregung der Bewohner wieder gegen die Mission, indem sie die ihnen ohnehin vertrauten Gedanken immer neu belebten, daß ihre Götter sie straften, weil sie uns duldeten. Mehrere dieser Händler erklärten, sie würden nicht wieder Pulver, Blei, Tabak usw. zum Kauf nach Tanna bringen, solange die beiden Stationen bestehen würden, wodurch sie natürlich die Feindschaft gegen uns erneut verstärkten. Die bedrohlichen Überfälle folgten einander auf dem Fuße.

Am 3. und wieder am 10. März 1861 suchten furchtbare Orkane die Insel heim. Brotbäume, Kastanien, Kokospalmen lagen umgerissen oder zersplittert in Massen umher. Die halbreifen Früchte waren unbrauchbar, und da auch die Pflanzungen von Yams und Bananen zerstört wurden, trat später empfindliche Not an Nahrungsmitteln ein. Die See war weit ins Land gedrungen. Hütten waren umgeweht worden und auch meine Häuschen waren samt der Kirche nahezu dem Erdboden gleichgemacht. Gott erhielt sowohl auf Mr. Mathiesons Station wie auf meiner einen Raum, der uns für die Nacht Obdach bot. Am Tag mußte ich trotz der Regenzeit meist im Freien sein, um die Balken usw. vor der Raublust der Tannesen zu bewahren, damit ich sobald wie möglich den Wiederaufbau beginnen konnte.

Durch den Tod eines Kindes von Miaki, dem Kriegshäuptling, wurden wieder Menschenopfer veranlaßt. Da diesem Kind 'vier Seelen zur Bedienung mitgegeben werden mußten', wurden ebensoviele getötet. Auch wir waren wieder Gegenstand der Verfolgung. Tagelang mußten wir uns in unserem einzigen bewohnbaren Raum verschanzen, während die Wütenden draußen meine Hühner und Ziegen töteten und Feuer anzulegen versuchten. Was anders als Gottes Barmherzigkeit hielt sie ab, in das leicht zu erbrechende Stübchen einzudringen? Wir waren ja hilflos und konnten nur beten — und Gott erhörte und schützte uns.

Um diese Zeit befiel den uns freundlich gesinnten Häuptling Nowar die Furcht, daß er seine Sympathie für uns mit dem Leben bezahlen müßte. Er kam, mich zu bitten, zu beschwören, die Insel zu verlassen. Ich lehnte es ab, hätte aber auch nicht abreisen können, weil damals kein Schiff im Hafen war. Nowar wurde böse und legte, auch um sich zu schützen, die Kleidung ab, bemalte sich wieder wie früher und kam nicht mehr zum Gottesdienst. Drei Wochen später, als es etwas ruhiger geworden, trug er wieder Kleidung und verkehrte mit uns wie früher. Er schien sich des Vorgangs etwas zu schämen. Armer Nowar! Wenn er wüßte, wie viele im christlichen Land, wo doch dem Leben keine Gefahr droht, den Mantel nach dem Wind hängen!

Der Monat Mai 1861 brachte ein entsetzliches Ereignis, dessen Wirkung wie ein Schatten über unseren Weg fiel: Ich spreche von dem Märtyrertod der Gordons auf Erromanga, der nächsten, nördlich von Tanna gelegenen Insel der Neuen Hebriden. Im Jahre 1857 hatte Pastor Gordon seine Arbeit dort begonnen und hatte, unterstützt von seiner Frau, sehr erfolgreich gewirkt. Eine nicht unbedeutende Zahl junger Leute waren Christen geworden und lebten in der Missionsstation. Aber auch dort hatten die Masern die Bevölkerung vermindert, die Orkane hatten getobt, auch dort hatten die Händler den Aberglauben der Leute benutzt und sie gegen die Missionare aufgestachelt, die Krankheit und Stürme gebracht haben sollten.

Ich war mit dem Missionsschiff 'John Knox' einmal in Erromanga gewesen und hatte sehr positive Eindrücke empfangen. Die jungen Leute, die in der Station lebten, wurden dort zu Lehrern ausgebildet. Mr. Gordon war damals im Begriff, die Mission auf einen höheren Punkt zu verlegen, teils aus Gesundheitsgründen, teils, um die Bewohner dem schlimmen Einfluß der Sandelholzhändler leichter entziehen zu können.

Am 20. März 1861 war Gordon noch mit dem Dach beschäftigt und hatte seine jungen Leute fortgeschickt, um langes Gras zu bringen, mit dem das Dach gedeckt werden sollte. Eine Anzahl Eingeborener hatte ihn beobachtet und wußte, daß Mr. Gordon allein blieb. Während sich die Mehrzahl im Busch versteckte, gingen zwei Männer und baten den Missionar um Baumwollstoff. Er schrieb auf ein Stückchen Holz, seine Frau möge jedem zwei Yard geben. Daraufhin forderten sie Arznei für einen Jungen, die im Missionshaus war, und so machte sich Mr. Gordon mit den Männern auf den Weg. Von diesen verlangte er, sie sollten voraus gehen, doch bestanden sie darauf, ihm zu folgen. Beim Durchwaten eines Baches, den ich bald nachher aufsuchte, glitt Gordons Fuß aus. Im Straucheln wurde er von rückwärts durch die Tomahawks der beiden niedergeschlagen! Der zweite Hieb schon trennte den Kopf fast vom Körper! Die ringsumher Versteckten kamen aus ihrem Hinterhalt hervor und zerhieben die Leiche unter wüstem Geschrei in Stücke. Mrs. Gordon trat aus dem Haus, als sie den Lärm hörte, und sah in die Richtung, wo sie ihren Mann bei der Arbeit wußte. Eine dichte Baumgruppe zwischen ihr und dem Bach verhüllte gnädig die Greuelszene! Quben, einer der Mörder, rannte auf die Station zu und antwortete auf Mrs. Gordons Frage, was der Lärm bedeutete: 'O nichts! Die Jungen amüsieren sich nur!' Mit den Worten: 'Wo sind die Jungen?' machte sie eine kleine Wendung, die es Quben ermöglichte, einen Schlag des Tomahawks auf ihren Rücken fallen zu lassen, der sie niederwarf, während der zweite — ins Genick geführt — den Kopf fast ganz vom Körper trennte!

Das war das Schicksal der zwei treuen Diener ihres Herrn! Liebe spendend während des ganzen Lebens, im Tod nicht getrennt, erhielten sie die Krone der Märtyrer zu gleicher Zeit, um gemeinsam den Heiland zu schauen. Sie waren die Nachfolger von Williams und

126

Harris, die ihr Blut auf derselben dunklen Insel 1837 vergossen hatten! Es konnte keine treueren Boten geben als es die beiden Gordons waren. Den Verlauf der Dinge erfuhr ich an Ort und Stelle von Augenzeugen und Mr. Milne, einem der wenigen anständigen Händler, der sich eben in Erromanga befand und der den christlichen Eingeborenen half, die schrecklich verstümmelten Körper zu bestatten.

Strenge Beurteiler daheim, die alles von ihrem ungefährdeten Sitz am Schreibtisch aus beurteilen, haben Mr. Gordon der Sorglosigkeit angeklagt. Was würden *sie* aber in solch einer schwierigen Lage getan haben? 'Und selbst wenn Mr. Gordon unvorsichtig gewesen wäre', schreibt Dr. Inglis in Aneityum, der beste Kenner und Beurteiler aller Zustände auf diesen Inseln, – 'so konnte dies von seiner Frau unmöglich behauptet werden. Sie war eine zarte, sanfte, liebende Seele; ruhig, ohne Klage, vorsichtig, ernst und ganz dem Herrn hingegeben. Sie war von allen geachtet und geliebt, die sie kannten.' Ich bezeuge die Wahrheit dieser Worte aus vollem Herzen und füge hinzu, daß jeder gewissenhafte Missionar in der gleichen Lage wie Mr. Gordon gehandelt hätte. Wenige Wochen vor diesem Ereignis hatte ich noch einen Brief von ihm erhalten, der die Hoffnung aussprach, daß die Erregung der Leute, die durch die Epidemie, den Aberglauben und dem negativen Einfluß der Händler hervorgerufen worden war, sich bald legen würde.

Wenige Tage später brachte ein Händler auf seinem Schiff eine ganze Anzahl Bewohner von Erromanga nach Tanna. Sie beriefen die Häuptlinge und forderten sie auf, ihrem Beispiel zu folgen, oder, wenn sie es nicht tun wollten, Mr. und Mrs. Mathieson, die Lehrer, Abraham und mich *durch sie* aus dem Weg räumen zu lassen. Dann wollten sie vereint nach Aneityum ziehen, dort ebenso handeln und so die Hebriden von den verhaßten Christen ganz befreien. Unsere Häuptlinge wiesen, durch den Allbarmherzigen gehalten, dieses Anerbieten zurück, und die Leute kehrten verärgert nach Erromanga heim. Aber ohne Wirkung blieb die Besprechung nicht: Schon am nächsten Tag drangen sowohl in meine als in Mr. Mathiesons Station zahlreiche Insulaner, um uns das Vorgefallene zu erzählen, um die Tat zu rühmen. Mit der ihnen eigenen Lebhaftigkeit schrieen sie in meiner Gegenwart: 'Ehre den Bewohnern von Erromanga! Sie haben ihren Missi und seine Frau getötet und Gott und seinen Dienst vertrieben!' Meine Entgegnung, Gott werde die böse Tat und ihre bösen Reden strafen, wenn er es für an der Zeit halte, brüllten sie mit: 'Ehre den Erromanganern!' nieder.

Auf allen diesen Inseln halten die Leute den Tod nicht für einen natürlichen Vorgang, sondern stets für die Folge von Nahak oder Zauberei. Stirbt jemand, so wird so lange darüber gesprochen, bis sie den 'Schuldigen' gefunden zu haben glauben, und dann bestimmen sie den einen oder den anderen, den Tod durch Blut zu rächen, oder auch sie morden ihn gleich gemeinsam. Aus der Rache dafür entstehen dann immer wieder die neuen Kämpfe und Kriege. Nowar fand es jetzt wieder einmal geraten, sich zu bemalen, die Kleider abzulegen und mit Tomahawk und Flinte umherzugehen. Als ich ihn fragte, warum er dies tue, sagte er: 'Missi, die Erromanganer haben recht gehandelt. Sie haben Missi Williams getötet und später die Lehrer aus Samoa und die aus Aneityum, auch andere Weiße; kein Kriegsschiff hat sie dafür bestraft. So wird man sie auch jetzt nicht strafen. Wir werden unsere alten Götter wieder haben, und niemand kann Euch und Eure Lehrer hier schützen.'

128

Ich sagte: 'Nowar, laßt uns festhalten an der Liebe zum Herrn, dann beschützt er uns, oder wenn es besser für uns ist, nimmt er uns zu sich in sein Reich! Ihre gottlosen Reden werden uns nicht töten, und was könnte es uns auch nützen, wenn wir tot und bei Jesus sind, wenn ein Kriegsschiff unsere Mörder bestrafte?' Er schüttelte den Kopf und sagte: 'Missi, nach und nach werdet Ihr es einsehen! Wenn die Erromanganer ohne Strafe bleiben, werdet Ihr sicher getötet werden und die, die sich zu Euch halten, ebenfalls.' Eingeborene kamen täglich zu Abraham, um ihn zu veranlassen, nach Aneityum zurückzukehren. Er wies sie alle ab mit den Worten: 'Ich verlasse Missi nicht!' In wahrhaft rührender Weise betete er abends oder wenn wir, wie so oft, von Feinden umgeben waren, Gott wolle ihn und mich stärken, treu zu bleiben und wenn unser Tod unabwendbar sei, uns zusammen sterben lassen wie die Gordons.

Miaki, der Kriegshäuptling, kam wiederholt und warf mir und dem Dienst unseres Gottes alles Unglück vor, das die Insel betroffen hatte. Alle meine Vorstellungen fruchteten jetzt nichts. Das Beispiel der Erromanganer wirkte zu stark. Er erklärte sich und sein Volk für gut, sie brauchten keinen Erlöser. Mord und Menschenopfer seien in Tanna erlaubt und keine Sünde. Dennoch griff er mich nicht an, sandte aber vier fette Schweine an die Häuptlinge in Kwamera, damit sie Mr. Mathieson ermordeten. Wenn das geschehen sei, würde er eher mit mir fertig werden.

Es war sehr schwer, in einer solchen Lage das Richtige zu wählen. Von so vielen Feinden umgeben, konnte es scheinen, das Rechte sei es, die Insel zu verlassen, zumal mir dieser Rat auch aus der Ferne immer aufs neue gegeben wurde. Aber ich kannte nun einmal die Sprache und hatte einen gewissen Einfluß gewonnen. Hinzu kam, daß mehrere aufrichtig mir und der christlichen Lehre anhingen. *Fortgehen hieße alles preisgeben*, deshalb beschloß ich zu bleiben und mit Gottes Beistand weiterzuarbeiten. Nur der Herr weiß, wie tief und groß mein Mitleid mit den armen Verirrten war, die ich so gern ihrem Hirten und Heiland zugeführt hätte.

In dieser Zeit hatte ich Gelegenheit, zwei Weißen das Leben zu retten. Das Schiff eines Händlers hatte Anker geworfen, und Kapitän und Steuermann waren gelandet. Sie hatten Briefe für mich, durften aber nicht zu mir gehen. Sie wurden umringt, und als ich der Botschaft zu kommen folgte, fand ich die beiden in der Mitte von sehr vielen, die ihre Speere erhoben hatten und sie bei der geringsten Bewegung durchbohren wollten; denn das Schiff war eines von jenen, die die Masernkranken gebracht hatten, und die Eingeborenen waren entschlossen, Rache zu nehmen. 'Ihr, Missi, und diese', schrien die Bewaffneten mir zu, 'habt uns diese Pest gebracht. Wenn Ihr euch nicht mit diesen Männern sofort einschifft, töten wir euch alle.' Fest und doch liebevoll erwiderte ich: 'Ich kann und will euch so nicht verlassen. Ermordet ihr uns, dann wird Gott euch aufs neue strafen. Ihr wißt, ich habe euch nur Gutes getan. Ihr wißt, daß alle mit Gottes Hilfe gesund geworden sind, die meine Arzneien nahmen und meinen Anordnungen folgten. Ich bleibe auch weiterhin bei euch, um euch viel größere Wohltaten zu erweisen, und nun laßt diese Leute auf ihr Schiff zurückkehren.' Diese hatten sich auf mein Zeichen während der Debatte unbemerkt entfernt. Die Briefe durften sie mir nicht übergeben, da eine andere Pest darin enthalten sein könnte. Aber man ließ sie ihr Schiff ungefährdet erreichen, sogar Miaki rief: 'Laßt sie! Tötet sie heute nicht!' Dem Kapitän schrie er zu: "Kommt morgen wieder zum Handel!' Törichterweise landeten sie am anderen Tag wieder, wurden erneut umzingelt, doch Miaki mußte der Mut fehlen, denn er sagte: 'Laßt sie in Ruhe! Missi hat gesagt, ein Kriegsschiff wird ihren Tod rächen!' Dafür aber sollten Abraham und ich noch vor dem Abend getötet werden. Diesmal war es Nowars Einspruch, der sonst so wankelmütig war, der uns nach Gottes Willen rettete.

Die Rache für die vier bei dem Tod von Miakis Kind Geopferten war Ursache neuer Kämpfe. Die kriegerischen Auseinandersetzungen wurden durch eine Versammlung unterbrochen, in der von beiden Seiten viele Reden gehalten wurden. Sie erklärten sich bereit, die Kämpfe zu verschieben, da man zu viele Leute verloren hatte und weil wegen der im Sturm umgeknickten Bäume auch die Nahrung anfing zu fehlen.

Nowar kam wieder einmal, uns zu bitten, die Insel zu verlassen, da die für den Augenblick gebändigte Kriegswut sich gegen uns und ihn wendete. In der Tat waren wir jede Nacht von einer blutgierigen Menge umgeben. Einmal verjagte sie mein wertvoller Hund, der einzige, der mir noch geblieben war, da sie den anderen schon früher erschlagen und gegessen hatten. Andere Male gelang es mir, sie durch Zurufe vom Zimmer aus zu vertreiben. Wir entkleideten uns nicht mehr, um auf das Bellen des Hundes hin, der jede Annäherung der Leute verkündete, bereit zu sein.

Der Nahrungsmangel infolge der Zerstörungen durch die furchtbaren Orkane wurde nun so groß, daß man von wirklicher Hungersnot sprechen konnte. Ich hatte beobachtet, daß sonderbarerweise bei solchen Stämmen, die nicht an der See wohnen, die besten Fischnetze gemacht wurden, die in den Küstendörfern gegen Messer, Äxte, Stoffe usw., die von den Schiffen zu erhalten waren, getauscht wurden. Ich bestellte mir nun bei den Stammesleuten ein sehr großes Netz, das sie in recht geschickter Weise anfertigten: Sie drehen den Bast einer ihrer Baumarten zu starken Fäden, die sie in kunstvoller Weise verknüpfen. Ich verlieh nun dieses Netz an die Bewohner der Dörfer. Jeder Ort durfte es drei Tage benutzen und mußte es dann dem nächsten Dorf abliefern. So erhielten sie eine reichliche Menge Fisch, sogar mehr als sie brauchten, so daß sie sie landeinwärts gegen Fleisch tauschen konnten. Das besserte für einige Zeit die Stimmung gegen uns, doch schlug diese sofort wieder um, als eines Tages das Missionsschiff 'John Knox' landete, ohne einen Vorrat Taro mitzubringen. Taro ist eine Pflanze der Gattung Arum, das Aesculentum oder Colocasia Aesculenta und in ganz Polynesien verbreitet. In Stückchen zerschnitten legen die Eingeborenen die Knollen in möglichst feuchte, ja sumpfige Felder und haben im nächsten Jahr eine reiche Ernte einer nahrhaften, gesunden Speise. Es gibt weiße, blaue und gelbe Taro, auch wachsen einige Sorten auf trockenen Feldern, doch diese wurden geringer geschätzt. Die Knollen ähneln der Rübe, werden gekocht oder gebacken gegessen und haben auch für Europäer einen angenehmen Geschmack. Wenn Kokos und Bananen, die Yams und andere Pflanzungen vom Sturm zerstört werden, liegen die Taro-Felder geschützt und liefern umso reicheren Ertrag, je mehr Wasser in der Regenzeit über ihnen teichähnlich stehenbleibt.

Auch Kava und Tabak hatten die Tannesen durch den 'John Knox' zu erhalten gehofft, und da das nicht der Fall war, wurden die Angriffe auf mich und Abraham erneuert. Kava, eine Pflanze, Piper metysticum, dient ihnen zur Bereitung eines sehr berauschenden Getränks. Jungen und Mädchen zerkauen die Pflanze und spucken sie mit dem Saft in ein Gefäß, wo sie mit Wasser vermischt wird. Eine fibröse Hülle, die die jungen Kokosnüsse schützend umgibt und die mit der reifen Frucht abfällt, dient als Sieb oder Filter nach der Gärung. Ein Teil des Getränks, von dem Frauen und Kinder übrigens nicht trinken dürfen, wird Kumesam und den anderen Göttern geopfert. Oft ist der Kavagenuß noch von allerlei Zeremonien begleitet, gewöhnlich aber dient er den Männern als Nachttrunk. Er wirkt lähmend, einschläfernd und bis zur völligen Bewußtlosigkeit betäubend. Racheakte sowie Überfälle ganzer Stämme pflegen um die Zeit zu geschehen, wo der Kava getrunken wird und die Männer total unfähig sind, sich zu wehren.

Eine andere, den Bewohnern aber großen Segen bringende Pflanze muß ich noch erwähnen, die ich auch anbaute, obgleich sie mir stets gestohlen wurde, ehe ich sie ernten konnte. Es ist eine Dioscoria; ebenso verwendbar wie die Kartoffel, erreicht sie große Dimensionen. Als ich sie viel später auf der Insel Aniwa angebaut und geerntet hatte, nahm ich eine nach Melbourne mit, die 72 Pfund wog und eine andere von 42 Pfund. Es waren dies nicht einmal die größten.

Im Ganzen wuchs die Freundlichkeit unter den Leuten, weil das, was ich für sie tat, ihnen begreifbarer war als das, was ich sie zu lehren versuchte. Ich fand für Bezahlung mit Messer, Äxten und Decken eine Menge Leute, welche mir bei der Wiederherstellung meiner Wohnung, der Kirche, der Zäune usw. gern und ordentlich halfen. Dadurch boten sich umso reicher die Gelegenheiten, auf die Leute zu wirken, und die Zahl derjenigen, welche sonntags zum Gottesdienst kamen, wuchs in dieser Zeit rasch. Unter ihnen waren Miakis Frau, zwei Söhne und neun Häuptlinge, zum Teil entfernter Wohnende. Miaki war darüber sehr erbost und ließ bald die Verfolgungen wieder beginnen. Einmal konnte ich nur gerade noch ein Feuer löschen, das man an mein Häuschen gelegt hatte. Ein andermal brachte er mir selbst einen Fisch zum Kauf, den Nowar noch sah, ehe ich ihn zubereitete. Nowar sagte, daß er giftig sei und sie niemanden retten könnten, der von dieser Art Fisch gegessen habe. Als ich in jener Zeit einen jungen Mann namens Katasian unterrichtete, der sehr häufig viele Meilen weit aus dem Innern der Insel zu mir kam, saßen wir in meinem Zimmer, als ein Mann meinen Fensterladen ausheben und stehlen wollte. Wie der Blitz war Katasian ihm nachgeeilt, hatte ihn erreicht und wirbelte die Keule, um ihn zu erschlagen, als ich ihn einholte. Ich warf mich mit aller Macht auf seinen Arm und konnte so den Schlag noch aufhalten. Welches Dankgebet sagte ich dem Herrn, daß der Mord nicht geschah! Der Mann sah mich starr an und schlich still hinweg.

Ich hoffte nun wirklich, das Schlimmste überwunden zu haben. Die Leute wurden zutraulicher, taten die Arbeit trotz Miakis Zorn gern und hörten bereitwilliger die Botschaft, die ich ihnen zu bringen hatte. Eines Abends freilich zeigte mir ein auf meine Tür abgefeuerter Flintenschuß, daß ich noch stets von Gefahr umgeben war. Wegen der größeren Offenheit hätte ich gern aus Aneityum Lehrer zu mir geholt; aber es wollte sich keiner entschließen zu kommen, weil die Entflohenen die Zustände auf Tanna als überaus schrecklich geschildert hatten. Meine Schule besuchten nun auch einige Häuptlinge, und ich setzte als Preis ein rotes Hemd aus für den, der zuerst das Alphabet sicher können würde. Ein früher sehr gefürchteter Häuptling der Inakaki gewann ihn und fing von dem Tag an, sein Wissen unter seinen Leuten mitzuteilen.

Trotz mancher kleinen Fortschritte gab es immer wieder Angriffe, und Miaki war und blieb die Seele des Widerstandes. Als sich eben wieder einmal ein ganzer Haufen drohende Mienen zeigte, kam Nowar und sagte: 'Missi, es hilft Euch alles nichts! Ihr und Abraham müßt uns verlassen. Miaki wird einen großen Sturm machen und jedes Kriegsschiff vernichten!' Er hatte kaum ausgeredet, als die Nachricht kam, es sei der 'John Knox' in Sicht und hinter ihm zwei 'große rauchende Schiffe'! Ich konnte es nicht lassen, Nowar zu sagen, es sei nun an der Zeit, daß Miaki 'den Sturm mache'. Die Leute, welche Nowar zu mir begleitet hatten, entflohen in Schreck und Angst, Nowar aber sagte: 'Missi, ich weiß, das mit dem Sturm ist eine Lüge! Aber das ist die Wahrheit, daß sie Euch und mich töten werden!' Meine Antwort war: 'Traut dem Herrn, der uns jetzt wieder durch diese Schiffe beschützt!' Aber Nowar blieb wankelmütig. Bald waren alle, die sich zu mir hielten, um mich versammelt und verlangten, Miaki und die übrigen Störer sollten bestraft werden.

Commodore Seymour, Kapitän Hume und Dr. Geddie landeten. Nach genauer Erkundigung drang der Commodore in mich, mit ihm die Insel zu verlassen. Aber auch jetzt konnte ich mich dazu nicht entschließen. Die beiden Stationen und alles, was bisher geschehen und erreicht war, wäre ja verloren gewesen. Das Schicksal derer, die mir anhingen, war besiegelt, wenn ich den Rücken drehte. Ich wußte, auf welch' entsetzliche Art man Rache an ihnen nehmen würde. Nein, ich konnte noch nicht gehen! Ich mußte auf des Herrn Hilfe vertrauend noch weiter in seinem Weinberg arbeiten, das stand bei mir fest. Aber ich bat, mit den zu versammelnden Häuptlingen ein ernstes Wort zu reden, und das tat der Commodore. Die Leute erklärten ihm offen, gegen mich hätten sie nichts. Aber sie wollten von dem Gott der Christen nichts hören. Der Commodore, dem ein Häuptling aus Aneityum, der den dortigen Missionar Dr. Geddie begleitete, die Reden der Leute verdolmetschte und seine Antworten übersetzte, ließ sich das Versprechen geben, daß sie mich fortan als ihren Wohltäter beschützen wollten. Zuletzt nahm der alte Nouka für alle das Wort und sagte: 'Wir lieben Missi. Aber wenn die Händler uns sagen, die Lehren von Missi machten uns krank und wenn sie uns mit Tabak und Schießpulver bestechen, ihn zu töten, glauben ihnen viele, und wir handeln dann schlecht an Missi. Laßt ihn bleiben; wir wollen versuchen, gut gegen ihn zu sein. Aber Ihr müßt Königin Toria erzählen, wie schlecht ihre Leute gegen uns sind und daß sie uns mit Masern zu Tausenden töteten und daß sie uns Lügen über Missi erzählen und uns gegen ihn aufreizen. Wenn sie wiederkommen und es wieder so machen, so sind wir schwach und betragen uns wieder schlecht gegen Missi.'

Der Commodore lud eine große Anzahl ein, die Schiffe zu besehen. Er ließ die Mannschaften Übungen machen und Kanonen abfeuern. Ich war ihm für sein Bemühen sehr dankbar, kannte aber die Tannesen und wußte, daß sie alles vergessen würden. Geändert werden konnten diese in Dunkelheit lebenden Menschen nur durch Gottes Gnade. – Und wirklich, sie waren schon am nächsten Tag wieder bei ihrem Argument: 'Die Erromanganer sind für den Tod von Missi Gordon, dem Mann und Missi Gordon, der Frau nicht bestraft worden. Es wird auch uns nichts geschehen.' Nowar hatte sich, so lange die Kriegsschiffe im Hafen lagen, versteckt gehalten. Gleich nachdem sie die Anker gelichtet hatten, erschien er und sagte lachend, er habe kein Versprechen gegeben und könnte also tun, was er wolle. Und doch war gerade Nowar in schlimmen Zeiten uns nicht feindlich gesinnt; er war nur ein sehr schwacher Charakter, kein boshafter Mensch. Miakis Eindrücke des Geschehenen und Erlebten waren von kurzer Dauer. Er schlug nach mir, als ich ihm sagte, daß seine Leute Mr. Mathiesons Boot genommen hätten, das dieser gesandt hatte, um Nahrung zu holen. So wechselten Licht und Schatten, aber die letzteren wurden dunkler und schwärzer."

Zehntes Kapitel:

Abschiedsbilder

1. Flucht aus Port Resolution

„Eine Zeit größter Erregung war wieder einmal eingetreten. Krieg, Krieg, und diesmal langer, heftiger Kampf, war das einzige Thema, das uns alle beschäftigte. Die gewöhnliche Arbeit ruhte, und es zeigten sich die schlimmsten Eigenschaften der Leute. Diesmal war die friedliche Missionsstation der Gegenstand, über den man sich ereiferte, und es sollten sich dabei so manche älteren und neueren Rachegefühle der einzelnen untereinander kanalisieren. Miaki und Nouka sagten: 'Wenn ihr Missi behalten wollt, so nehmt ihn auf euer Gebiet, denn wir wollen ihn unter uns und in der Nähe des Hafens nicht länger dulden!' Jan, ein Häuptling aus dem Inland, schrie ihnen wütend entgegen: 'Wohnt denn Missi nicht auf *unserem* Land? Es gehört jetzt ihm, und er hat euch richtig dafür bezahlt, obgleich es *euch nie gehörte!* Unser Stamm hat es an Missi Turner verkauft, und als er fort war, habt ihr es an euch gerissen. Ihr konntet es Missi gar nicht verkaufen, denn es gehört uns, und deshalb wohnt er, *wo er jetzt ist, in unserem Land!* Wer feindet ihn an? Ihr oder wir? Wer sind die Diebe und Mörder? Ihr oder wir? Wir wollen Frieden; wir wollen, daß Missi uns lehrt, was er von Gott weiß − ihr wollt es nicht und wollt den Krieg! Gut, so werden wir kämpfen! Wir werden Missi auf unserem Boden beschützen, den ihr uns gestohlen habt. Wir hätten ihn euch gelassen, fordern ihn aber, weil ihr Missi töten wollt, zurück!'

Die Tannesen reden sehr viel: Sie gefallen sich darin und hielten eine Versammlung nach der anderen, die in diesem Fall von beiden Seiten mit heftigen Drohungen endigten. Zu der letzten Besprechung hatte man auch mich eingeladen, doch ging ich nicht, sondern sandte die dringende Bitte, um keinen Preis meinetwegen Blut zu vergießen.

Jan kam, um mich abzuholen. Ich bat ihn, daß er hingehen sollte, keinesfalls aber um meinetwillen den Krieg zu beginnen. Ich wollte lieber die Insel verlassen, anstatt ein solches Unheil auf mein Gewissen zu laden. Aber er ruhte nicht eher, bis er mich überredet hatte, mit ihm zu der Versammlung zu gehen. Der große Festplatz eines Dorfes war zur Hälfte von Miaki, Nouka und ihrer ganzen Partei besetzt. Die andere Hälfte füllten Jans Anhänger. Alle waren stark bewaffnet. Mein Beschützer trat vor seine Leute, mich mit sich führend. 'Missi', schrie er so, daß beide Parteien ihn hören konnten, – 'dies sind meine Leute und Eure Freunde! Das da drüben sind Eure Feinde und die unsrigen, die Feinde des Christentums, die Störer des Friedens auf Tanna! Missi, sagt *ein* Wort, und die Musketen meiner Leute werden allen Widerstand vernichten. Ihr könnt dann in Frieden uns lehren, den wahren Gott anzubeten. Aber ohne Euren Willen schießen wir nicht! Entscheidet selbst; nur das sage ich Euch: Wenn Ihr Euch weigert, den Befehl zu geben, werden sie Euch töten, uns und unsere Kinder verfolgen und den Gottesdienst von Tanna verbannen!'

'Ich liebe euch alle gleich', sagte ich laut. 'Ich will Freunden und Feinden den Weg zum Himmel zeigen und wie ihr schon hier in Frieden leben könnt! Wie könnte ich einwilligen, daß viele von euch meinetwegen und des Evangeliums wegen getötet werden? Mein Gott müßte mir zürnen, wenn ich es täte!' – 'Dann, Missi, ist nichts so sicher wie Euer Tod und das Ende Eurer Anhänger!'

Mit lauter Stimme, damit es jeder hören konnte, rief ich: 'Ja, ihr könnt mich erschießen, aber dann mordet ihr euren besten Freund, der euch nur Gutes tun will. Ich fürchte mich nicht vor dem Tod! Ihr sendet mich dadurch nur früher zu meinem Gott, den ich liebe und dem ich diene, und zu unserem Heiland Jesus Christus, der für euch und mich gestorben ist, und der mich zu euch sandte, um euch von seiner Liebe zu allen Menschen zu erzählen. Wenn ihr aber mich, seinen Boten, tötet, so wird er euch nicht ohne Strafe lassen! Dies ist mein Wort an euch alle! Meine Liebe gilt euch allen!' Dann wendete ich mich zum Gehen. Jan, der noch enttäuscht vor seinen Leuten stand, rief: 'Missi, sie werden Euch töten, und sie werden uns töten! Ihr tragt die Schuld daran!' Miaki und Nouka, die stets voll Falschheit waren, riefen nun: 'Missi hat Recht! Laßt uns ihm gehorchen! Laßt uns seinen Gott anbeten!' Sirawia, ein alter Mann und einer von Jans Unterhäuptlingen, sagte: 'Miaki und Nouka sagen, das Land, wo Missis Haus steht, gehöre ihnen. Sie haben es ihm verkauft und die Bezahlung genommen, obgleich sie ganz gut wußten, daß es uns gehörte und uns noch gehört. Wir wollen Missi in Frieden dort wohnen lassen. Wir wollen alle in Frieden leben und Gott anbeten. Wenn sie Missi stören, so verlangen wir das Land mit Gewalt zurück.'

Miaki und seine Leute erwiderten nichts, gingen aber in ihre Pflanzungen, um große Nahrungsvorräte zu holen, die sie Jan und seinen Leuten als Zeichen des Friedens überbrachten. Diese nahmen sie an und kehrten am nächsten Tag mit Gegengeschenken zurück. 'Ihr gebt nun zu, daß Missi auf unserem Besitz wohnt?

Nehmt unser Geschenk, und laßt uns Freunde sein. Gestern sagtet ihr, Missi habe recht; also tut ihm nichts zuleide und laßt ihn uns lehren. Wenn nicht, so werden wir Missi verteidigen und euch bestrafen!' Miaki nahm das Gegengeschenk an und gab gute Versprechungen für die Zukunft. Als er heimkehrte, rief Jan, als er an der Station vorüberging: 'Abraham, sagt Missi, er wohnt nun auf unserem Grund und Boden. Dieser Weg ist von jeher die Grenze zwischen Miaki und uns gewesen. Um einen hohen Preis haben wir heute unser Recht zurückgekauft, statt Krieg deshalb zu führen. Nehmt von den Brotbäumen und den Kokosnüssen, was ihr braucht; denn ihr seid unsere Freunde und könnt jeden Nutzen aus unserem Land ziehen! Wir werden euch beschützen.'

Zornig über ihre vereitelten Pläne hatten Nouka und Miaki dieselben Männer, die Mr. Johnston überfallen hatten, gedungen, mich aus dem Weg zu räumen. Ich wurde landeinwärts gelockt. Aber ich war bereits gewarnt und folgte der Aufforderung nicht, sondern blieb zu Hause. Da wandte sich die Wut der beiden gegen Jan, weil er mich beschützen wollte. Sie machten ihren Nahak, ihre abscheulichen Zaubereien, und sonderbarerweise erkrankte Jan heftig, als er davon gehört hatte. Ich schrieb es der Wirkung des Aberglaubens und dem Schrecken über die Nachricht zu, aber sein Zustand wurde so schlimm, die Schmerzen, die ihn peinigten, und der Verfall des Körpers und der Kräfte war so groß und andauernd, daß ich an eine Vergiftung zu glauben begann. Sein Bruder und mehrere Männer holten mich eines Tages zu ihm. Ich hatte ihn schon wiederholt besucht und durch ärztliche Behandlung getan, was ich konnte, und so begleitete ich die Boten gern. Nachdem ich mit ihm gebetet hatte, sah ich, daß wir beide allein geblieben waren. Schon bei meiner Ankunft war mir aufgefallen, daß im Dorf fast kein Mensch zu sehen war. Das bedeutete nichts Gutes!

Jan rief mich an und bat darum, daß ich mich neben sein Lager setzte und ihm erzählte. Ich tat es, und er schien bald in eine Art Schlummer zu versinken. Plötzlich griff er in das Dach seiner Hütte, das nahe bei seinem Lager eine Schräge bildete. Aus dem trockenen Zuckerrohr zog er ein großes Messer, wie es bei uns die Schlachter gebrauchen, und hielt es zitternd ein kleines Stück entfernt von meiner Brust. Ich durfte mich nicht rühren, sondern betete laut zu Gott um seinen Schutz. Ein paar angstvolle Momente vergingen, nachdem ich schwieg: Dann warf Jan das Messer von sich und rief: 'Fort, fort! Schnell!' Im nächsten Augenblick war ich draußen. Auch jetzt sah ich niemanden. Ich begriff, daß alles verabredet war. Kein Mensch sollte Zeuge der Tat sein, so daß man, falls ein Kriegsschiff käme, sagen konnte, der Mörder sei tot − denn Jan lag im Sterben − und niemand sonst wäre daran beteiligt gewesen. Wirklich starb der Arme am zweiten Tag darauf. Seine Leute erwürgten zwei seiner Frauen, fuhren mit den drei Leichen eine Strecke weit aufs Meer und versenkten sie.

Miaki triumphierte und jubelte, daß er seinen Feind durch Zauberei aus dem Weg geräumt hatte. Der Fall trug viel dazu bei, den Aberglauben wieder zu befestigen. Die Rächer wurden von Sirawia und seinem Bruder angeführt. Miaki versicherte: 'Ich werde sie durch Stürme vernichten!' Unglücklicherweise brach gleich darauf wieder einer jener furchtbaren Orkane aus, die diese Inseln häufig heimsuchen, und richtete große Verheerungen an. Das steigerte die Wut gegen Miaki in einer Weise, daß all' mein Bitten und Verhandeln um Frieden gar nichts nützte. Beide Parteien bestanden auf der Entscheidung durch die Waffen. Beide Führer ließen mir aber sagen, es solle Abraham und mir nichts geschehen, wenn wir auf unserer Station bleiben würden. Was von solchen Versprechungen zu halten war, sollten wir bald erfahren.

Am 18. Januar 1862 begannen die Kämpfe. Miaki zog sich zurück und suchte Schutz hinter unserem Haus und in dem Busch dahinter. So war die Station bald der hauptsächliche Ort der Schlacht geworden. Nowar, wie meist in der Situation akuter Gefahr, setzte sich wieder für uns ein und schützte uns. Aber ein Speer verwundete ihn schwer am Knie, und seine Leute konnten ihren Häuptling nur mit Mühe vor den Feinden sichern. Wer in deren Hände fiel, mußte unausweichlich damit rechnen, kannibalischen Auswüchsen zum Opfer zu fallen. Miaki sandte inzwischen Boten mit Geschenken an die Inikahimini und die Kaserumini. Sie sollten ihm helfen, die Christen zu töten. Als Belohnung sollten sie die Hälfte der Christen dafür erhalten!

Nachdem Nowar weggetragen war und uns nicht mehr beschützen konnte, richtete sich die Wut der Kämpfenden gegen die Station. Sie zerschlugen die Türen mit ihren Keulen, schossen im Hause und darum herum, erbrachen Kisten und Kästen, zerrissen meine Bücher und streuten die Blätter umher. Jeder schleppte weg, was er ergreifen konnte und was ihm gefiel. In Abrahams Hütte geschah dasselbe. Ein Anführer rief mir zu, es tue ihm leid, er könne es aber nicht ändern. Als ich mich ihm näherte, erhob er die Keule nach mir und rief: 'Kommt alle, jetzt muß er sterben!' Viele liefen herzu und legten ihre Flinten an; ich zog einen Revolver heraus, den Mr. Copeland mir kürzlich aufgedrängt hatte, und streckte den Arm aus, als ob ich schießen wollte. Alle warfen sich auf den Boden mit dem Ruf: 'Missi hat eine kurze Flinte!' Sobald sie konnten, zogen sie sich zurück. Wieder einmal hatte der Herr unser Leben beschützt!

Abends ging ich zu Miaki und Nouka. Nouka gestand, daß Miaki alles angestiftet hatte und die Leute für den nächsten Tag wieder bestellt hatte. Miaki dagegen fragte höhnisch: 'Missi, wo war denn Gott heute? Er hat Euch nicht beschützt! Das sind lauter Lügen, und wir fürchten ihn nicht mehr. Die Leute werden Euch doch töten, und in jedem Dorf auf Tanna soll ein Stück von Euch verzehrt werden.' 'Nun', antwortete ich, 'wenn ihr solche Pläne mit mir hattet, so hat mich mein Gott doch sehr wunderbar beschützt; denn sonst würde ich nicht lebend vor euch stehen!' Spöttisch und sehr sicher prahlte er weiter: 'Nein, heute war Gott nicht hier! Und noch weniger als ihn fürchten wir eure Kriegsschiffe! Sie wagen es nicht, uns zu bestrafen! Die Leute von Erromanga haben die Gordons getötet, und niemand hat gewagt, sie dafür zu bestrafen! Man wird uns sagen, wir dürften es nicht wieder tun, und uns Geschenke geben. Wir fürchten uns nicht, und alle hier und weiter im Land hin sagen, sie werden Euch morgen töten und nehmen, was Ihr noch besitzt!'

Als ich erwiderte, der Kapitän eines Kriegsschiffes könnte ihn und seine Leute nur an Leib und Leben strafen, während Gottes Vergeltung Leib und Seele, Zeit und Ewigkeit umfaßt, antwortete Miaki wieder: 'Gott fürchten wir nicht mehr! Er war heute nicht hier!' 'Mein Gott war hier', sagte ich, 'und ist hier. Er hört alles, was wir sprechen, er sieht, was wir tun. Er wird die Bösen bestrafen und die beschützen, die ihm gehören.' Einige Leute, die sich versammelt hatten,

144

waren freundlicher als Miaki. Ich betete mit ihnen und entfernte mich dann mit traurigem Herzen, daß es nicht möglich war, Miaki auf seine Seele hin anzusprechen.

Ich sandte nun Abraham zu Nowar, der zwar oft genug wankelmütig war, uns aber gerade in den Augenblicken wirklicher Gefahr beigestanden hatte, bis er durch die Speerwunde im Knie außer Gefecht gesetzt wurde. Er ließ mir sagen, wir möchten uns mit allem, was wir retten könnten, auf den Weg in sein Dorf begeben. Er wollte versuchen, uns in seinem Haus zu schützen. Da wir dabei Miakis Dorf zu passieren hatten, war äußerste Vorsicht nötig. Wir wagten nicht einmal Licht anzuzünden aus Furcht, daß man uns beobachtete. Wir rafften nur im Dunkeln das Wenige zusammen, was Abraham, seine Frau und Matthias, ein Lehrer, der eben von der zweiten Station zu mir gekommen war, tragen konnten. Miaki kam noch abends, um uns zu sagen, die Feinde würden morgen nicht zurückkehren. Vor Tagesanbruch aber blies er ein Signal auf einer der großen Muscheln, und gleich darauf strömten ganze Haufen von Eingeborenen vom gegenüberliegenden Berg herab und rannten auf die Station zu. Nun zu bleiben, wäre der sichere Tod gewesen. Man hätte es Gott versuchen nennen müssen. Solange wie irgend möglich hatte ich ausgehalten, immer noch hoffend, eine Sinnesänderung bei den Insulanern erwirken zu können. Jetzt war es meine Pflicht, zu versuchen, ob wir das Leben retten könnten. Ich rief meine Treuen, verschloß die Haustür und Gott um Schutz anflehend rannten wir davon. Kein Moment war zu verlieren, und wir konnten nur sehr wenig mitnehmen. Ich ergriff meine Bibel, meine Übersetzungen ins Tannesische und zwei leichte Decken. Aber am Ende blieb es sich gleich: Das, was die anderen von ihren Habseligkeiten retteten, machte später für Nowar und seine Leute den Anteil am Raub aus!

Ich fühlte den Verlust von allem, was ich besaß, härter als ich dachte, aber da Gott es zugelassen hatte, versuchte ich mich darein zu finden. Die Gräber meiner Frau und meines Kindes blieben zurück, vielleicht der Wut der Kannibalen preisgegeben! Die Dinge, die die Eltern meiner verstorbenen Frau mitgegeben hatten, ihr Klavier, ihr Silber, Bücher und das, was ich selbst auf der weiten Welt besaß, – alles blieb zurück! Auch eine kurz vorher angekommene Sendung von Männerkleidung und Arzneistoffen, die mir Freunde, Mr. und Mrs. Wilson aus Geelong, gesandt hatten, fiel ihnen in die Hände. Die Sandelholzhändler kauften alles und jedes von denen, die die Beute gemacht hatten, für Tabak, Kugeln, Pulver und Schrot. Einer von ihnen suchte meine Bücher von den neuen Besitzern zusammen. Er brachte sie in schrecklichem Zustand zu Dr. Geddie nach Aneityum, von dem er 10 Pfund Sterling dafür forderte. Dieser gab ihm 7 1/2 Pfund Sterling, die ich ihm später mit Dank erstattete. Farbige und weiße Heiden hatten Hand in Hand gearbeitet!

Auf großen Umwegen, denn wir durften nicht der Küste entlang gehen, sondern mußten uns durchs Dikkicht schleichen, kamen wir zu Nowar. Alles war hier in Aufregung, weil der Strand schon von weitem gesehen mit einer großen Menge vorrückender Feinde bedeckt war. Ich ließ schnell einen Schutzzaun von Stämmen, Ästen und Erde machen, und die Stammesleute gingen willig an die Arbeit. Als aber die endlosen Mengen von tobenden, schreienden Wilden näher und näher kamen, riefen Nowars Leute: 'Missi, es nützt nichts! Seht, welche Massen es sind! Wir werden heute alle getötet und gegessen.' Die Leute warfen sich in Verzweiflung zur Erde, andere rannten mit den Köpfen gegen die Bäume, noch andere, besonders Frauen, liefen mit den Kindern in den Wald oder wateten, soweit sie Grund unter den Füßen hatten, ins Meer hinein. Nowar, noch lahm von seiner Kniewunde, setzte sich auf ein Boot, das mit dem Kiel nach oben dalag. Er überschaute die immer näher kommenden Massen und sagte: 'Missi, setzt Euch neben mich und betet zu Eurem Gott; denn wenn der uns nicht hilft, so sind wir alle tote Leute. Sie werden uns alle töten, weil wir Euch aufgenommen haben! Betet, ich werde sie beobachten!'

Wir beteten, wie man nur in solchen Momenten und am Rand der Ewigkeit stehend beten kann! Und wir fühlten wieder, wie schon so oft, die Nähe des Herrn. Wir wußten, er ist allmächtig, aber auch allweise und würde tun, was in seinen Augen das beste ist. − Als die Krieger noch etwa fünfhundert Schritt entfernt sein konnten, berührte Nowar mich leise und sagte: 'Missi, Gott hört! Sie stehen alle still!'

Als ich aufblickte, bemerkte ich, daß die Masse halt-gemacht hatte. Es war ganz still dort drüben. Man sah einen Boten an der Menge entlanglaufen und öfter still-stehen, um, wie es schien, etwas zu bestellen. Zu unserer größten Überraschung kehrten die Leute um und marschierten auf einen Wald am oberen Ende des Hafens zu und zwar ohne das schreiende Geheul. Nowar und seine Leute waren in freudiger Aufregung und wiederholten immer wieder: 'Gott hat Missis Gebet wirklich gehört! Er hat uns beschützt und sie von uns abgewendet!'

Wir waren an jenem Tag Gottes schwache, verteidi-gungslose Kinder, die auf seine Macht ganz und voll ver-trauten. − Wir hörten dann, daß sie im Wald eine Beratung gehalten hatten, bei der Nouka und Miaki vorschlugen, zunächst Manuman und seine Leute anzugreifen. 'Sein Bruder Kanini tötete Jan durch Zauberei', sagte Miaki, 'er hat auch die Orkane gemacht, und wenn wir sie zuerst niederwerfen, so wird uns das zum Kampf gegen Missi und seine Lehre stark machen.' Der Plan wurde angenommen, und das war unsere Rettung. Manumans Leute entflohen. In sieben Dörfern wurde an jenem Tag aufs wütendste geplündert, begleitet von den Greueln des Kannibalismus.

Eine Botschaft von Miaki und Nouka an uns lautete, daß wir in Ruhe heimkehren könnten, weil sie landeinwärts zogen. Wir wußten, daß es eine Falle war, in der wir gefangen werden sollten. Abraham ließ sich nicht abhalten, nachts bis zu unserem Haus zu schleichen. Aus den Gebüschen brachen Leute hervor, die ihn wütend umringten. Als sie sahen, daß ich nicht mitgekommen war, riefen sie: 'Tötet ihn noch nicht. Wartet, bis Missi kommt!' So ließen sie Abraham und seine Frau wieder los. Offenbar hatten sie geglaubt, ich würde kommen, um meinen Besitz zu holen. Als sie gegen Morgen sahen, daß das nicht der Fall war, erbrachen sie das Haus und die wüsteste Plünderung ging dort vor sich. Alles, aber auch alles, wurde fortgeschleppt, selbst die Lettern meiner Druckerpresse: Sie machten aus ihnen und aus dem Futter der Kisten, das aus Zinkblech bestand, Kugeln.

Am nächsten Tag galten die Kämpfe aufs neue dem treuen Manuman, dessen Leute und Dörfer noch weiter geschädigt wurden. Übrigens wurden Nowar und ich gehörig bewacht, und als Miaki mir gegen Abend sagen ließ, ich möge zur Unterhandlung mit ihm gehen, widersetzten sich Nowar und die übrigen, und ich durfte nicht fort. Als es dunkel geworden war, sagte Nowar: 'Missi, Ihr könnt hier nicht länger bleiben!' Er riet, da die See ziemlich ruhig war, zu versuchen, Mr. Mathiesons Station zu erreichen. Aber wie? Miaki hatte ja mein Boot, den Mast, die Segel und die Ruder und auch ein kleineres Schiff, das mir aus Aneityum geschickt worden war, genommen! Die Gefahr war aber auch für Nowar so groß, daß er mich um jeden Preis entfernen wollte. Sein Sohn sollte mich zu einem alten Kastanienbaum, der Nowar gehörte, begleiten. Auf diesem sollte ich mich verbergen, bis der Mond aufgehen würde.

Ganz in den Händen dieser Leute, blieb mir nichts übrig, als Nowars Willen zu tun. Die Stunden, die ich in den dichten Ästen verbrachte, leben in mir, als sei es gestern gewesen. Ich hörte aus der Ferne das Geschrei der Krieger, ich hörte Flintenschüsse, oft weiter, oft näher. Und doch ruhte ich da oben wie in den Armen Jesu. Nie ist mir mein Heiland näher gewesen, als in jener Nacht auf dem Baum, wo ich innig mit ihm sprach. Allein und doch nicht allein! Wenn es sein müßte, würde ich noch manche Nacht allein auf einem solchen Baum zubringen, um wieder seine Nähe und die tröstende Gemeinschaft mit ihm fühlen zu können! Gibt es außer ihm einen Freund, der in solcher Lage, in Gefahr und Todesnähe so mit uns aushält?

Gern wäre ich noch lange sitzengeblieben. Aber nach Mitternacht kam Nowars Sohn, um mich zu holen. Am Strand fand ich meinen Beschützer und viele seiner Leute. Ich hatte ein größeres Boot für uns gemietet und es mit Baumwollstoff bezahlt. Arkurat, der Besitzer, hatte es schon am Abend in Sicherheit gebracht und verlangte nun neue Bezahlung. Die armseligen Reste unseres Besitzes, den wir noch bei uns hatten, reizten seine Begehrlichkeit, und wir mußten ihm noch Decken und Axt für das Boot geben! Als er nun ein viel zu kleines fertig machte, das uns unmöglich aufnehmen konnte, drehte ich ihm den Rücken zu und sagte, wir würden versuchen, uns auf dem Landwege zurechtzufinden. Da rief Arkurat: 'Mein Zorn ist vorbei! Nehmt also das größere Boot.' Aber als es ins Wasser geschoben worden war, gab er die Ruder nicht her! Ich rief: 'Sicherlich wißt Ihr, daß wir ohne Ruder das Boot nicht benutzen können! Sie sind doch mitbezahlt!' Arkurat legte sich in den Sand und stellte sich schlafend. Als ich an Nowar als den Häuptling appellierte, antwortete er mir: 'So ist er, Missi! So sind wir alle!' 'Weil er die Decken bekam, die ich rettete, um mich vor Fieber und Malaria zu schützen, und wo ich nun nichts mehr besitze als das, was ich am Körper habe, so werdet doch Ihr mir Ruder leihen, Nowar!' Er ließ mir *eines* reichen und drei andere holten mir noch drei einzelne Ruder. Nun stand Arkurat von seinem 'Schlaf' auf und verweigerte sein Boot aufs neue. Und wieder wollten wir uns zu Lande durchschlagen, da trat einer vor und sagte: 'Missi, ich will Euch die Wahrheit sagen! Sie betrügen Euch alle! Die See ist am Vorgebirge viel zu wild, als daß ihr vorüber rudern könnt. Und wenn es euch wirklich gelingen würde, so findet ihr den Tod, weil Miaki mit seinen Bewaffneten hinter den 'Schwarzen Felsen' auf euch lauert. Die Landwege sind auch besetzt; die versucht keinesfalls! Lebt wohl!'

Die Lehrer und ich hatten also keine Rettung als das Boot. Wir fünf stiegen endlich ein. Ein Eingeborener, noch ein halber Junge, setzte sich ans Steuer, wir anderen nahmen die Ruder.

Im Schutz des Landes ging es eine Weile in ziemlich ruhigem Wasser leidlich vorwärts. An der vorspringenden Spitze aber, von wo aus wir uns ganz südlich wenden mußten, war die See in höchstem Aufruhr, und wir hatten furchtbar zu arbeiten. Der Junge am Steuer rief: 'Missi, so ist das Meer! Es verschlingt alle, die sich ihm anvertrauen!' 'Wir vertrauen nicht dem Meer', erwiderte ich, 'wir vertrauen auf Gott und unseren Herrn Jesus!'

Nach längerem harten Kampf mit den in das Schiff stürzenden Wogen, legten alle die Ruder weg und Abraham sagte: 'Missi, es geht nicht. Wir sind verloren und Futter für die Haifische! Wir hätten uns ebenso gut von den Tannesen essen lassen können wie von den Haien.'

'Bleibt auf euren Posten', rief ich, 'Abraham, wo ist Euer Glaube an Jesus? Er regiert die Fluten wie das Land! Abraham, betet und rudert! Haltet Schlag für Schlag mit mir, denn es gilt das Leben! Unser Gott lebt und schützt uns! Matthias, schöpft, so rasch Ihr könnt, das Wasser aus dem Boot! ... Blickt nicht um euch, sondern nun auf die Ruder! Betet und strengt die Kräfte an! Gott rettet uns!' 'Missi, Dank für Eure Worte', sagte der gute alte Abraham. 'Ich will stark sein! Ich will beten und rudern! Vielleicht rettet uns Gott doch noch!' Mit unsäglicher Mühe und Todesgefahr gelang es uns, das Boot zu wenden, und nach noch vierstündigem Rudern erreichten wir mit Gottes Hilfe wieder den Ort, wo wir uns vor fünf Stunden eingeschifft hatten!

Bis auf die Haut durchnäßt und die Hände vom Rudern wund, traten wir unter die Leute, die herbeigelaufen waren, als sie das Boot kommen sahen. Ihre Mienen waren verdrießlich, daß wir wieder zu ihnen zurückgekehrt waren. Katasian, der Bursche, der mit uns gefahren war, floh gleich landeinwärts und hat leider sein Leben bald nachher verloren, da man ihm nicht verzieh, daß er sich zu uns hielt!

Zu Tode erschöpft legte ich mich am Strand nieder

und verfiel in tiefen Schlaf, aus dem ich durch ein Zerren unter meinem Kopf geweckt wurde. Ein Täschchen, das meine Bibel und meine Übersetzungen enthielt, bildete mein Kopfkissen, und selbst diese letzten Reste meines irdischen Besitzes reizten noch zum Raub! Aufspringend, wie meine Leute auch, die noch eine alte Jagdflinte und einen Revolver besaßen – beides völlig untauglich, weil sie im Boot stundenlang im Wasser gelegen hatten –, sahen wir den Dieb weglaufen. Inmitten meiner Leidensgefährten kniete ich am Strand nieder, dankte dem Herrn für unsere Rettung und übergab uns ihm aufs neue in seinen mächtigen Schutz.

Dann trat Faimungo heran, ein Häuptling aus dem Inneren der Insel, der ab und zu zu unseren Gottesdiensten gekommen war, und sagte: 'Lebt wohl, Missi! Ich gehe heim, denn ich will die Taten dieses Morgens nicht mitansehen!' Er war Nowars Schwiegersohn, und sein ziemlich entfernter Ort lag auf dem Landweg, den wir jetzt allein noch versuchen konnten. 'Faimungo', sagte ich, 'wollt Ihr uns mitnehmen? Wollt Ihr uns den Weg zeigen, den wir nach den großen Verheerungen durch die Wirbelstürme nicht finden würden? Wenn das Missionsschiff kommt, gebe ich euch Äxte, Messer, Fischhaken und wollene Decken!' 'Missi, Ihr dürft mir nicht folgen, denn Miaki und Karewick haben ihre Leute auch dort aufgestellt. Ich habe nur zwanzig Männer bei mir. Sie sind viel zahlreicher, und Ihr wäret unser Verderben.' Ich stellte ihm vor, daß ich seinen Schutz nicht forderte, sondern nur verlangte, ihm folgen zu dürfen. Seine Antwort war: 'Sieben Mann sind bei mir; dreizehn werden folgen, aber ich kann sie jetzt nicht holen lassen, weil sie bei Miaki sind. Folgt so weit Ihr könnt!'

Wir brachen nun alle auf, nachdem er und seine Leute sich vor meinen Augen noch mit einem guten Teil meiner Sachen beluden, die Nowars und Faimungos Anteil an der Beute bildeten. Nowar hatte u. a. viel Reis und eine Ziege aus der Station erhalten, die für eine Mahlzeit hergerichtet war. Ich bat, uns Erschöpften nur etwas davon zu geben, da wir alle sehr lange nichts gegessen hatten. Aber er verweigerte auch selbst einen einzigen Bissen mit den Worten: 'Ich esse Euren Reis und behalte die Sachen als Bezahlung für mein verwundetes Knie und für die Hilfe, die wir Euch leisteten!'

Endlich ging es los. Wir folgten Faimungo so nahe wie möglich. Vertrauen konnten wir weder ihm noch seinen Leuten, aber es war der einzig mögliche Ausweg, und wir fühlten uns ja in der starken Hand unseres Gottes. Bald stießen wir auf Bewaffnete Miakis, die Sirawia anführte, der sich früher oft freundlich gegen mich erwiesen hatte. Als die Leute die Flinten anlegten, rief Faimungo: 'Nein, heute dürft ihr Missi nichts tun! Er ist bei mir!' Mit diesen Worten ging er rasch voran, meine Leute folgten ihm, mich aber umringten sie in engem Kreis. Ich wandte mich zu Sirawia und sagte: 'Ich bin gut gegen euch alle gewesen, und ich liebe euch alle noch! Ihr wißt, daß ich euch Arznei gab und Nahrung, als ihr krank wart und viele starben. Die Kleider, die ihr anhabt, sind mein Geschenk. Bin ich denn nicht euer Freund? Könnt ihr Faimungo beschimpfen, wie ihr es eben getan habt, nur weil er mir erlaubt, daß ich ihm folge?' Sirawia flüsterte mit seinen Leuten zu leise, als daß ich es verstehen konnte, aber ich sah in ihren Augen, daß er abgewehrt hatte. Diese Krieger dürfen nie den Rücken des Feindes sehen, weil das ihre Mordlust aufs höchste reizt. Ich ging langsam Schritt für Schritt rückwärts und blickte allen stets fest in die

Augen. Erst in einiger Entfernung und nachdem Buschwerk mich verdeckte, eilte ich den anderen hinterher.

Ich möchte gern glauben, daß Sirawia die bösen Worte, die er Faimungo als meinem Beschützer zurief, zur eigenen Sicherung dienten, da er jetzt zu Miaki gehörte und er sich verstellen mußte. Ein zweiter feindlicher Trupp kam uns entgegen. Es kostete viel Mühe, uns von ihm loszumachen. Von Freunden Faimungos, die wir später trafen, hörten wir genau, wo Miaki selbst sich eben befand und daß er auch heute wieder Anhänger meines Freundes Manuman getötet und Dörfer angezündet hatte. Später kommende feindliche Haufen wehrte Faimungo mit mehr Festigkeit ab und sagte: 'Missi, jetzt bin ich stärker, weil ich meinem Land näher bin.'

Bald erreichten wir nun ein schön- und hochgelegenes Dorf, das die Tannesen Aneai nennen, d. h. 'Himmel'. Die Hitze war groß, der Weg zuletzt fast ohne Schatten und so waren alle sehr erschöpft, Faimungo selbst nicht am wenigsten, da er schwer an den in der Missionsstation erbeuteten Dingen trug. So ließ er sich auf dem Dorfplatz nieder, nahm seine Pfeife und sagte: 'Missi, jetzt sind wir bald zu Hause; wir können hier ungefährdet ausruhen.'

Kaum hatten wir wenige Minuten gelegen, als man Geschrei und Geheul hören konnte. Bald sah man einen Trupp Feinde herankommen, sämtlich bewaffnet und förmlich berauscht von den Erfolgen und Taten der letzten Tage. Miaki hatte unsere Flucht erfahren und die Leute abgesandt, um uns zu überfallen. Faimungo war sehr erschrocken, da er mit seinen wenigen Leuten an einen Kampf nicht denken konnte. Er sagte: 'Missi, geht nun mit Eurer Gruppe voraus. Ich folge, sobald ich mit diesen Leuten eine Pfeife geraucht und gesprochen habe.' 'Nein', war meine Antwort, 'ich bleibe! Werde ich getötet, so soll es an Eurer Seite sein. Ich verlasse Euch nicht!'

Es begann nun wieder, was ich so oft erlebt hatte: Einer spornte den anderen an, zuerst zu schießen. Ich sah ihnen fest in die Augen und sagte so ruhig wie möglich: 'Mein Gott wird euch bestrafen, wenn ihr mich oder einen seiner Diener jetzt oder später tötet!' Eine steinerne Waffe, die geworfen wurde, traf meinen guten Abraham, streifte aber nur seine Wange. Der Blick nach oben, mit dem er sagte: 'Missi, ich war nahe daran, zu Jesus zu gehen!' bleibt mir unvergeßlich. Ein Keulenschlag verfehlte sein Ziel. Jetzt umringten sie uns eng und stachelten sich gegenseitig zum ersten Schuß an. Meine Seele wendete sich in heißem Gebet zum Heiland – ich wußte, er sah alles! Wie ein Hauch Gottes kehrte mein Friede zurück und ich wußte, ich würde nicht sterben, *bis Gott meine Arbeit für beendet hielt.* Als hätte eine Stimme vom Himmel es mir gesagt, so sicher wußte ich von dem Augenblick an, daß kein Schuß treffen, kein Speer uns verwunden würde, ohne den Willen unseres Gottes, der Himmel und Erde regiert, der die Welt in seiner Hand hält und auch die Wut der Wilden bezähmen kann. Ich konnte es begreifen, daß Stephanus und Johannes den Erlöser erblickten, als sie in Leiden und Verfolgung zum Himmel aufsahen!

Und doch könnte ich nicht sagen, daß ich in solchen Momenten ganz ohne Furcht gewesen wäre! Nein, es schwindelten die Gedanken, Hören und Sehen konnten mir vergehen, meine Knie bebten, wenn ich so oft dem Tode ganz nahe war, aber dennoch blieb der Gedanke, im nächsten Augenblick in der Ewigkeit und vor Gott zu stehen. Aber auch in diesem Zustand konnte ich das

Versprechen hören: 'Siehe, ich bin bei euch alle Tage bis an der Welt Ende!' Und mit Paulus konnte ich aus voller, ganzer Seele sprechen: 'Ich bin gewiß, daß weder Tod noch Leben ... noch irgendeine Kreatur mag uns scheiden von der Liebe Gottes, die in Christo Jesu ist, unserem Herrn.'

Faimungo und mehrere andere wollten, daß wir allein weitergehen sollten. 'Warum', fragte ich, 'sollen wir nicht warten, bis ihr mitkommt? Wir brauchen die Ruhe so gut wie ihr. Mein Gott weiß, daß ihr mir versprochen habt, uns nicht zu schaden. Ich verlasse euch nicht, soweit ihr den Weg zu machen habt. Soll ich sterben, dann wird es an Eurer Seite sein, Faimungo!' Darauf erwiderte er nach einer Weile: 'Also, ich gehe voran; Missi, haltet Euch möglichst nahe zu mir.'

Seine Leute gingen voran, meine Aneityumesen folgten. Mit einem Satz sprang er ihnen nach, ich folgte seinen Schritten im andauernden Gebet zu Jesus, entweder uns zu schützen, oder uns schnell in sein Reich aufzunehmen. Die Feinde brachen auch auf und rannten, bewaffnet wie sie waren, und uns in die Mitte nehmend, an beiden Seiten neben uns her. Ich überließ nun alles dem Herrn und lief Faimungo nach, als ob diese Scharen meine Schutzwache wären.

Es war eine Rettungsaktion durch dieselbe Hand, die einst Daniel von den Löwen beschützte: Wir hatten einen Bach zu passieren. Alle setzten mit einem Sprung darüber. Ich als der Letzte versuchte das gleiche, sprang aber zu kurz und glitt an dem jenseitigen Ufer zum Bach hinab. In diesem Augenblick hörte ich in den Zweigen über meinem Kopf das Geräusch eines Wurfsteines. Der flache, große, scharfkantige Stein fiel oben auf das Ufer nieder. Wäre mein Sprung geglückt, wäre ich tödlich getroffen gewesen. Meinem Gott dankend kroch ich hinauf und war bald im Dickicht geborgen. Schweigend blickten die Eingeborenen, die ihr Ziel mit dieser Waffe mit größter Sicherheit treffen, auf mich hin. Sie mußten den Schutz erkennen, in dem ich stand, denn sie sandten mir weder Wurfstein noch Kugel mehr nach. Zurückblickend sah ich, wie sie sich teilten: Die einen gingen landeinwärts, die anderen kehrten nach Aneai zurück.

Ich eilte unserem Zuge nach, den ich Rast machend im Wald fand, der nun zu durchschreiten war — erfreut, mich gerettet zu sehen. In jedem Dorf fanden sich Feinde ein, die bereit waren, uns zu töten, aber Faimungo erhob gegen diese, die ihm untergeben waren, die Keule und sagte: 'Ihr dürft Missi heute nicht töten.'

Der Durst quälte uns entsetzlich. Wir kamen an Bächen und Quellen vorüber, durften aber nicht daran denken zu trinken. Der Augenblick, in dem man sich von ihnen abgewendet und sich gebückt hätte, wäre eine zu starke Versuchung für ihre Mordlust gewesen, ja, der sichere Tod.

Endlich näherten wir uns Faimungos Dorf. Er sandte seine Leute hinein und begleitete uns noch eine Strecke allein. An dem Strand, den wir nun erreicht hatten, setzten wir uns nieder. Faimungo sagte: 'Missi, ich habe mein Versprechen erfüllt. Ich bin sehr müde und sehr in Angst. Weiter wage ich nicht zu gehen. Lebt alle wohl! Nun rasch vorwärts! Diese drei Leute — er deutete auf einige sich nähernde Männer — begleiten euch noch bis an die nächsten Felsen. Schnell fort! Lebt wohl!'

Weit waren wir mit ihnen noch nicht gekommen, als sie mir sagten: 'Missi, Faimungo ist mit diesen Stammesleuten im Krieg. Weiter getrauen wir uns nicht zu gehen! Bleibt nur auf diesem Weg!' Damit kehrten sie uns den Rücken und rannten in ihr Dorf zurück.

Auf uns allein angewiesen, hatten wir noch die Bezirke mehrerer feindlicher Stämme zu passieren. In dem einen war die kampffähige Bevölkerung abwesend, weil die Männer ins Nachbardorf einfallen wollten. Die Bewohner eines anderen Dorfes, in dem man uns ruhig durchziehen ließ, wurden für diese Nachsicht von einem anderen Stamm später bestraft, indem ihre Waffen vernichtet wurden — als öffentliche Demütigung.

Schließlich näherten wir uns der Station Kwamera. Jeder von uns erhielt von einem Eingeborenen, der sich zu Mr. Mathieson hielt, eine Kokosnuß — die ersten Tropfen Flüssigkeit nach den dauernden Strapazen bei glühender Hitze an diesem Tag. Schon in den Tagen davor waren wir kaum dazu gekommen, eine Mahlzeit einzunehmen.

Als Mr. Mathieson von unserem Kommen hörte, eilte er uns entgegen. Er hatte uns tot geglaubt, da die Gerüchte der Aufstände schon zu ihm gedrungen waren. Die Mathiesons waren in sehr schlechter körperlicher Verfassung und wirkten äußerst bedrückt: Sie hatten soeben ihr einziges Kind begraben! Die Gefahr, in der sie und ihre Station schon immer geschwebt hatten, konnte nun nach den Ereignissen in Port Resolution nur größer werden. Wir beteten um Beistand und Stärkung und dankten dem Herrn, daß wir nun zusammensein und gemeinsam aushalten durften — so lange wie möglich.

Ehe ich Port Resolution verließ, hatte ich Briefe an die Kapitäne der Schiffe geschrieben, die den Hafen anlaufen würden. Sie enthielten die Bitte, nach Kwamera zu kommen und diejenigen von uns gegen gute Bezahlung nach Aneityum zu bringen, die man dann noch am Leben finden würde. Nowar gab drei solcher Schreiben an die Kapitäne, die in der nächsten Zeit landeten, doch diese zogen es vor, keine Notiz davon zu nehmen. Sie kauften überall die geplünderten Sachen aus dem Besitz der Mission zusammen, indem sie Tabak, Kugeln und Pulver dafür bezahlten. So hatten sie ihre Geschäfte gemacht und fuhren, ohne uns zu holen, ab. Wir wären ihnen wohl gerade bei solcher Ladung unbequeme Gäste gewesen."

2. In Kwamera

Alte Aufzeichnungen, die Paton gemacht hatte, waren bei den Ereignissen um die Plünderung der Missionsstation in Port Resolution zerstört worden. In Kwamera begann er wieder ein Tagebuch zu führen. So konnte er die Vorfälle bis zum gänzlichen Abbruch der Missionsarbeit auf Tanna wie folgt rekonstruieren:

„Am 22. Januar 1862 hörten wir, daß wieder drei von Manumans Leuten getötet worden waren. Von dem einen hörte ich kurz vor meiner Flucht bei Nowar, dessen Freund er war, die Worte: 'Wenn so viele Kinder hier getötet werden, warum sendet ihr mir nicht eins? Sie sind zarter und besser als junge Hühner!' Eine solche Äußerung läßt einen Blick in das Herz der Kannibalen tun. Und doch: Dieser Mann gehörte nicht etwa zu den Schlimmsten!

Am 23. Januar versprachen drei Häuptlinge Mr. Mathieson und uns allen Schutz, bis ein Schiff uns holen würde. Wir hatten aber oft genug die Erfahrung gemacht, wie wenig man sich auf das Versprechen der Tannesen verlassen darf.

Am 24. neue Berichte über entsetzliche Bluttaten Miakis an Manumans Leuten! Auch ließ er sich von fast allen Häuptlingen versprechen, daß sie keinen von uns verschonen wollten.

Sonntag, den 26. Januar, kamen etwa dreißig Personen zu unserem Gottesdienst. Nachher beteten wir noch in den uns am wenigsten feindlich gesinnten Dörfern mit denen, die sich zu Mr. Mathieson hielten, und verkündeten Gottes Wort dort etwa 116 Personen. Es war eine Aussaat in Tränen und Angst, und doch, trotz allem, was nachher geschah: Wer wollte darüber urteilen, daß es ganz umsonst war? Jetzt, 20 Jahre später, beim Aufzeichnen dieser Erlebnisse, steht in diesem Gebiet von Tanna eine Kirche, in der die gute Botschaft verkündet wird, in der Gott Preis und Lob auch von den früheren Kannibalen gebracht wird! – Auf dem Heimweg an jenem Sonntag entrannen wir nur durch Gottes Barmherzigkeit den Keulenschlägen eines Kannibalen und entschlossen uns, daß wir uns nun nicht mehr auf größere Strecken vom Missionshaus entfernen wollten.

Am 27. fuhr ein Schiff vorüber. Trotz unserer Signale kam der Kapitän nicht in den Hafen. Es war einer von denen, die in Port Resolution meinen Brief mit der Bitte erhalten hatten. Er brachte aber meine Sachen, die er den Tannesen abgekauft hatte, in Sicherheit und ließ uns in der Gefahr.

Am 29. kam der noch junge Häuptling Kapuku in die Station, um uns seine Kriegsgötzen und Hausidole und die seines Vaters zu bringen. 'Während alle versuchen, euch zu töten', sagte Kapuku, 'gebe ich meine Götter auf. Ich will sie von *meinem* Land alle entfernen.' Es war ein Korb voller kleiner, besonders geformter Steine, die vom Gebrauch ganz glatt, fast wie poliert waren.

Am 31. Januar kam Faimungo zu uns mit Nachrichten

über Miakis sich ausweitende Anschläge gegen uns. Sogar Manuman sandte seinen Adoptivsohn Raki, um uns von den entsetzlichen Verfolgungen zu erzählen, die er und seine Familie täglich zu erleiden hatten. Rakis Frau, eine Häuptlingstochter, war zu ihrem Vater geflohen. Auch dorthin war Miaki gedrungen und hatte den Vater gezwungen, die Tochter als Feindin auszuliefern. Vor seinen Augen wurde sie erschlagen und dann natürlich verzehrt.

Am Sonntag, den 2. Februar, kamen 32 Leute zum Gottesdienst. Nachmittags wagten wir uns doch in einige nähere Dörfer zur Predigt und kamen ungefährdet nach Hause, da wir einen anderen Weg eingeschlagen hatten als den, wo man uns bewaffnet erwartete.

Am 3. Februar kam eine Anzahl von Miakis Leuten zu Mr. Mathieson und durchsuchte das Haus. Ich saß schreibend in meinem Zimmer. Sie glaubten, daß ich wie Mr. Mathieson ausgegangen wäre und entfernten sich, indem sie zornig noch einen Schuß in das Lehrerhaus abfeuerten.

Müde und angegriffen von allem Erlebten war ich am Abend des 3. Februar früher als sonst zu Bett gegangen und fester eingeschlafen, als wir es in der Aufregung sonst zu tun pflegten. Mein treuer Hund Clutha, das einzige, was mir nach der Flucht geblieben war, weckte mich durch Zerren an meiner Kleidung. Ich weckte Mr. Mathieson ebenso leise, wie es der Hund bei mir gemacht hatte. Wir durften kein Licht anzünden, knieten aber im Finstern nieder und übergaben uns in die Hand des Herrn. Nun wurde es hell im Zimmer. Männer mit Fackeln gingen auf das Haus zu. Andere zündeten die Kirche an und einen Rohrzaun, der von der Kirche bis zum Hause reichte. In wenigen Minuten mußte auch das Haus in Flammen stehen und wir beim Hinauslaufen in die Hände der Wütenden fallen. Ich griff zu meinem ganz unbrauchbaren Revolver und einem kleinen amerikanischen Tomahawk und bat Mr. Mathieson, mich hinauszulassen und die Tür zum Schutz wieder zu schließen. Er sagte wiederholt: 'Bleiben Sie hier; sterben wir zusammen! Zurückkehren werden Sie nie!' Ich antwortete: 'Schnell, schnell, lassen Sie mich, ich bin auch draußen in Gottes Hand! Brennt das Haus erst, rettet uns nichts mehr!'

Er öffnete daraufhin die Tür, schloß sie wieder, warf sich zum Gebet nieder und beobachtete mich dann. Ich schlug den brennenden Zaum mit dem Tomahawk nieder, zerriß ihn so gut es ging und warf die brennenden Teile in das Feuer, so daß es das Haus nicht erreichen konnte. Plötzlich umringten mich sieben oder acht Eingeborene, schwangen die Keulen und schrien: 'Tötet ihn! Tötet ihn!' Einer griff nach meinem Arm. Ich sprang zurück und erhob den Revolver mit den Worten: 'Wagt es, mich anzutasten! Gott wird euch bestrafen! Er beschützt uns und straft euch sicher, weil ihr ihn haßt und seine Kirche verbrennt. Wir lieben euch alle, und obwohl wir euch nur Gutes tun, wollt ihr uns töten! Aber unser Gott ist hier, er beschützt uns!'

Sie heulten vor Wut und feuerten einander an, den ersten Schlag zu führen, aber der Unsichtbare ließ es nicht zu. Ich stand unverwundbar unter seinem starken Schild, und meine Arbeit, die Flammen vom Wohnhaus abzuhalten, gelang.

In diesem furchtbaren Augenblick trat ein Zwischenfall ein, den sich jeder wie er will erklären mag, den ich aber als direkten Eingriff zu unserer Rettung sehe. Ein Brausen wie vom Rollen einer schweren Lokomotive oder wie ferner Donner ertönte vom

Süden her. Unwillkürlich wendeten sich alle in jene Richtung, denn sie wußten alle aus schlimmer Erfahrung, daß einer der schrecklichen Wirbelstürme im Anzug war. Ein Wunder geschah: Der Südwind trug die Flammen der Kirche vom Wohnhaus weg. Es stand ganz beschützt und in Gottes Hut, während die Kirche in kürzester Zeit zerstört war. Ein Regenguß, wie es ihn nur in den Tropen gibt, machte es nun auch völlig unmöglich, das Haus anzuzünden! Das heulende Brausen des Taifuns ließ die Krieger rasch verstummen. Ihr Gebrüll war in tiefes Schweigen verwandelt! Dann sagten sie vom Schreck ergriffen: 'Das ist Gottes Regen! Ihr Gott streitet für sie und hilft ihnen! Laßt uns fliehen!' In der Angst warfen sie ihre Fackelreste nieder und liefen so rasch sie konnten nach allen Richtungen. Ich stand allein und lobte das wunderbare Tun des Herrn. 'Gesegnet der Mann, der auf *Ihn* vertraut!'

Mr. Mathieson öffnete die Tür und rief: 'Wenn Gott je Hilfe in der Not war, so war er es heute! Gelobet sei sein heiliger Name in Ewigkeit!' In Ehrfurcht und Freude dankten wir ihm gemeinsam. Jesus hat Macht über die Natur und über die Herzen der Menschen.

Den Rest der Nacht lag ich wach. Es war unmöglich Schlaf zu finden. Schon früh am Morgen kamen einige unserer Anhänger laut weinend mit der Nachricht, die Wut gegen uns sei durch das gescheiterte Unternehmen nur gestiegen. Die Feinde jubelten und stachelten sich mit Geschrei und Toben gegenseitig auf, jetzt gleich einen Angriff auf uns zu machen. Sie sammelten sich. Ihr Gebrüll drang bis zu uns; und die uns treuen Eingeborenen flohen dem Wald zu, sobald die Scharen sichtbar wurden. Da, in dem Augenblick der höchsten Gefahr, ertönte der Ruf: 'Ein Schiff!' Wir waren in einem Zustand, in dem man kaum noch den eigenen

Sinnen zu trauen wagt. Aber wieder und wieder ertönte der Ruf: 'Schiff! Schiff!' Er pflanzte sich vom Strand aus fort. Jetzt erreichte er die wütenden Haufen vor uns, dessen Toben leiser und leiser wurde, bis er sich vor unseren Augen auflöste. Ich fürchtete noch immer eine Enttäuschung, aber wirklich − ein Schiff näherte sich der Insel! Wir zündeten Holz an und befestigten ein schwarzes und weißes Tuch auf dem Dach, um Kapitän Hastings Aufmerksamkeit auf uns zu lenken. Es war aber unnötig: Hastings war von Dr. Geddie und Inglis, den Missionaren in Aneityum, gesandt worden, um uns zu holen, falls wir noch lebten. Es begleiteten ihn 20 Bewaffnete, für den Fall, daß man uns am Fortgehen hindern würde. Die Leute halfen, die gepackten Sachen in die Kähne zu bringen und auch sonst noch was möglich war zu retten. Es war zwei Uhr, als wir fertig waren und uns eben selbst zum Einschiffen fertig machten, als Mr. Mathieson plötzlich erklärte, er wollte in Tanna bleiben und hier sterben. Seine Frau und ich könnten uns retten. Er wollte bleiben. Wahrscheinlich handelte es sich um eine plötzlich eintretende geistige Störung durch die furchtbaren und dauernden Aufregungen der letzten Monate. Er schloß sich in sein Zimmer ein und war erst nach langer Verhandlung dazu zu bewegen, die Tür zu öffnen und sich mit uns einzuschiffen.

Mittlerweile war es Abend geworden und die Dunkelheit der Tropen, wo die Dämmerung nur wenige Minuten dauert, brach herein, während wir mit den beiden Booten, die schwer beladen waren, dem Schiff zusteuerten. Wir fanden es nirgends! Es war seewärts getrieben worden, und wir irrten auf einer recht unruhigen See umher. Wir beschlossen, dem einzigen sichtbaren Punkt, dem feurigen Rauch des Vulkans, zuzusteuern und so den Hafen von Port Resolution zu erreichen. Es war wieder eine Nacht in Gefahr und Not, aber auch hier schützte uns der Herr. Als der Tag anbrach, ruderten wir ins Meer, weit genug, um von Miakis Kugeln nicht erreicht zu werden und gingen vor Anker, um gegenüber dem Ort, wo ich so lange gearbeitet und gelitten hatte, einen qualvollen Tag unter der glühenden Sonne dieser Breiten im offenen Kahn zu verbringen.

Natürlich waren wir bemerkt worden, und so kamen Nowar und Miaki in einem Boot zu uns. Nowar brachte einige Kokosnüsse, für die wir sehr dankbar waren, weil wir seit mehr als 24 Stunden nichts gegessen und getrunken hatten. Miaki forderte mich treuherzig auf, ins Missionshaus zu kommen, um meine Sachen zu holen. Es wäre alles unberührt! Als er aber sah, daß ich nicht in die Falle ging, prahlte er mit der Plünderung und fluchte uns und unsere Lehre, die alle Krankheiten und den Tod bringen würde und die verbietet, was ihre Freude wäre, nämlich den Kannibalismus. Nowar flüsterte mir zu, daß, seit ich fort sei, Miaki nachts ein Dorf überfallen hatte. Seine Leute hätten sich an den Hütten postiert. Dann hatten sie furchtbare Schreie ausstoßend die erschrocken Herauseilenden niedergeschossen. Der Häuptling dieses Dorfes und nahezu alle Bewohner waren getötet worden. Die unersättliche Mordgier ist eine Folge der ewigen Kämpfe und des Kannibalismus.

Gegen fünf Uhr kam endlich das rettende Schiff in Sicht. Wir konnten die Nacht in Aneityum sicher schlafen und Gott danken für eine unzählige Reihe von Rettungen. Kapitän Hastings lehnte jede Bezahlung ab, und so verteilten wir die versprochenen 20 Pfund Sterling unter die Mannschaft, die uns viel Freundlichkeit erwiesen hatte.

Mrs. Mathiesons zarte Gesundheit war völlig unter-
graben worden. Ein schneller körperlicher Verfall trat
ein, und sie starb schon am 11. März 1862, etwa fünf
Wochen nach unserer Flucht von Tanna. Am 14. Juni
desselben Jahres starb auch Mr. Mathieson, inmitten
seiner neubegonnenen Missionsarbeit. Beide waren
voller Hingabe für ihre Aufgabe, aber ihre Gesundheit
war den Einflüssen des Klimas und den psychischen
Belastungen eines Lebens unter Kannibalen nicht
gewachsen.

Nur wer unter den Kannibalen gelebt hat, kann ganz
begreifen, was für ein unbeschreiblicher Segen es ist,
daß nun durch Gottes Gnade sein heiliges Wort auch
hier verkündigt wird und die Menschen zu Menschen
gemacht hat! Nowar und Manuman sind noch lange
gehaßt und angefeindet worden, weil sie nicht in diese
Greuel zurückfielen. Aber diese beiden und auch
Sirawia und Faimungo sind alt geworden und haben
noch gelebt, als die Kriege alle aufgerieben hatten, die
zu meiner Zeit dort waren. Als es später gelang, das
Christentum in Tanna einzuführen, hielten sich diese
Männer zu den neuen Missionaren und betrachteten
sich auch als Christen. Allerdings blieb ihre Erkenntnis
sehr schwach und ihre Standfestigkeit gering."

Teil 3: Reisen

Elftes Kapitel:

Ein neuer Weg — ein neues Arbeitsfeld

In Aneityum überlegten die Missionare gemeinsam, wie es weitergehen sollte. Außer seiner Bibel und seinen tannesischen Übersetzungen hatte Paton nichts retten können. Zuerst beabsichtigte er, in Aneityum zu bleiben und an der Übersetzung der Bibel in die Sprache der Insel Tanna zu arbeiten, um irgendwann dorthin zurückzukehren.

Dann zeigte es sich, daß seine Gesundheit in einem derart schlechten Zustand war, daß eine spätere Missionsarbeit im Klima der Südsee in Frage gestellt sein würde, wenn Paton sich nicht zuerst erholte.

So kamen die Missionare überein, daß John Paton nach Australien gehen sollte, um dort für die Mission auf den Neuen Hebriden Interesse zu wecken. Zwei Gründe gab es dafür: Obwohl Australien geographisch den Inseln am nächsten lag, wurde die Mission bis zu dem Zeitpunkt nur von Schottland und Neu-Schottland* aus unterhalten. Um die Inselgruppe der Neuen Hebriden aber wirklich zu evangelisieren, mußten mehr Missionare und mehr Unterstützung eingesetzt werden. Als zweites war an dem Vorfall auf Tanna deutlich geworden, wie nötig die Mission der Neuen Hebriden mit den zahlreichen Inseln und Inselchen ein Missionsschiff brauchte, das Personen

---

* Neu-Schottland: Nova Scotia, kanadische Provinz

transportieren konnte. Die Missionare erhofften sich eine erhöhte Sicherheit und eine bessere Versorgung durch ein eigenes Schiff. Was es bedeutete, auf die Willkür der Sandelholzhändler angewiesen zu sein, hatten sie oft genug erfahren müssen.

Was aus der Not des Augenblicks heraus geplant wurde, sollte ungeahnte Wirkungen zeigen: Die Geschehnisse auf Tanna und die Erfahrungen, die die Missionare daraus zogen, hatten zur Folge, daß in Australien durch Patons Berichte eine Welle des Interesses und des Engagements für das Arbeitsfeld der Neuen Hebriden ausgelöst wurde. Zwei Missionsschiffe konnten angeschafft und unterhalten werden.

Ein Missionar nach dem anderen wurde von Australien dorthin ausgesandt – eine Insel nach der anderen für den Herrn gewonnen. Die Tränensaat auf Tanna führte zur Ernte auf den Neuen Hebriden! Für John Paton hatten sich neue Wege aufgetan . . .

Australien

„Ein Sandelholzhändler, der in einigen Tagen nach Sydney absegeln wollte, willigte ein, mich für 10 Pfund Sterling dorthin mitzunehmen. An Bord des Schiffes war es eine meiner ersten Beschäftigungen, mir mit eigenen Händen ein Hemd zu verfertigen! Hatte ich doch nur das retten können, was ich anhatte! Ein Stück Stoff dafür war mir in Aneityum gegeben worden.

Der Kapitän zeigte sich bald als ein wüster, wilder Geselle. Er war so richtig der Typus der gott- und gewissenlosen Händler auf jenen Meeren. Er schlug seine Leute, sogar den Steuermann, oft und unbarmherzig. Er und seine Frau, eine Eingeborene und Heidin, jedoch kaum so schlimm wie ihr Mann, hatten die Kajüte inne. Ich mußte in dem Raum schlafen, wo die Sandelstämme aufgestapelt lagen, und zwar ohne Betten oder Decken! So war ich genötigt, Tag und Nacht in den Kleidern zu bleiben, eine Qual, da die Entfernung, die wir zu durchmessen hatten, vierzehnhundert englische Meilen betrug. Die mitgenommenen Vorräte waren die elendesten und die Speisen kaum genießbar. Man brachte mir das Essen in einer Schüssel an Deck, wo ich mich den ganzen Tag aufhielt.

Oft kam der Steward mit blutigem Gesicht aus den unteren Schiffsräumen zu mir herauf, wenn der wütende Kapitän ihn mit dem nächstliegenden Gegenstand mißhandelt hatte. Ich versuchte wiederholt, für ihn beim Kapitän zu sprechen, hatte jedoch nie Erfolg. Ich machte mir nun genaue Notizen über die fortgesetzten Mißhandlungen mit der Absicht, gegebenenfalls Gebrauch davon zu machen.

In Sydney angekommen, entließ der Kapitän den jungen Mann ohne Bezahlung. Dieser suchte und fand mich und klagte mir bitterlich weinend seine Not. Er hatte eine alte Mutter zu versorgen, für die er nun nichts hatte. Ich riet ihm, er sollte dem Kapitän sagen, daß er ihn verklagen würde und daß ich versprochen hätte, als Zeuge vor Gericht zu erscheinen. Darauf erhielt der junge Mann seine Forderung ohne Abzug ausbezahlt, was er mir dankbar meldete.

Zwei Insulaner waren ebenfalls an Bord. Da sie aber kein Wort Englisch verstanden, erfolgten alle Befehle als Stöße und Schläge und ein Zerren an den Platz, wo sie arbeiten sollten. Als wir in den Hafen von Sydney kamen, gab er beiden etwas Baumwollstoff. Bis dahin hatte der Unmensch sie unbekleidet gelassen. Die Frage des inspizierenden Regierungsbeamten, der in Sydney das Schiff untersuchte, wie denn diese beiden Insulaner an Bord gekommen seien, erwiderte der Kapitän mit der Lüge, sie seien Passagiere. Keine weitere Frage wurde gestellt, keine Beweise dieser Aussage wurden verlangt! Und doch weiß jeder, der diese Händler der Südsee kennt, daß er sie als sein Eigentum dem Meistbietenden verkaufen würde. Und das nennt man 'Arbeitsmarkt' . . .!"

Das Schicksal der Insulaner, bei denen die Händler mit ihren ausbeuterischen Interessen (bis hin zum Sklavenhandel) den Missionaren zuvorgekommen waren, konnte Paton an diesen armen Menschen nicht deutlicher werden.

Die gleiche Beobachtung machte er bei den Ureinwohnern Australiens, den Aborigines. Auch hier waren Siedler und Händler schneller gewesen als die Missionare. Nirgend konnte Paton bessere Studien über den Untergang eines nicht missionierten Volkes in der Berührung mit einer vorgeblich „christlichen", aber in Wirklichkeit materiell gesonnenen Zivilisation machen.

Paton rief die Australier in die Verantwortung. Er predigte in den Gemeinden von der geistlichen Not der Inseln Melanesiens, die in Australien geographisch ihren nächsten christlichen Nachbarn hatten. Seine Erlebnisberichte rührten die Herzen vieler Christen Australiens an. Besonderen Widerhall aber fand Patons Ruf um Hilfe bei den Sonntagsschulkindern: „Die Kinder blieben stets voll Interesse. Ich dachte mir einen Plan aus, der ihnen Freude bereiten und ihnen ihren jeweiligen persönlichen Anteil besonders deutlich werden ließ: Ich machte sie zu 'Mitbesitzern' des Missionsschiffes, indem ich kleine 'Anteilscheine' drucken ließ, deren Wert 6 pence (50 Pfennig) war. Viele Tausende dieser 'Anteilscheine' erwarben die Kinder, die sie mit Stolz als ihren Besitz in ihren Familien zeigten. Sie fühlten sich froh bei dem Gedanken, daß das Schiff ihnen gehören sollte, das die frohe Botschaft zu den Kannibalen bringen würde."

Zwanzig Jahre später waren es die Kinder dieser Kinder in den Sonntagsschulen Australiens, die mit ihren regelmäßigen kleinen Gaben immer noch das Schiff der Mission der Neuen Hebriden unterhielten!

Die Gebefreudigkeit der australischen Christen umfaßte neben dem beabsichtigten Schiffskauf auch die Ausstattung und den Unterhalt neuer Missionare und die Ausbildung eingeborener Lehrer. Um diese Zeit erreichte Paton die Nachricht vom Tod der beiden Mathiesons. Nun waren nur noch vier Missionare auf den Inseln . . . Sollte Paton nun auch nach Schottland gehen, um neue Diener für das Werk des Herrn zu rufen?

Zwölftes Kapitel:

Reisen in Australien — Die Aborigines

Paton bereiste Australien, je nachdem von wo der Ruf an ihn erging. „Das Reisen in Australien war in den Jahren 1862-63 noch nicht so leicht wie heute. Straßen gab es nur in der Nähe größerer Städte. An allen übrigen Stellen des weiten Landes mußte man mühsam die Pfade erspähen und sich nach Zeichen, die in Bäume geschnitzt waren, den Weg suchen. Hatte man sich verirrt, mußte man umkehren und den letzten gekennzeichneten Baum wiederzufinden versuchen, um dann die Richtung, die er zeigte, besser einzuhalten. Selbst Leute, die solche Wege kannten und die sie oft gemacht hatten, verirrten sich."

Das Land, das erst seit einigen Generationen überhaupt von Weißen besiedelt wurde, war noch voll im Aufbau. Paton traf die Menschen, die ihm Unterstützung zusagten, an den unglaublichsten Orten: Gott führte ihn in die Einöde, in Sümpfe, in Goldgräberniederlassungen und Spelunken, in die Salons der Wohlhabenden und in die provisorischen Camps der Neusiedler aus England und Schottland, die in ihrer Einsamkeit froh waren, dem Landsmann zu begegnen. An allen diesen Orten und bei vielen dieser Menschen fand er Interesse und erwachendes Bewußtsein für die Mission unter den Kannibalen der Südsee.

Auch diese Reisen gingen nicht ohne lebensbedrohliche Situationen und zermürbende Umstände ab. Paton aber vertraute dem, der ihn ausgesandt hatte und ihn auch jetzt leitete. Wiederholt begegnete er bei seinen Fahrten den Ureinwohnern des Landes. Ihnen

galt die ganze Verachtung der Neusiedler, die die noma-
disierende, primitive Lebensart der Aborigines*
ablehnten. Paton beobachtete, wie das wehrlose Volk
immer mehr in die Ecke gedrängt wurde. Die australischen Christen hielten es schlicht für „nicht evangeli-
sierbar". Ein renommierter Kanzelredner verkündete:
„Die Schwarzen Australiens sind nicht imstande, das
Evangelium zu verstehen. Alle Versuche, ihnen
Kenntnis vom wahren Gott beizubringen, sind fehlge-
schlagen . . . Arme Tiere in Menschengestalt müssen
sie wie Tiere vom Erdboden nach und nach verschwinden."

John Paton, der Beobachter und Forscher, sah weiter.
„Der größte Feind . . . ist auch hier mit den Weißen zu
ihnen gekommen − der Branntwein! . . . Die Folge ist,
daß sie schwer zu behandeln sind und unruhig, aufrüh-
rerisch werden. Das gibt Veranlassung zum 'Ein-
schreiten'. Dies Wort bedeutet oft nicht weniger als ein
Abschlachten im Großen. Der Sidney Morning Herald
vom 21.3.1883 enthält über diese Vernichtung der Ureinwohner die schrecklichsten Details . . . Aber der
Branntwein ist geblieben, und er vernichtet, was von
Waffen verschont wird. Kann man sich noch über das
Aussterben dieser Rassen wundern?"

Paton versuchte, den religiösen Kult der Aborigines
zu erkunden. Als er ihnen von Tanna mitgebrachte, in
besonderer Weise geformte und polierte Steine, die dort
Gegenstand der Verehrung waren, zeigte, fand er starke
Reaktionen bei den Eingeborenen. Er erhielt sogar ähn-
liche von den „weisen Männern", als sie sahen, daß er
bereits solche besaß. Weil er es als seine Pflicht als Christ
sah, sich nicht mit Vorurteilen zu begnügen, sondern

---

* Aborigines: australische Ureinwohner

173

nach der gequälten Seele dieses geplünderten Volkes fragte, erfuhr Paton mehr von ihnen als die meisten Weißen. Die Götzensteine bewiesen ihm: „Ehe die Europäer hier eindrangen, waren die Ureinwohner des Landes keine Tiere, die an Gott nicht glauben lernen können, sondern sie ersehnen und suchen ihn, wie alle Völker."

Er lernte auch Christen unter den Aborigines kennen und zog schließlich das Resümee: „Für mich wäre eine dem Herrn gewonnene Seele Beweis genug, daß jene Urteile über diese Rasse falsch sind, und ich will alles versuchen, um sie zu entkräften. Der Herr hat ja seinen Segen zu der Arbeit an so vielen gegeben, und deshalb muß sie fortgesetzt werden. Sind doch allein in Aneityum 3500 Kannibalen, die in der Rasse jenen Australnegern sehr nahe stehen, bekehrt worden und führen jetzt ein zivilisiertes und christliches Leben. In Fidschi sind 70000, in Samoa 34000 Kannibalen Christen geworden. Von der Schule auf Samoa sind in 19 Jahren 206 Lehrer ausgesendet worden, die viel Gutes bewirkt und den Missionaren treu geholfen haben. Auf unseren Neuen Hebriden sind mehr als 12000 der Eingeborenen zu Christen bekehrt, und 133 Eingeborene sind von dort aus als Lehrer zu ihren Brüdern hinausgegangen. Wäre das Evangelium den Australiern gebracht worden, so würde es ebenso gewirkt haben, denn Jesus Christus ist derselbe — gestern, heute und in alle Ewigkeit."

Auf seiner letzten Missionsreise 1888 durch Australien besuchte John Paton viele Stationen der Aborigines, wo die Regierung versuchte, sie seßhaft zu machen. Der Wandergeist dieses nun noch mehr geschrumpften Volkes brach sich jedoch immer wieder Bahn, so daß sie von einem Tag zum anderen die Stationen mit allen Installationen der Regierung verließen. Nur auf den von bewußten Christen geleiteten Stationen fand Paton etwas anderes vor: gepflegte Dörfer und funktionierende Gemeinden. Aber immer noch (und bis heute) zerstörte der von Weißen gebrachte und verkaufte Alkohol Leib und Seele der Ureinwohner.

Paton unterließ es auch nicht, bei seiner letzten großen Versammlung in Melbourne die missionsbegeisterten Australier auf ihre Verantwortung aufmerksam zu machen, indem er die Legende von den nicht missionierbaren Aborigines zerstörte: „Australien hat nicht mehr viel Zeit, um an den Überlebenden gutzumachen, was den Ureinwohnern vorenthalten, was durch Grausamkeit an ihnen gesündigt worden ist!"

Dreizehntes Kapitel:

Nach Schottland und Wiederkehr zur Arbeit

„Alle meine australischen Missionskomitees waren darin einig, ich sollte nun ohne Zögern nach Schottland reisen, um Missionare zu werben. Ab 16. Mai 1863 verließ ich auf einem Schiff aus Aberdeen, der 'Kosciusko', Australien."

Diesmal waren Schiff und Kapitän angenehmer. Es durften sogar Gottesdienste an Bord gehalten werden. Aber es sollte wieder eine Reise mit Gefahren sein:

„Bei der Umschiffung des Kaps der Guten Hoffnung hatten wir ein böses Gewitter zu überstehen. Ein Blitzstrahl schlug in unser Fahrzeug. Die Leute, die auf Deck zu arbeiten hatten, wurden zu Boden geschleudert. Die Kupferplatten über den Planken waren weithin gerollt und verdreht worden. Ein Stückchen davon, das Kapitän Stewart mir gab, ist noch in meinem Besitz. Im Augenblick des Blitzschlages war es denen, die auf am Boden festgeschraubten Stühlen saßen, als ob das Schiff tief ins Meer tauchte. Als es sich wieder emporhob, war der Stoß so mächtig, daß die starken Schrauben von zwei Stühlen brachen, so daß die darauf Sitzenden, ein Offizier und ein Arzt, ziemlich weit weggeschleudert und erheblich verletzt wurden. Mir wurde das Bein zwischen Stuhl und Tisch fürchterlich eingeklemmt, so daß ich nur gestützt mein Lager erreichen konnte. Als die Betäubten zur Besinnung gebracht waren, kam der Kapitän und sagte: 'Halten Sie ein Dankgebet, Mr. Paton! Lassen Sie uns alle dem Herrn für die wunderbare Errettung danken; das Schiff brennt nicht, auch ist keiner tödlich verletzt worden!'

Der gute Mann selbst aber hatte eine schwere Erschütterung erlitten. Es dauerte drei Wochen, bis er wiederhergestellt war. Der Herr erhielt ihn, und unter seiner Leitung landeten wir am 26. August 1863, d. h. nach drei Monaten und zehn Tagen, am Ostindien-Dock in London.

Das Wiedersehen mit meinen geliebten Eltern war unbeschreiblich. Trotzdem flossen bittere Tränen: Fünf kurze Jahre waren vergangen, seit ich von hier Abschied genommen hatte an der Seite einer geliebten Frau. Und nun ruhten Mutter und Kind auf Tanna bis zum Tag der Auferstehung! Schmerzlicher noch war das Wiedersehen mit Vater und Mutter meiner Frau in Coldstream.

In Edinburgh hatte ich dem Missionskomitee Bericht zu erstatten. Der Empfang war warm. Meinen Bitten, für dies Werk unter den Kannibalen reden zu dürfen, kam man entgegen, indem man mich beauftragte, in allen Sonntagsschulen zu sprechen. Man öffnete mir die Universität, um mich an die Studenten zu wenden, unter denen meine Ansprache mit dem Motto: 'Kommt herüber, und helft uns!' auch gedruckt in zahlreichen Exemplaren zirkulierte und ein Echo fand.

Etliche Geistliche reagierten auf den Ruf in die Mission. Es ist eine alte, überall wiederkehrende Erfahrung jedes Missionars, daß, je mehr irgendeine Gemeinde für die Ausbreitung des Reiches Gottes tut, desto größer, desto deutlicher hervortretend der Segen wird, der auf ihrer Wirksamkeit auch zu Hause ruht.

Auch in Schottland bildete sich ein Bund der Sonntagsschulkinder, die 'Mitbesitzer' unseres Schiffes wurden. Eine Sammelbüchse für die 'Morgenröte' (das Missionsschiff), d. h. für deren Unterhalt, hat sich in fast jeder Familie eingebürgert.

Meine Besuche bei unseren Gemeinden führten mich in fast alle Teile Schottlands. Unglücklicherweise geriet ich auf einer Tour in den höchsten Norden im Januar in große Kälte, auf die mein Körper, durch die heißen Klimate verwöhnt, übel reagierte. Da die Plätze im Wagen besetzt waren, blieb mir nur der Sitz auf der Außenbank. Als ich sie verließ, war jedes Gefühl aus den Füßen verschwunden. Es kehrte nicht zurück, und als ich, nach Wochen, nach Edinburgh und Glasgow kam, wurde von den Ärzten beider Städte eine Amputation ernstlich beraten. Mein Kommen nach Liverpool war versprochen und angekündigt. Mit unglaublicher Mühe setzte ich es durch, dorthin zu gelangen. Mein Freund, Dr. Graham, führte mich dort zu einem Arzt, der durch elektromagnetische Kuren großen Ruf erlangt hatte. Nach längerer Behandlung und nachdem selbst die stärksten Ströme ohne jede Wirkung geblieben waren, erklärte der Arzt, dieser Zustand sei seiner Methode unzugänglich. Er gab sie deshalb auf, wollte aber noch einen Versuch mit einem Pflaster machen, in das er Fuß und Bein einhüllte. Ich sollte nach drei Tagen wiederkommen, aber die entsetzlichsten Schmerzen trieben mich schon am anderen Morgen wieder hin. Als der Arzt das Pflaster löste, fand es sich, daß die Haut der erfrorenen Teile sich abgelöst hatte; sie hing am Pflaster. Mit Salben verbunden mußte ich notgedrungen längere Zeit ruhen. Der Herr schenkte mir Genesung, aber davor machte ich eine bittere, überaus schmerzliche Prüfungszeit mit. Noch heute werde ich, obgleich vierundzwanzig Jahre seitdem vergangen sind, an das Leiden erinnert, wenn ich weite Wege zu Fuß habe machen müssen.

Obwohl die vier neuen Missionare, die meinem Aufruf folgten, mich nicht begleiteten, weil sie noch medizinische Studien in Hörsälen und Krankenhäusern zu machen hatten, um für ihren Platz geeignet zu sein, trat ich doch die Heimkehr nach Australien nicht allein an. Der Herr führte mir eine Gefährtin zu, die er, ohne daß wir voneinander wußten, durch ganz besondere Gaben und Eigenschaften, durch wunderbare Führungen vorbereitet hatte, mein Schicksal und meine Arbeit auf den Neuen Hebriden zu teilen. Ihr Herz schlug warm für die in Unkenntnis Gottes lebenden Südseeinsulaner, und sie ging gern an die Arbeit, die der Herr ihr sichtlich zuweisen wollte. Ihr Bruder war Missionar gewesen. Er war als junger Mann noch auf dem Missionsfeld gestorben. Ihre Schwester, die Ehefrau eines Geistlichen in Adelaide, arbeitete mit größtem Eifer für unsere Zwecke. Ihres Vaters Tun und Wirken stand im Distrikt Stirling, wo er Geistlicher gewesen war, in gesegnetem Andenken.

Ehe ich Schottland im Jahre 1864 verließ, heiratete ich Margret Whitecross. Bis heute teilt sie treu meine Arbeit, meine Sorgen und Freuden. Die Kinder, die Gott uns geschenkt hat, sind alle für ihn bestimmt. Wir hoffen, daß sie alle das Evangelium unter die Heiden tragen dürfen.

Nachdem unsere Hochzeit im Hause einer Schwester meiner Frau in Edinburgh gefeiert worden war, eilten wir zum Haus meiner Eltern. Mein Vater segnete uns und befahl uns dem Herrn. Es war das letzte Mal auf Erden, daß ich diese Stimme, diese Worte, in Fürbitten und Segen ausklingend, hörte. Als ich mich von den Knien erhob und in die Augen des Vaters blickend ihm Lebewohl sagte, wußte ich, daß wir uns nicht wiedersehen würden. Vater und Mutter gaben uns noch einmal mit freudigem Herzen dem Dienst des Herrn hin, und wir verabschiedeten uns mit dem Gebet, daß der Geist dieser Eltern und ihr kostbarer Segen uns auf allen Wegen begleiten möge!"

Teil 4: Ernte auf Aniwa

Vierzehntes Kapitel:

Ansiedlung auf Aniwa

Bei einer gemeinsamen Besprechung der Missionare auf Aneityum stimmten diese über die neuen Stationen ab. Man entschied – gegen den ausdrücklichen Wunsch Patons – nach Tanna erst zurückzukehren, wenn die Mission auf den umliegenden Inseln mit weniger kriegerischen Stämmen Fuß gefaßt hätte. So mußte Paton einwilligen, zunächst nach Aniwa, der Tanna nächstgelegenen Insel, zu gehen. Mit den neuen Missionaren konnten nunmehr alte Stationen besetzt und neue errichtet werden.

Die Rückkehr und die vermehrte Anzahl der Boten Gottes legten für die skeptischen Insulaner ein besseres Zeugnis von der guten Absicht der Missionare und der Stärke Gottes ab, als viele Worte es bis dahin vermocht hatten.

„Wir fuhren von Insel zu Insel, um unsere neuen Helfer einzuführen. Die Häuptlinge waren freundlicher als in Tanna. Sie versprachen Schutz selbst auf Inseln, wo noch keine Station gewesen war und wo sie also nur gerüchtweise von uns und unserem Tun unterrichtet sein konnten. Die Inseln machten sich bereit, den Herrn, den Erlöser, aufzunehmen, und das Werk mußte gefördert werden.

Auf dem Weg nach Aniwa suchten wir Tanna passierend einige Tage vor sehr schwerer See in Port Resolution Schutz. Nowar, der alte, zwar freundlich gesinnte, aber doch wankelmütige Häuptling, war entschlossen, uns durch Gewalt oder List auf Tanna zu fesseln. Der Kapitän beantwortete seine Bitten, meine Sachen an Land zu bringen, der Rat der Mission habe das verboten.

'Nun, dann schafft Missis Kisten nicht an Land!' rief der alte Häuptling. 'Werft sie nur über Bord! Meine Leute werden sie auffangen, ehe sie das Wasser erreichen und selbst alles in Sicherheit aufs Land bringen!' Der Kapitän versicherte nun, er dürfte auch das nicht tun. 'Nun', fuhr Nowar fort, 'so zeigt uns nur, was Missi gehört! Ihr sollt dann weiter keine Mühe damit haben.' Der alte Mann war sehr niedergeschlagen, als er sah, daß er keinen Erfolg hatte. Er mochte denken, meine Frau hätte Furcht vor Tanna. Er bat, wir möchten ihn besuchen, und als wir es taten, zeigte er uns seine Pflanzungen und bat mich, meiner Frau zu sagen: 'Genug zu essen! Solange ich Yams oder eine Banane habe, sollt ihr keinen Mangel leiden!' Sie antwortete: 'Ich fürchte keinen Mangel an Nahrung.' Auf seine Krieger deutend, sagte Nowar: 'Wir sind viele, viele! Wir sind stark! Wir können euch immer beschützen!' 'Ich fürchte mich nicht!' sagte meine Frau freundlich. Dann führte er uns zu jenem Baum, auf dem ich jene schreckliche Nacht zugebracht hatte, und sagte: 'Der Gott, der Missi damals beschützte, wird euch immer schützen!' Sie sagte dem Alten, sie habe keinerlei Furcht, aber wir seien jetzt für Aniwa eingesetzt. Wenn Gott es wolle, so werde er uns von dort doch wieder nach Tanna führen. Nowar, Arkurat und ihre Freunde schienen wirklich betrübt zu sein, daß wir nicht blieben, und das ging mir tief zu Herzen.

Erst Jahre später habe ich erfahren, was Nowar damals einem Häuptling aus Aniwa sagte, der eben in

Tanna war, und dem wir versprochen hatten, er könnte mit uns auf der 'Morgenröte' heimkehren. Als Nowar eingesehen hatte, daß seine Bitten nicht erfüllt wurden, ging er zu diesem Häuptling, der zugleich einer der großen 'geweihten Männer' war, nahm das Zeichen seiner Würde als Häuptling, die weißen Muscheln, von seinem Arm, band sie um den des Aniwaners und sagte: 'Versprecht mir bei diesem Zeichen, daß Ihr 'meinen' Missi, seine Frau und sein Kind beschützen wollt. Laßt ihnen nichts Schlimmes widerfahren. Bei diesem Zeichen, ich und meine Leute würden es an euch rächen!'

Aniwa wurde im November 1866 meine Heimat und ist es bis heute geblieben. Gott hat mich auch später nicht nach Tanna zurückgeführt. Mir war Aniwa als Arbeits- und Erntefeld bestimmt.

Diese Insel ist eine der kleineren der Hebridengruppe. Sie ist ringsum von einem Gürtel von Korallenriffen umgeben, an denen sich die See mit Donnergetöse bricht und dabei ihren Schaum wild aufs Land wirft. Aber es gibt auch sehr ruhige Tage, an denen das Meer einem Spiegel und der Schaum an den Riffen nur einem Silbersaum gleicht.

Es gibt dort kein Gestein, keine Felsen. Überall findet man den Aufbau der Korallen in ihrer Schönheit und den geheimnisvollen Wechselformen. Der höchste Punkt erhebt sich kaum dreihundert Fuß über dem Meer. Der Boden, obgleich nur leicht und nicht tiefgründig, ist doch gut. Besonders am Südende der Insel, in der Nähe eines erloschenen Vulkans, findet man reich tragende Pflanzungen.

Der Mangel an Bergen, die die Wolken anziehen und verdichten, ist die Ursache großer und oft anhaltender Dürre. Die heftigsten Regen, die zeitweilig fallen, scheinen wie durch Zauberhand in dem leichten Boden und den porösen Korallengebilden zu verschwinden. Aber die feuchte Luft und der sehr starke Tau machen die Insel dennoch grün. Fruchtbäume ziehen aus dem harten Boden reiche Nahrung. Die Eingeborenen leiden häufig an einer Art von Elephantiasis, vielleicht eine Folge des sehr schlechten Trinkwassers und des heißen, feuchten Klimas ihrer Insel.

Aniwa hat keinen Hafen, keinen sicheren Ankerplatz für Schiffe. Bei bestimmten Winden geht ab und zu ein Schiff am äußeren Rand der Korallenriffe vor Anker. Aber es ist ein gefährliches Unternehmen. Eine einzige kleine Unterbrechung des Riffgürtels, eigentlich nur ein Spalt, erlaubt einem Boot die Landung.

Ich war zweimal kurz auf der Insel gewesen. Außerdem hatte ich in Tanna einzelne der Bewohner gesehen, wenn sie gekommen waren, um dort Nahrungsmittel zu holen. Sie hatten damals wiederholt gebeten, daß ich mich bei ihnen niederlassen sollte. Das war alles, was ich von meinem neuen Bestimmungsort wußte. Alles mußte von Anfang an neu gelernt werden wie vorher in Tanna.

Bei der Landung wurden wir freundlich empfangen. Die Insulaner führten uns in eine Hütte, die sie mit Hilfe der Lehrer aus Aneityum für uns errichtet hatten. Es war sozusagen ein Rahmen aus Holz, dessen Dach und Wände aus dicht geflochtenem Zuckerrohr bestanden. Türen und Fenster gab es nicht, sondern Öffnungen im Flechtwerk. Wirklich schön sah der Fußboden aus, der dick mit fein zerschlagenen schneeweißen Korallen belegt war. Das Ganze bestand aus nur einem einzigen Raum, der natürlich zuerst auch als Kirche, als Schule und als öffentlicher Versammlungsort dienen mußte.

Wir teilten eine Ecke durch einen Vorhang ab, hinter

dem wir die Betten und das Wertvollste, was wir besaßen, verbargen. Von den Insulanern fanden sich stets eine Menge ein, um zuzusehen, wenn wir aßen. Eine Kiste diente zum Sitzen, die zweite als Tisch. Gekocht wurde unter einem großen Baum, auch dabei gab es stets Zuschauer. Alles ging soweit gut. Aber das Haus lag im Schatten eines Korallenfelsens, und ich wußte durch traurige Erfahrungen im voraus, daß es zu gewissen Jahreszeiten eine wahre Brutstätte von Fieber und Malaria sein würde. Natürlich waren wir froh und dankbar, überhaupt unter einem schützenden Dach zu wohnen, bis wir uns ein Haus in gesünderer Lage errichten konnten. Die Aniwaner waren weniger die-bisch als die Tannesen, hatten aber eine besondere Art und Weise, das einfach zu fordern, was sie haben wollten. Der geschwungene Tomahawk war oft die begleitende Gebärde einer solchen Forderung! Was wir selbst benötigten und deshalb nicht hergeben konnten, durfte ihnen eben nicht vor die Augen gebracht werden, um sie nicht etwa durch die Gelegenheit zu Dieben zu machen.

Die traurigen Erfahrungen mit der Malaria in Tanna ließen mich den höchsten Punkt der Insel zum Bau des Missionshauses wählen, wo die Luft rein ist und wo die Passatwinde freien Zutritt haben. Aber irgendein Aber-glaube schien die Leute daran zu hindern, uns jenen Platz zu verkaufen. So mußte ich einen gleichfalls hoch-gelegenen Ort etwas näher dem Strand nehmen. Später stellte sich dieser Ort in jeder Beziehung als besonders günstig heraus. Als wir begannen, den Grund auszu-heben, stießen wir auf die Überreste ihrer scheußlichen kannibalischen Mahlzeiten. Man beobachtete uns aus der Ferne und glaubte, die Götter würden uns töten, weil wir diese Stätte betraten oder nun sogar bearbeiteten. Als uns nichts Übles geschah, kamen die Beobachter und sagten, unser Gott müsse stärker sein als ihre Götter.

Ich hatte zwei Körbe voll Knochen sammeln lassen, als wir den Keller gruben. Als wir sie an anderer Stelle beerdigten, kamen mehrere herbei. Ich fragte: 'Wie kommen diese Knochen hierher?' Ich erhielt die charakteristische Antwort: 'Missi, wir sind ja keine Tannesen! Wir essen die Knochen nicht mit!'

Während ich an unserem Haus mitbaute, blieb meine Frau mit dem Kind wenigstens morgens in der Hütte. Eines Tages war sie mit Arbeit beschäftigt, als sie in dem abgetrennten Teil des Zimmers Schritte hörte. Der Vorhang wurde geöffnet und mit den in gebrochenem Englisch gesprochenen Worten: 'Ich nicht stehlen! Nicht stehlen!' trat ein Eingeborener heraus. Er litt oft an furchtbaren Wutausbrüchen und war der Schrecken aller. Einen Augenblick starrte er auf die Mutter und das Kind und stürzte dann zur Tür hinaus. Er hatte erst kürzlich in solcher Wut einen Mann seines Stammes erschlagen. Der Herr hatte die Gefahr wieder einmal abgewendet.

Obgleich ich immer noch hoffte, nach Tanna zurückzukehren, wollte ich doch den Bau nicht für den Augenblick einrichten, sondern ihn so gut wie möglich herstellen, damit auch mein Nachfolger angenehm darin wohnen konnte. Zwei Zimmer waren durch einen Gang getrennt. Auf zwei Seiten des Hauses trat eine Veranda über die Mauer von Korallen hinaus. Die Fenster wurden als Türen zur Veranda hin geöffnet. Vorratskammer, Badezimmer und Werkstatt befanden sich unter der Veranda. So wurde es, wenn auch kein schönes, so doch ein gesundes Haus.

Später sind noch vier Zimmer hinzugekommen. Die

lange überdachte Veranda erhielt die Räume kühl und schattig. Bei diesen Zusatzbauten wurde auch der Keller bedeutend vergrößert und vertieft. Er ist nicht nur für uns, sondern für viele Flüchtende ein Rettungsort gewesen, wenn die furchtbaren Orkane der Tropen Bäume umherschleuderten wie Federn, Häuser umrissen und Zerstörung und Verwüstung brachten.

So schwierig der Umgang mit den Leuten anfangs war, so zeigte sich uns doch bald, daß wir auch hier dem finstersten Heidentum gegenüberstanden. Hatten z. B. meine Arzneien geholfen, so stand es bei den Leuten fest, daß wir auch 'Krankheiten machen' könnten, denn ihre 'geweihten' Männer besaßen ja beide Künste. Gewöhnlich suchten sie meine Hilfe erst spät und nachdem sie mit allen möglichen abergläubischen Bräuchen und Zaubereien viel Zeit verloren hatten. Oft mußte ich selbst erst die Medizin einnehmen, ehe ich die Kranken dazu bewegen konnte, und wenn auf die erste Einnahme hin noch keine Besserung erkennbar war, war es fast unmöglich, sie zu bewegen, nochmals eine Dosis zu schlucken. Trotzdem läuteten wir täglich nach Tisch unsere Glocke zum Zeichen, daß wir beide bereit waren, Rat zu erteilen und zu helfen.

Was in Tanna 'Nahak' genannt wurde, hieß hier in Aniwa 'Tafigeitu'. Es genügte wie dort dem 'geweihten Mann' irgendeine Kleinigkeit, die mit jemandem in Berührung gekommen war, um diesen durch Zaubereien erkranken zu lassen. Daher kam die fortwährende Angst der Eingeborenen, daher die Versammlungen und Reden, wenn einer erkrankt war. Bei diesen wurde beraten über denjenigen, der die 'Krankheit gemacht' haben könnte. Einigte man sich über diese Person, so wurden ihr Matten, Körbe und Speisen als Geschenk gebracht. Starb der Kranke, so wurde die Rache in Angriff angenommen, nicht nur dem einzelnen Verdächtigten gegenüber, sondern an seiner Familie, an seinem Dorf, ja sogar an seinem ganzen Stamm. Auf diese Weise war selten oder nie Friede unter den Leuten."

Erste Schritte

„Einige Aniwaner konnten etwas Tannesisch. Mit ihnen konnte ich mich verständigen, im übrigen mußte ich es wieder wie früher machen und unzählige Male 'Taha tinei?' = 'Was ist das?' und 'Taha neigo?' = 'Wie heißt ihr?' fragen. Alle Worte wurden nach ihren Lauten niedergeschrieben. Zu Hause schrieb ich sie in alphabetischer Reihe ab und notierte, unter was für Umständen sie vorgekommen waren. Durch häufiges Vergleichen dieser Bemerkungen und durch tägliches, ja stündliches Nachahmen ihrer Laute und der Worte verstanden wir uns ziemlich, noch ehe das Haus fertig geworden war.

Einen Vorfall aus dieser Zeit will ich erwähnen, weil Gott ihn ganz direkt benutzte. Als ich eines Tages am Haus arbeitete, fehlte mir eine Sorte Nägel. Ich nahm ein Stückchen gehobeltes Holz, schrieb mit Bleistift einige Worte darauf und bat unseren alten Häuptling, es meiner Frau zu bringen. 'Aber was wollt Ihr haben, Missi?', fragte der Mann, und als ich erwiderte, das Holz würde es sagen, rief er ärgerlich: 'Wer hat je gehört, daß ein Stück Holz spricht?' Aber er ging und brachte voller Erstaunen die Nägel mit. Ich fragte, was meine Frau getan hätte. Sie hätte das Holz angesehen, war fortgegangen und hatte ihm die Nägel gebracht. Ich las ihm nun die Worte, sie ins Tannesische übersetzend, das er etwas verstand, vor und sagte, ebenso könnten wir die Befehle unseres Gottes in 'seinem Buch' lesen.

Wenn er erst lesen könnte, so würde er den Willen Gottes so verstehen, wie meine Frau meinen Wunsch verstanden hatte. Von dem Augenblick an erwachte in dem Mann die Sehnsucht, Gottes Wort in seiner Sprache lesen zu können. Er half mir mit großem Eifer, Ausdrücke in seiner Sprache zu lernen und die Bedeutung genau zu erkennen. Als später meine Übersetzung einzelner Teile der Heiligen Schrift in seine Sprache begann, war er voller Freude dabei und eine unschätzbare Hilfe. Das 'Wunder eines sprechenden Blattes Papier' war ihm nicht weniger groß als das Wunder eines sprechenden Holzstückchens.

Eines Tages kam ein Häuptling aus dem Inneren der Insel mit seinen drei Söhnen, um unseren Hausbau zu besehen. Einer der jungen Leute erkrankte nach der Heimkehr, und natürlich mußte ich die Veranlassung davon sein. Wir alle sollten sterben, wenn er den Sohn verlor. Gott segnete meine Behandlung: Der Kranke wurde gesund. Von dem Tage an war der Mann nicht nur uns freundlich gesinnt, sondern er schloß sich uns ganz an. Er kam zu den Gottesdiensten, hörte aufmerksam den aneityumesischen Lehrern zu, und als ich selbst die ersten Versuche zu lehren machte und vielfach noch das Tannesische gebrauchen mußte, übersetzte er, was ich sagte, den übrigen in ihre Sprache.

Die Lage des Hauses erwies sich mehr und mehr als sehr günstig. Das Terrain fiel nach allen Seiten sanft ab. Bäume gaben beim Aufstieg Schatten, und ein Wald von Kokospalmen lief fast drei Meilen am Strand hin. Schattige Kastanien und breitästige Brotfruchtbäume waren in unserer Nähe, doch nicht so nahe, um das Haus feucht und ungesund zu machen. Als nach mehreren Jahren alles fertig war, lebten wir wirklich inmitten eines schönen Dorfes: Die Kirche, die Schule, zwei

Häuser für Waisen, die Schmiede, die Werkstatt des Tischlers, die Druckerei, das Küchenhaus usw. umgaben uns.

Die Wege, die zu jeder Haustür führten, waren mit den glänzendweißen Korallen bestreut. Verschiedene Insulaner versuchten dies oder jenes nachzuahmen.

Arbeiten wollten die Insulaner nicht. Nur wenn jemand Fischhaken oder roten Baumwollstoff haben wollte, tat er dafür die eine oder andere Hilfeleistung. Sobald das Evangelium ihre Herzen berührt hatte, ging in ihnen eine große Änderung vor. Sie bauten *dann* ihre Kirche und ihre Schule mit eigenen, oft recht ungeschickten Händen, aber freudig und willig, ohne Geld oder anderes dafür zu fordern und hielten alles bestens instand.

Wir mußten uns später für die größeren Gebäude auch eine Kalkbrennerei schaffen. Das war eine der schwierigsten Aufgaben. Die Art von Korallen, die dazu zu gebrauchen war, konnte nur an einem ziemlich entfernten Ort gebrochen werden. Ich verankerte mein Boot in der Nähe, die Insulaner standen im Meer und luden die abgeschlagenen Stücke in den Kahn. Wenn wir ihn zwanzig- bis dreißigmal gefüllt und an Land gebracht hatten, wurde die Masse auf den Hügel gefahren und getragen. Eine tiefe Grube, die wir mit Holz füllten, nahm dann die Korallen auf, aus denen nach einem Brand von acht bis zehn Tagen ein erstklassiger Kalk entstanden war. Als Putz verwandt glänzte er wie Marmor.

Wenn ich auf alle diese Mühe zurückblicke, bin ich froh, daß solche Anstrengungen den jetzt kommenden Missionaren erspart bleiben. Häuser, die nur zusammengesetzt werden müssen, kommen fertig aus Australien. Statt unserer mühsam aus Zuckerrohr gefertigten Dächer werden solche aus Zinkplatten hergestellt. Handwerker begleiten den jungen Missionar und verlassen ihn nicht eher, bis alles fertig ist. Wertvolle Kraft wird dadurch für die eigentliche Arbeit gespart. Die Gesundheit, oft das Leben der Missionare wird durch diese Einrichtung geschont.

Wir wußten damals noch nicht, warum man uns den zuerst von mir erwählten Platz zum Bauen ebenso entschieden verweigerte, wie man uns den anderen sozusagen aufdrängte. Als später der alte Häuptling Namakei Christ geworden war, hörte ich ihn an seine Leute folgende Rede halten: 'Als Missi kam, sahen wir seine Kisten. Wir dachten, er hätte Decken und Stoffe, Äxte, Messer und Fischhaken darin. Wir sagten: Wir wollen ihn nicht wegschicken, sonst bekommen wir die Sachen nicht. Laßt ihn landen. Aber er soll auf dem 'geweihten Feld' wohnen. Unsere Götter werden ihn töten, und wir Männer von Aniwa wollen seine Sachen unter uns teilen. Und Missi baute sein Haus auf unserem heiligsten Ort. Er und seine Leute wohnten dort, und die Götter taten ihm nichts. Er pflanzte dort Bananen, und wir sagten: Wenn sie von den Früchten essen, werden sie sterben; denn unsere Väter haben uns gesagt, nur unsere 'weisen Männer' sterben nicht von dem, was auf geweihtem Boden wächst. Die Bananen reiften. Sie aßen sie. Wir sahen keinen sterben. Da sagten wir: Es ist nicht wahr, was unsere Väter gesagt haben. Unsere Götter können sie nicht töten. Ihr Gott ist stärker als die Götter von Aniwa.'

Als Namakei schwieg, nahm ich das Wort und sagte, Gott hätte, obgleich sie es nicht wüßten, ihnen alles gegeben. Jetzt hätte er mich zu ihnen gesandt, damit ich sie lehren sollte, wie sie ihm dienen und ihn lieben könnten. In Schweigen und Staunen hörten sie mich an, als ich versuchte, ihnen vom Sohn Gottes zu erzählen, der für sie gelebt hatte, für sie gestorben und zum Vater zurückgekehrt war. Ich sagte ihnen, daß er sie retten und sie lehren lassen wollte, wie sie einst zu ihm kommen und ewig mit ihm und bei ihm leben könnten.

Und nun begann der alte Häuptling zu beten – ein fremdes, dunkles, tastendes Beten war es. Jeder Satz, jeder Gedanke hatte noch heidnische Anklänge. Aber doch war es ein herzbewegendes Gebet, dieser Schrei des einstigen Kannibalen, der die ersten Regungen des Geistes Christi empfand, der ihn in die Worte: 'Vater, Vater, unser Vater!' ausbrechen ließ!

Als diese Menschen begannen, sich zu bekleiden, war es ein äußerliches Zeichen einer Veränderung. Als sie begannen, zu einem Wesen aufzublicken und zu beten, das sie 'Vater, unser Vater!' nennen durften, begann ihre innere Umwandlung, auch wenn sie damals noch fern davon waren, Christen genannt zu werden. Und ich weiß, auch im Himmel hat das Herz Jesu Freude empfunden!"

Fünfzehntes Kapitel:

Die Entwicklung auf Aniwa

„Kurze Zeit vor unserer Ankunft war ein Lehrer aus Aneityum auf Aniwa getötet worden. Der Grund dafür war bezeichnend für die Handlungen der Leute, unter denen wir nun lebten. Vor langen Jahren war ein Trupp Aniwaner in Aneityum, das damals noch völlig heidnisch war, ermordet worden. Ein einziger entfloh, verbarg sich in den Wäldern und benutzte in dem Boot, das ihn und seine Gefährten gebracht hatte, eine günstige Windrichtung zur Heimkehr. Seine Berichte feuerten in jedem Aniwaner das Gefühl der Rache an. Da aber die 45 Meilen Seefahrt eine Unmöglichkeit darstellten, viele zugleich in den Kampf zu führen, wurde er verschoben. Sie machten einen tiefen Einschnitt in die Erde und erneuerten ihn jedes Jahr als Zeichen, daß sie bei der ersten Gelegenheit Rache nehmen wollten.

Jahrzehnte später hatten die Aneityumesen das Christentum angenommen. Sie waren so voller Eifer, daß sie von Herzen wünschten, das Evangelium auf den Nachbarinseln zu verbreiten. Unter Gebeten erwählten die jungen Christen nach dem Vorbild der Gemeinde in Antiochien zwei ihrer Lehrer und gaben ihnen den Auftrag, Aniwa zu evangelisieren. Navalak und Nemeyan fuhren hinüber, andere machten in Fotuna und Erromanga Versuche. Schutz und Gastfreundschaft waren in Aniwa versprochen worden. Als nun an den Tag kam, daß die Lehrer aus dem Teil Aneityums stammten, wo vor langen Jahren die Aniwaner ermordet worden waren, legten sie zwar nicht selbst Hand an die Lehrer, ließen sie aber von zwei Tannesen ermorden.

Nemeyan war tot und damit zum Märtyrer geworden. Navalak lebte noch, als der Häuptling Namakei ihn fand. Er trug ihn in sein Dorf und pflegte ihn, so gut er konnte. Er bewog seine Leute und die übrigen Stämme, die Sühne als geschehen zu betrachten und sandte Navalak geheilt heim nach Aneityum, wo er noch als Häuptling lebt. Oft ist er seitdem in Aniwa gewesen, um unter diesen Leuten, die ihn töten wollten, Gott zu loben.

Längere Zeit war Aniwa dann ohne Lehrer geblieben. Da sandte Namakei seinen 'Sprecher' Taia nach Aneityum mit der Botschaft, der Spalt in der Erde sei zugeworfen und eine Kokospalme darauf gepflanzt. Es würde keinem, der nun von ihnen nach Aniwa käme, etwas geschehen. Es konnten wieder Lehrer gesandt werden, nicht weil man das Christentum wollte, sondern weil Aniwa Freundschaft mit Aneityum suchte, um von dort Matten, Körbe, Decken und eiserne Werkzeuge einzutauschen. Zwei Lehrer erboten sich, eine Niederlassung in Aniwa zu versuchen.

Diese beiden, Kangaru und Nelmai, fanden wir bei unserer Ankunft vor. Sie und ihre Frauen waren fast wie Sklaven in den Händen ihrer Herren, in deren Dienst sie den ganzen Tag hart arbeiten mußten. Sie hielten am Sonntag Gottesdienst in ihrer Sprache, die nur einzelne verstanden. Die Leute saßen rauchend und plaudernd dabei und hielten später ein Fest ab, für das die Lehrer und ihre Frauen schon Freitag und Sonnabend kochen mußten.

Natürlich machte ich gleich diesen Sonntagsgelagen ein Ende, was die Leute sehr erboste. Sobald ich ein wenig mit den Leuten sprechen konnte, begann ich, sie zu besuchen. Gewöhnlich von meiner Frau und den Lehrern begleitet, erzählte ich ihnen von Jesus und versuchte, sie für unsere Gottesdienste zu gewinnen, die wir im Schatten eines schönen alten Baumes hielten. Nasi und einige andere folgten aus einiger Entfernung den Vorgängen, aber sie kamen nie ohne ihre geladenen Gewehre.

Auch wenn wir oft die Gefahr, die uns von diesen Leuten drohte, vor Augen hatten, wußten wir uns doch sicher im mächtigen Schutze des Herrn. Oft bin ich einem Eingeborenen in den Arm gefallen, wenn er seine Keule drohend aufhob, oder wenn er seine Flinte auf uns anlegte. Mit Gebet im Herzen klammerte ich mich so lange und so fest an, daß er weder schlagen noch schießen konnte, bis seine Wut nachließ. Manchmal habe ich den auf uns gerichteten Lauf rasch in die Höhe geschoben, so daß der Schuß sein Ziel verfehlte! Aber bisweilen war auch das nicht möglich. Dann galt es, ernst und still um Schutz zu beten und sich bereitzuhalten, vor dem Herrn zu erscheinen! Er aber hat hundertmal sein Versprechen gehalten: 'Ich will dich nicht verlassen noch versäumen.'

Die ersten, die kamen und sichtliches Wachstum aufwiesen, waren unser Häuptling Namakei und Naswei, Häuptling eines Nachbarstammes; Katua, seine Frau, war nicht weniger interessiert. Diese drei Kannibalen wurden durch den Einfluß des Evangeliums liebevolle Menschen, mit denen uns nach und nach wirkliche Freundschaft verband.

Eines Tages brachte Namakei seine kleine Tochter, sein einziges Kind, Litsi Soré, was soviel heißt wie Litsi die Große, und sagte: 'Ich möchte Litsi bei euch lassen, Missi! Erzieht sie für Jesus.' Es war ein kluges Kind, das leicht lernte. Sie wurde meiner Frau bald eine wirkliche Hilfe. Der Bruder Namakeis, der mich hatte erschießen wollen, brachte nach einiger Zeit auch seine Tochter,

Litsi Sisi, das ist die Kleine, zu uns. Die Mütter beider Mädchen waren gestorben. Durch die Kinder, die den Vätern alles mitteilten, was sie taten und lernten, wuchs deren Interesse an uns immer mehr. Bald hatten wir alle Waisen in der Station. Die Schule füllte sich. Die Jungen halfen mir bei der Arbeit, während meine Frau für die Mädchen eine Mutter wurde. Diese Kinder hingen mit voller Liebe an uns und haben uns in jener ersten Zeit vor Gefahren und Anschlägen, von denen sie gehört hatten, heimlich gewarnt und uns gerettet.

Nach und nach brachten einzelne ihre Steine und Götzenbilder und sagten, sie wollten nicht mehr zu ihnen, sondern zu meinem Gott beten. Ich sollte diese Sachen kaufen! Als ich das ablehnte und erklärte, sie müßten sie aus Liebe zu Jesus wegtun, gingen die meisten grollend fort und wollten nichts mehr mit dem 'neuen Gott' zu tun haben. Hierdurch kam es zu wiederholten Anschlägen auf uns. Eines Nachts weckte der alte Häuptling mich und riet mir, überall die Räume zu erleuchten und viel und laut mit ihm zu sprechen, damit die lauernden Krieger uns für zahlreicher halten sollten als wir es waren. Ich hörte, daß Namakei mit seinen Leuten nicht nur diese Nacht, sondern schon viele Wache vor der Station gehalten hatte. Sie hatten alle Arten von Gefäßen mit Wasser gefüllt, weil sie erwarteten, daß man unsere Häuser anzündete. Als ich mich den Leuten anschloß und die Wache teilen wollte, hielten sie eine Beratung und sagten: 'Wenn unser Missi hier im Dunkeln erschossen würde, wen sollten wir dann noch bewachen? Wir müssen Missi zwingen, solange es Nacht ist, im Haus zu bleiben!' Ich gab ihrem Wunsch insoweit nach, als ich nicht die ganze Wache teilte, sondern nur jeden wechselnden Trupp Leute, der die Posten einnahm, begrüßte und ihnen für ihre

Freundlichkeit herzlich dankte.

In jenen ersten Zeiten in Aniwa kam eines Morgens der Eingeborene Tupa in großer Erregung zu mir mit den Worten: 'Missi, ich habe den 'Tebil' getötet! Teapolo ist tot. Vorige Nacht wollte er mich fangen. Ich rief viele Leute, und wir jagten ihn. Um Tagesanbruch schlug ich ihn tot! Nun werden wir keine bösen Menschen und kein Leid mehr haben. Teapolo ist tot!' Wegen seiner wilden Erregung begleitete ich den Mann zu einem großen 'geweihten' Korallenfelsen. Dort zeigte er mir den toten Körper einer riesigen schönen Seeschlange und jubelte: 'Da liegt er! Wirklich, ich tötete ihn!' 'Das ist nicht der Teufel', sagte ich, 'es ist nur eine tote Schlange.' Eifrig und rasch antwortete der Mann: 'Das ist ganz dasselbe! Es ist Teapolo! Er macht uns böse und schlecht und ist schuld an allem Übel!'

Diese Äußerung hat mich damals zu Untersuchungen veranlaßt, die ich überall fortgesetzt habe, wo ich hinkam und wo ich hoffen konnte, Näheres über diesen Gegenstand zu erfahren. Ich habe immer dasselbe gehört und gefunden, daß sie die Sorgen und Leiden des Menschen mit der Schlange in Verbindung bringen. Sie bezeugten der Schlange als einem 'Geist des Bösen' Verehrung, den sie Matschiktschiki nannten. Sie lebten in sklavischer Angst vor seinem Einfluß, und ihre Anstrengungen waren auf die Versöhnung seiner Wut gegen die Menschen gerichtet.

Selbst wo es keine Schlangen gibt, kennen sie den Aberglauben. Hier ist der Geist Teapolo eine große, schwarze und giftige Eidechse, die Kekrau. Frauen und Kinder schreien laut auf bei ihrem Anblick. Auf mehreren Inseln schneiden sich die Eingeborenen die Umrisse dieser Eidechse tief in den Arm ein. Bei einigen findet man dort eine Schlange, manchmal auch einen Vogel eingegraben. Wenn die Schnittlinie zu heilen beginnt, reißen die Leute sie wieder auf und pressen die Haut zurück, so daß das Fleisch heraustritt, so oft, bis die Form des Tieres vollständig ist und hoch aus dem Arm hervorragt – ein furchtbarer Anblick. Wenn sie Christen werden und sich bekleiden, sind sie sehr sorgfältig bemüht, diese nicht mehr zu tilgenden Überreste ihres dunklen Heidentums zu bedecken.

Ein gräßlicher Fleck in der Geschichte des Brauchtums dieser Menschen ist die Sitte, Kinder zu morden. Drei Fälle kamen noch nach meiner Ankunft vor, die ich öffentlich verhandelte. Diese drei Elternpaare sind mit Gottes Hilfe gute Christen geworden und nahmen fremde Kinder bei sich auf.

Sich der Frau durch Mord zu entledigen, war, bis wir die Insel betraten, nichts Böses und Außergewöhnliches. Bald nach meiner Ankunft erschoß ein junger Mann seine Frau, weil er ihrer überdrüssig war und sie ihn nicht verlassen wollte. Sie lebte noch zehn Tage. Während dieser Zeit pflegte er sie treu; aber er behauptete, in vollem Recht zu sein. Seine Frau sei sein Eigentum, mit dem er tun könnte, was er wollte. Niemand bestrafte ihn, niemand zeigte ihm weniger Achtung als vorher! Seine zweite Frau fing an, sich zu uns zu halten. Später schloß der Mann sich ihr an.

Manchmal kam ich durch die Leute und ihre Art, die Dinge anzusehen, in recht ungewöhnliche Situationen. Eine der seltsamsten war durch eine Entführung veranlaßt. Nelwang, der gefürchtete Wilde, der meine Frau so sehr in Schrecken versetzt hatte, umkreiste mich einmal bei der Arbeit während längerer Zeit mit seinem Tomahawk in der Hand, um meine Aufmerksamkeit auf sich zu lenken. Auf meine Fragen, ob er etwas wollte, sagte er endlich: 'Ja, Missi! Wenn Ihr mir jetzt helft, so bin ich Euer Freund für immer!' 'Ich bin euer Freund', sagte ich, 'sonst wäre ich nicht hierher gekommen.' 'Ja', sagte Nelwang sehr ernst, 'das weiß ich, aber Ihr müßt mir helfen!' Auf die Frage, was für Hilfe er benötige, sagte er rasch: 'Ich will heiraten und dazu brauche ich Euren Beistand, Missi.' 'Nelwang, Ihr wißt, daß alle Verlöbnisse hier in der Kindheit durch Kauf abgeschlossen werden', sagte ich. 'Wie könnte ich ein solches Verhältnis lösen? Die Vernichtung der Station und unser Tod wären die Folge.' 'Nein, nein! Niemand soll von Eurer Hilfe wissen. Sagt mir nur, was Ihr an meiner Stelle tun würdet.' 'Nun, das ist doch einfach: Sucht eine Frau, wie sie Euch gefällt, erklärt ihr Eure Absicht und heiratet sie, wenn sie Euch mag.' 'Ja, das ist es ja eben, was nicht geht.' 'Kennt Ihr denn eine, die Euch gefällt?' Sehr offen antwortete Nelwang: 'Ich möchte Yakin, die Witwe eines Häuptlings heiraten. Ein Verlöbnis aus der Kinderzeit würde ja nicht gebrochen. Ich weiß auch, daß sie mich gern hat. Ich bat sie, meine Frau zu werden, und sie gab mir darauf ihre Ohrringe. Das ist mir genug.' 'Warum in aller Welt heiratet Ihr sie denn nicht?' 'Ja, das geht nicht nur so', sagte Nelwang. 'In ihrem Dorf sind dreißig junge Männer, für die es keine Frauen gibt. Jeder von ihnen hätte Yakin längst zur Frau genommen, wenn er nicht wüßte, daß die neunundzwanzig ihn sicher totschießen! Alle dreißig werden mich töten, wenn ich sie bekomme, Missi, ich will sie mir holen und mich verborgen halten, bis Ihr die Männer beruhigt habt. Yakin und ich werden starke Freunde für Euch sein, Missi.'

Ich versprach, zu tun, was in meiner Macht stand, den Zorn der enttäuschten Verehrer zu mildern. Am nächsten Tag war Nelwang verschwunden. Bald bemerkte man auch Yakins Abwesenheit aus ihrem

Dorf, und man dachte sich den Zusammenhang. Ein furchtbarer Tumult entstand in beiden Dörfern. Man ging daran, die gewöhnliche Rache in Gang zu setzen, d. h. die Hütten zu zerstören, die Bäume und Felder zu verwüsten, die den beiden gehörten. Ich ließ mir erzählen, was los war und sagte dann: 'Also, nach so viel Güte von euch, die ihr alle Yakin bewiesen habt, wie ihr sagt, ist sie davongegangen? Sie muß doch ein undankbares Geschöpf sein, und ihr könnt euch freuen, daß sie das jetzt bewiesen hat und nicht etwa, nachdem sie die Frau von einem unter euch geworden ist. Das wäre ja viel schlimmer! Macht ihr wirklich um einer solchen Frau willen so viel Lärm und zerstört um ihretwillen die Bananen? Laßt doch die zwei ihrer Wege gehen! Wenn sie so ist, wie ihr sie schildert, so wird sie ihre Strafe schon finden. Schont die schönen Bäume, geht ruhig nach Hause und haltet Frieden.' 'Missis Wort ist gut! Nelwang und Yakin werden einander bestrafen! Warten wir, wie es wird! Sie ist es nicht wert, daß wir sie beklagen!' Mit solchen Ausrufen zerstreuten sich die Aufgeregten.

Drei Wochen waren vergangen, als Nelwang bei mir eintraf. Auf meine Frage, woher er komme, rief er: 'Das kann ich noch nicht verraten. Wir sind im Wald gut verborgen. Ich komme jetzt, mein Versprechen zu halten. Ich will für Euch arbeiten, Yakin wird Missi Paton, der Frau, helfen. Ich habe Land hier in der Nähe, wo ich mich ansiedele, sobald ich es wagen darf. Bis dahin müssen wir in Eurem Schutze leben, Missi. Dürfen wir morgen zu Euch kommen?' Vor Freude zitternd begrüßte er meine Erlaubnis und eilte fort.

So hatte Gott uns ausgezeichnete Hilfskräfte gegeben. Yakin lernte bald mit der Wäsche umzugehen und das Haus in Ordnung zu halten. Nelwang arbeitete von früh bis spät mit mir. Beide begleiteten uns wie unsere Schatten, zum Teil wohl aus Furcht vor einem Überfall. Sie hatten ihre Waffen stets bei sich, um den Feinden gegenübertreten zu können. Nach einigen Wochen und nachdem sie herzlichen Anteil an Jesus und seiner Lehre nahmen, forderte ich sie auf, in der Kirche zu erscheinen und zu zeigen, daß sie zusammengehörten und füreinander eintreten wollten. Beide kamen und setzten sich so nahe wie möglich bei mir nieder. Yakin hatte zum Beweis, daß sie Christin sein wollte, Kleider angezogen und zu dem Zweck eine Menge von europäischen Dingen angezogen und über sich gehängt, so wie sie sie bei uns hatte zusammenraffen können. Sie sah so entsetzlich aus, daß ich zu tun hatte, die Fassung dem Gottesdienst gemäß zu bewahren. Sie hatte nämlich zum größten Teil Stücke von Männerkleidung gewählt und sie auf eine Weise drapiert, die aller Beschreibung spottete. Aber der Tag endete in Frieden. Die beiden waren glückstrahlend, und ich dankte Gott, daß ein Blutvergießen vermieden worden war.

Von diesem Tage an hatte ich eine Art Trabanten gewonnen und meine Frau eine willige Helferin. Yakin lernte lesen und schreiben und wurde mit der Zeit eine sehr erfolgreiche Lehrerin unserer Sonntagsschule. Sie lernte auch singen und führte den Chor, wenn meine Frau am Kirchenbesuch verhindert war. Kurz, sie war überall zu gebrauchen, und man konnte sich zu jeder Zeit auf sie verlassen. Nelwang hat sein Versprechen, 'stark für mich zu sein', treu gehalten. Er wurde mir wirklich ein Freund. Durch Jahre begleitete er mich auf allen Gängen in andere Dörfer, mit scharfem Auge jede mögliche Gefahr erspähend und bereit, sie abzuwehren.

Ein großer Fortschritt war es, als zwei Häuptlinge, Namakei und Naswai, mir erklärten: 'Wir sind jetzt

Christen. Wir dürfen nicht mehr kämpfen. Wir wollen Mord und andere Verbrechen bestrafen.' Und als zwei junge Männer einen Mordversuch gemacht hatten — ohne jeden Grund zu Haß oder Kampf — kamen die Häuptlinge zusammen und erklärten allen Bewohnern, daß jeder, der tötete oder es nur versuchen würde, in öffentlicher Versammlung zum Tode verurteilt werden sollte. Die Ordnung wurde ebenso wie die Sicherheit dadurch sehr befestigt.

Eines Tages, als ein Trupp unruhiger Leute, diesmal um Verachtung gegen unseren Sonntag zu zeigen, zum Streit reizen wollte, sagte ein Mann, obgleich er soeben heftig geschlagen worden war: 'Ich überlasse meine Rache Gott!' Das war ein Sieg und eine große Freude! Aber die, welche noch Heiden waren, beruhigten sich dabei nicht: Die Unruhen begannen erneut, und man zündete die Hütten derer an, die sich zu uns hielten. Auch dann blieben die Geschädigten friedlich gesinnt und vermieden den Streit, hielten sich aber ganz in unserer Nähe, um uns zu beschützen. Zum Kampf entschlossen wollte man sich nun gegen die Station wenden, um sie zu zerstören, als einer der 'geweihten Männer' vortrat und die Friedensstörer so anredete: 'Nowar, der größte Häuptling auf Tanna, gab mir diese Muscheln, als er sah, daß Missi nicht auf seiner Insel bleiben durfte und ließ sich von mir bei diesem Zeichen seiner Würde und Macht versprechen, daß ich Missi schützen wolle. Er schwur, wenn ihm oder 'Missi Paton der Frau' oder seinem Kind ein Schaden geschähe, werde er mit seinen Kriegern kommen, um uns zu bestrafen.' Das änderte die Stimmung der Leute. Es trat die vorige Ruhe wieder ein."

„Und nun muß ich erzählen, was unter Gottes Beistand
dazu diente, dem Heidentum auf Aniwa die letzte
Stütze zu nehmen. Ich habe schon gesagt, daß diese
Insel ohne höhere Berge wenig Wasser hat und daß,
selbst wenn periodisch viel Regen fällt — von Dezember
bis April —, dieser in dem porösen Korallengestein
unglaublich rasch versickert. Es gab also lange Monate,
wo die Eingeborenen nur sehr schlechtes, ungesundes
Wasser tranken. Das am besten den Durst löschende
Mittel ist die Milch der Kokosnuß. Man baut viel Zukkerrohr an, um es zu kauen, wenn man Durst hat. Der
Saft der unreifen Kokosnuß schmeckt ähnlich wie
Limonade. Frischwasser aber ist eine Seltenheit und gilt
als besonderer Genuß. Da Aniwa keinen dauernden
Besitz an frischem Wasser, weder Quelle, noch Fluß
oder See hat, beschloß ich, den Versuch zu machen,
einen Brunnen zu graben. Wissenschaftliche Kenntnisse
zur Auffindung des besten Ortes besaß ich gar keine.
Ich bat den Herrn, daß er meine Schritte lenkt und
meine Bemühungen segnet. Vielleicht konnte das Werk
zur Verherrlichung des Namens Gottes dienen.

Eines Tages sagte ich den beiden alten Häuptlingen:
'Ich will tief in die Erde ein Loch graben. Vielleicht läßt
uns unser Gott gutes Wasser zum Trinken finden.' Sie
sahen mich erstaunt und mitleidig an und sagten: 'O
Missi, wartet, bis es regnet. Wir wollen Euch so viel
Wasser aufbewahren wie nur möglich.'

Auf meine Erwiderung, wir könnten bei dauerndem
Mangel an Frischwasser nicht gesund bleiben und
würden vielleicht die Insel krank verlassen müssen,
sagte Namakei bittend: 'Missi, bleibt hier! Aber der
Regen kommt nur von oben! Wie könnt Ihr nur glau-

ben, daß Regen aus der Erde kommen kann?'

Als ich ihm versicherte, bei mir zu Hause würden Quellen aus der Erde fließen, wurde er tief traurig und sagte: 'Missi, Euer Kopf ist krank, sonst könntet Ihr nicht so schrecklich sprechen. Ich bitte, laßt nur die Leute nicht hören, daß Ihr nach Regen in der Erde sucht, sonst werden sie Euch nie mehr ein Wort von Gott und Jesus glauben, das Ihr zu ihnen redet.'

Ich wählte zu meinem gewagten Unternehmen eine Stelle, die nahe bei der Station lag und an der alle vorübergehen mußten, die zu uns kamen. Als ich mit Spaten, Hacke und sonstigen Werkzeugen an die Arbeit gegangen war, ließ der gute, alte Häuptling einzelne seiner Leute abwechselnd in meiner Nähe Wache halten mit den Worten: 'So ist es bei allen, die verrückt werden. Niemand kann ihnen ausreden, was sie sich vornehmen! Bewacht Missi gut! Er wird es härter finden, mit der Axt zu arbeiten als zu schreiben.'

Und ich fand es auf die Dauer wirklich sehr ermüdend und schaffte mir Hilfe, indem ich den umherstehenden jungen Leuten einen Fischhaken für drei mit Erde gefüllte Eimer gab. Das brachte mich rascher vorwärts, und es dauerte nicht lange, bis ich mit Freuden maß, daß wir zwölf Fuß tief eingedrungen waren. Aber, o Jammer, am anderen Morgen fand ich das Erdreich von einer Seite abgerutscht und das Loch somit wieder sehr angefüllt. 'Seht Ihr', sagte Namakei, 'wenn Ihr unten gewesen wäret, als das geschah, so wäret Ihr darin gestorben. Und wenn Königin Torias Schiff käme und der Herr fragte, wo Ihr seid, so würde er uns nicht glauben, wenn wir ihm die Stelle zeigten, in die Ihr hinabgestiegen seid. Er würde Aniwa in die Luft sprengen, Missi! Ihr grabt Euer Grab und unseres. Gebt den Unsinn doch jetzt auf, bitte!'

Ich erklärte dem Guten, daß alles nur eine Folge meiner Unvorsichtigkeit sei, daß ich diese Dinge nicht gelernt hätte, und nun versuchen wollte, es besser zu machen. Ich suchte zwei Bäume mit gegenüberstehenden Ästen, stellte sie in die Grube und spreizte sie durch Hölzer an die Wände. Als ich aber nun Hilfe suchte, weigerten sich alle. Nicht für zehn Fischhaken wäre einer von ihnen in die Öffnung gestiegen! Alles, was ich erreichte, war, daß sie einwilligten, die von mir gefüllten Eimer mit einer Art Flaschenzug hinaufzuziehen.

So kam ich tiefer und tiefer. Mit einem Glöckchen mußte ich ein Zeichen geben, wenn sie hinaufziehen sollten. Die Leiter genügte nicht mehr. Manchmal wollte mir der Mut sinken, aber mein fester Glaube an Gott und seine Hilfe hielt mich aufrecht. Trotzdem schlich sich doch auch der Gedanke in meine Seele: Wenn du nach aller Mühe nur Salzwasser findest! Aber ich grub und bohrte auf Hoffnung, und eines Abends konnte ich zu Namakei sagen: 'Ich glaube sicher, *bald* Wasser zu haben. Kommt morgen alle her.' Noch einmal versuchte der Geängstigte, mich abzuhalten: 'Ja, Missi, und wenn Ihr Wasser findet, so werdet Ihr durch das Loch ins Meer fallen, und die Haifische werden Euch fressen. Das wird das Ende von allem sein, und uns habt Ihr in große Gefahr gebracht.'

Am nächsten Morgen war ich bei Tagesanbruch zur Stelle. Ich bohrte nun ein enges Loch in die Mitte der Grube, und als ich ein Stück tief eingedrungen war, strömte mir Wasser entgegen, und es begann den Boden zu füllen. Es war *süßes* Wasser, ein wenig 'brackig', aber von köstlichem Geschmack, selbst in diesem Augenblick, wo es noch trübe und erdig war! Ein 'Brunnen Gottes'! Ich stieg in die Höhe und fand die Häuptlinge mit ihrem Anhang versammelt und in größter Aufregung. Es war wie eine Wiederholung des Augenblicks, da Moses an den Felsen schlug und um Wasser betete. Ich warf mich nieder und dankte dem Herrn für seine wunderbare Hilfe und gab ihm die Ehre, die ich in und mit dieser Arbeit für ihn gesucht hatte.

Mittlerweile war das Wasser klarer geworden. Ich stieg mit einem Gefäß hinunter, füllte es und wurde von dem Menschenknäuel dicht umdrängt. Ich reichte es Namakei. Er schüttelte den Krug, um zu sehen, ob es sich bewegte wie anderes Wasser. Endlich probierte er es, behielt es einen Moment im Mund, ehe er es hinunterschluckte und rief dann: 'Regen, Regen! Ja, es ist wirklich Regen! Aber wie ist das möglich?' 'Gott gab uns dies Geschenk aus seinem Eigentum der Erde, als Antwort auf unsere Gebete und unsere Arbeit. Seht selbst hinein, wie es sprudelt.'

Keiner aber wollte es wagen, über den Rand hinabzusehen, es war zu wunderbar für sie, und sie fürchteten wohl etwas Schreckliches da unten zu erblicken. Nach und nach siegte dann doch die Neugier, und ein Kette bildend faßten sie den jeweils Hinabschauenden bei der Hand, um ihn retten zu können. So sah einer nach dem anderen über den Rand hinab. Es lag das größte Erstaunen in den Zügen eines jeden, der 'Gottes geheimnisvollen Regen' gesehen hatte. Stiller und stiller wurden die Menschen, bis völliges Schweigen herrschte, das der alte Häuptling mit den Worten unterbrach, 'Missi, Eures Gottes Werk ist wunderbar! Keiner unserer Götter hat uns je so geholfen! Aber wird es denn immer so durch die Erde regnen? Oder wird das Wasser kommen und gehen wie die Wolken?'

Ich sagte, ich hoffte, daß Gottes Geschenk ein dauerndes sein würde. 'Gut', erwiderte Namakei, 'aber werdet Ihr es mit Eurer Familie allein trinken, oder dürfen wir auch kommen?'

'Ihr und alle, die die Insel bewohnen, könnt trinken und nach Hause tragen, was ihr braucht. Ich hoffe, es wird genug für alle sein, und je mehr man daraus schöpft, umso frischer wird es sein. So ist es bei vielen Gaben unseres Herrn, und auch dafür wollen wir seinen Namen preisen.'

Als der Häuptling gehört hatte, daß der Brunnen allen gleich zugänglich sein sollte, und völlig begriffen hatte, welcher Schatz das Wasser für die Insel war, sagte er: 'Nun, Missi, wie können wir Euch weiter helfen?' 'Ihr habt gesehen', erwiderte ich, 'daß uns die Wand schon einmal einstürzte. Es wird nicht so leicht mehr geschehen, weil ich sie danach schräger gemacht habe. Aber um das Wasser für immer zu erhalten, müssen wir den Brunnen ringsherum mit Korallenblöcken auslegen. Laßt die Leute davon holen, soviel sie können.' Alle rannten davon, und in kurzer Zeit war viel Material zusammen. Ich war hinuntergestiegen, um das Sumpfige, Erdige in den Eimer zu füllen, der über den improvisierten Flaschenzug auf- und abgezogen wurde. Dann ließen sie in einer festen Kiste vorsichtig Steine herunter, und ich legte sie im Kreis auf den Boden, indem ich sie zusammenfügte. Als ich das Fundament für gesichert hielt, fing ich an, die Blöcke rundherum zu befestigen. Es war harte Arbeit, und als wir nach und nach etwa zu zwanzig Fuß Höhe gekommen waren und ich dachte, ein Aufschub des Weiterbaus könnte nicht schaden, sagte ich, wir wollten nach acht Tagen weiterarbeiten. Ich war zu müde, und meine Hände waren an zuviel Stellen von den scharfen Blöcken zerschnitten, als daß ich es länger hätte aushalten können.

Der Häuptling schlug vor, ich sollte nun überhaupt

nicht mehr Hand anlegen, sondern von nun an nur von oben angeben, wie und wohin jeder Block gelegt werden sollte. Sie wollten alles tun, wie ich es anordnete. Und so beendeten die Eingeborenen, die vor wenigen Jahren nicht einmal Arbeit gegen Bezahlung gekannt hatten oder leisten wollten, freudig und eifrig das Werk! Ich ließ die Mauer über den Rand herausragen, zimmerte eine Bedeckung und befestigte den Eimer an einer Winde.

Das Wasser steigt und fällt mit der Flut, ist aber klar und rein und von erfrischendem Geschmack. Als wir vor einigen Jahren unter furchtbarer Dürre und Hitze besonders zu leiden hatten, sagte mir ein alter Mann: 'Missi, ohne den Brunnen wären wir alle des Todes gewesen.' Merkwürdig ist es, daß die Insulaner bei sechs oder sieben Versuchen, ebenfalls Brunnen zu graben, keinen Erfolg hatten. Entweder stieß man auf Korallen, die sie nicht durchstechen konnten, oder wenn sie auf Wasser stießen, war es salzig. Die guten Leute gaben sich untereinander die Erklärung dieser Tatsache so: 'Missi gebrauchte nicht nur eiserne Werkzeuge, sondern er betete und rief seinen Gott an. Wir haben graben und hacken gelernt, aber wir können noch nicht so beten!'

Als auch ein sauber gearbeitetes Geländer den Brunnenplatz umgab, sagte Namakei zu mir: 'Missi, ich denke, ich könnte Euch Sonntag nützlich sein. Wollt Ihr mich über den Brunnen zu den Leuten reden lassen?' 'Gewiß', sagte ich, 'tut es, aber sorgt, daß *alle* Leute zusammenkommen und Euch hören.' Wie ein Lauffeuer verbreitete sich die Kunde, Namakei werde nächsten Sonntag beim Gottesdienst 'auch Missi sein', und alles strömte herbei, um zu hören, was er zu sagen hatte.

Ich begann mit Gebet und einer Andacht und forderte

208

dann den Häuptling auf, zu sprechen. Er erhob sich, um zitternd vor Erregung und mit leuchtenden, oft wild blickenden Augen folgendes zu sagen:

'Freunde von Namakei, Männer, Frauen und Kinder von Aniwa, hört auf meine Worte! Seit Missi bei uns ist, hat er uns viele wunderbare Dinge erzählt, die wir nicht verstehen konnten. Vieles davon hielten wir für unwahr. Wir sagten, Weiße könnten solchen Unsinn glauben, wir Insulaner wüßten es besser. So nahmen wir es nicht an. Aber von allem, was er uns gesagt hat, war das unglaublichste, daß er Regen aus der Erde bringen wollte. Da sagten wir zueinander: Der Kopf dieses Mannes ist verwirrt worden. Er ist verrückt! Aber Missi betete weiter und arbeitete weiter. Hart, sehr hart arbeitete er und sagte, sein Gott würde ihm Wasser geben. War er verrückt? Hat er nicht wirklich Wasser erhalten? Wir spotteten über ihn, aber deswegen war das Wasser doch in der Erde. Wir haben über andere Dinge gelacht, die Missi uns sagte, weil wir sie nicht sehen konnten. Aber jetzt glaube ich, daß alles wahr ist, was er uns über Gott sagt, wenn wir ihn auch nicht sehen. Einmal werden wir ihn gewiß sehen, wie wir das Wasser gesehen haben, das aus der Erde kommt.

Mein Volk, mein Volk von Aniwa, alles ist anders, seit Gottes Wort zu uns gekommen ist. Wer hat jemals anderes Wasser gesehen als aus den Wolken? Und nun kommt es aus der Erde! Freunde Namakeis, alle Macht der Welt hätte uns nicht zwingen können zu dem Glauben an Wasser aus der Erde, wenn wir es nicht gesehen und getrunken hätten! Nun, da Gott uns den unsichtbaren Regen sichtbar gemacht hat, weiß ich hier' − er schlug heftig auf seine Brust − 'ich weiß hier, daß Gott wirklich da ist, der Unsichtbare, von dem wir nichts wußten, und von dem uns Missi erzählt. Unsichtbar bis heute war das Wasser für uns, denn unsere Augen konnten nicht durch die Erde und Korallen hindurch sehen. Aber deswegen war es doch da! Und so glaube ich, euer Häuptling, nun sicher und fest, daß, wenn ich sterbe und der Staub und die Erde meine alten Augen nicht mehr trüben, ich mit der Seele Gott sehen werde, wie Missi uns gelehrt hat! Von diesem Tag an bete ich zu Gott, der uns mit Wasser aus der Erde beschenkt hat. Unsere Götter haben das nicht gekonnt. Von heute folge ich dem einen Gott, den Missi uns gebracht hat. Wer denkt wie ich, der soll seine Götzenbilder holen, vor denen Aniwa zitterte, und sie in Missis Hände legen. Wir wollen sie zerstören und verbrennen, und Missi soll uns täglich mehr sagen von Gott, der seinen Sohn sterben ließ, damit wir zu ihm kommen können. Missi hat uns dies oft gepredigt, und wir haben ihn ausgelacht. Von heute an glauben wir! Wenn Gott uns Wasser gab, warum sollte er uns nicht seinen Sohn gegeben haben? Namakei gehört jetzt Gott!'

Diese mit dem ganzen Feuer und der natürlichen Redegabe der Insulaner gehaltene Ansprache zerbrach rasch die Stützen des Heidentums. Schon am Nachmittag kam der alte Häuptling und mit ihm viele, um sich ihrer Götzen zu entledigen. Die unendliche Freude der nächsten Wochen ist unvergeßlich! Haufenweise brachten sie die Dinge, die sie bisher so hoch verehrt und gefürchtet hatten, manche mit Tränen, andere in Begeisterung und mit dem Namen Gottes auf den Lippen und im Herzen. Was aus Holz war, wurde verbrannt. Steinerne Bilder versenkten wir weit von der Insel im Meer. Steine vergruben wir tief in der Erde.

Ich will nicht sagen, daß dieses Bringen in allen Fällen *reinen* Beweggründen entsprang. Manche wollten die Gegenstände ihrer Verehrung verkaufen. Als ich das ablehnte, gaben einige sie trotzdem, andere nahmen sie wieder mit sich. Aber nach und nach kamen auch sie, denn eifrig kamen alle, um zu hören und zu lernen, und mit dem Wachsen ihrer Erkenntnis wollten auch sie die Götzen nicht länger behalten.

Man begann nun allgemein sich zu bekleiden. Eine der ersten Einrichtungen, die die neuen Christen in ihren Häusern trafen, war das Gebet bei den Mahlzeiten, wie sie es uns tun sahen. Auch bei den Morgen- und Abendandachten folgten sie dem Beispiel, das wir und die Lehrer ihnen gaben. Ohne Zweifel waren die Gebete oft sonderbar und noch gemischt mit den Überresten ihres Aberglaubens. Aber sie galten doch dem Einen, dem Unsichtbaren, dessen Geist auch weiterhin an ihren Seelen arbeiten würde.

Das aber, was am meisten von der Veränderung der Bewohner zeugte, waren die Sonntage. Dorf um Dorf schloß sich daran an, daß alle gewöhnliche Arbeit an diesem Tage ruhte. Sie bezeichneten ihn als 'Gottes Tag'. Der Sonnabend wurde bald 'Kochtag' genannt, weil das Essen für den Sonntag im voraus bereitet wurde.

Schon erfüllten die ersten Spuren einer neuen Ordnung unsere Herzen mit Freude. Alle Bewohner, junge und alte, oft drei Generationen zusammen, mühten sich mit Buchstabieren und Lesen. Streitigkeiten, Diebstähle und Verbrechen überhaupt wurden nicht mehr durch Selbsthilfe, nicht durch Tomahawk und Muskete geschlichtet oder bestraft, sondern durch einen Spruch des Häuptlings und seiner besten Leute, dem sich alle unterwarfen. Alles wurde neu unter Gottes Segen und durch seinen Beistand. Die Hütten und Pflanzungen waren gesichert. Man konnte sein Eigentum ruhig verlassen, während die Insulaner sonst ihren besten Besitz überall hin mitnahmen, damit er nicht gestohlen wurde, selbst wenn das zu schützende Gut aus einem Nest junger Hühner oder anderen unbequem zu transportierenden Dingen bestanden hatte.

Für die Häuptlinge vermehrten Untersuchungen und Schiedssprüche Macht und Ansehen, aber auch die Arbeit. Nach und nach bildete sich durch Erfahrung eine Art Gesetz aus. Das Heidentum verschwand, und obwohl wir niemand zwangen, unsere Gottesdienste zu besuchen, so kamen doch alle, um vom wahren Gott zu hören und ihn anzubeten. Er hatte gesiegt."

Sechzehntes Kapitel:

Immer hellerer Schein des Lichtes

„Der Druck meines ersten Buches in der Sprache der Aniwaner war eine große Begebenheit. Die Freude, die der alte Häuptling Namakei darüber empfand, lohnte allein die unaussprechlich große Mühe des Drucks. Bei unserer Vertreibung aus Tanna war meine Presse vernichtet worden. Man hatte mir dann eine aus Erromanga gesendet, die dem ermordeten Missionar Gordon gehört hatte. Aber der Letternvorrat war so klein, daß ich nur vier Seiten auf einmal setzen und drucken konnte. Außerdem war manches zerbrochen, manches fehlte, was ich mühsam aus Eisen und Holz ersetzen mußte. Endlich aber hatte ich die kleine Presse doch in Gang gebracht und habe mit ihr ein Liederbuch, einen Teil des ersten Buches Mose und einige kleinere Schriften in der Sprache Aniwas zustande gebracht und außerdem für den zweiten Missionar Gordon in Erromanga ein kleines Buch in der Sprache seiner jungen Christen.

Namakei hatte mir große Dienste bei der Übersetzung geleistet, als ich seine Sprache noch nicht beherrschte. Das erste Buch bestand aus kurzen Teilen der Heiligen Schrift, als erste Einführung in die Schatzkammer göttlicher Wahrheit und Liebe. Namakei kam während des Drucks täglich zu mir mit der Frage: 'Missi, ist das Buch fertig? Kann es sprechen?' Als ich endlich mit freudigem 'Ja' darauf antworten konnte, fragte er: 'Und spricht es wirklich in meiner Sprache?' Daraufhin las ich ihm verschiedenes aus dem Buch vor. Strahlend vor Freude rief er: 'Wirklich, wirklich, es spricht! Es

spricht in meiner Sprache! Gebt mir das Buch, Missi!'
Er ergriff es hastig, als ich es ihm reichte, wendete es
nach allen Seiten, sah hinein, und drückte es an seine
Brust, um es mir dann enttäuscht zurückzugeben.
'Missi, ich kann es nicht sprechen machen! Zu mir wird
es niemals reden!' 'Ihr könnt es eben noch nicht lesen',
erwiderte ich. 'Aber ich will es Euch beibringen. Dann
wird es zu Euch sprechen wie zu mir!' 'O Missi, lieber
Missi, bringt mir bei, wie ich es sprechen machen kann!'
Er strengte seine Augen beim Hineinblicken in das
Buch so an, daß ich dachte, sein Sehvermögen hätte
schon durch sein Alter gelitten. Ich suchte also zunächst
eine Brille hervor, die er nur mit Furcht und Zagen sich
aufsetzen ließ. Er mochte irgendeine Art Zauberei
fürchten. Dann aber, als er durch sie zu sehen versuchte,
rief er: 'Missi, jetzt verstehe ich, was Ihr uns von Jesus
erzähltet, daß er einem Blinden die Augen wiedergab.
Das Wort von Jesus ist nun nach Aniwa gekommen! Er
hat auch mir dies Glas gesendet. Ich kann so sehen, wie
ich als Kind sah! Missi, nun macht das Buch sprechen.'
Ich ging mit ihm hinaus und schrieb ihm die Buchstaben
A, B und C groß in den Sand, brachte ihm bei, sie zu
lautieren und zeigte ihm diese Zeichen in dem Buch.
Mit der Aufgabe, sie auf der ersten Seite zu suchen,
verließ ich ihn. Mit den Worten: 'Diese habe ich aufge-
hoben! Gebt mir noch drei, Missi!' kam er nach einer
Weile wieder zu mir. Und so lernte er weiter und weiter
mit einem unglaublichen Eifer. Dabei ließ er sich aber
so oft einzelnes vorlesen, daß der alte Mann es Wort für
Wort auswendig wußte, ehe er noch ordentlich lesen
konnte. Er las nun den anderen vor und sagte oft: 'Ihr
meint, das Lernen sei schwer! Seid nur stark, und versucht es! Wenn ein alter Mann wie ich es gelernt hat, so
muß es für euch doch möglich und leicht sein!' So wurde

Namakei meine treueste und beste Hilfe bei der Umkehr Aniwas.

Großen Einfluß übte auch die Musik aus. Da ich selbst in dieser Richtung nichts leisten konnte, weil ich sehr wenig musikalisch bin, hätte es schlimm darum gestanden, wenn nicht meine Frau eine schöne Stimme und ein gutes Gehör hätte. Beides war sehr gut ausgebildet worden, und so leitete sie den Gesang bei unseren Hausandachten und in der Kirche. Dieser Teil des Gottesdienstes hat ohne Zweifel zuerst in den Herzen der Kannibalen Anklang gefunden, hat sie schon zu uns gezogen zu einer Zeit, wo das Verständnis für Gebet und Wort Gottes noch sehr gering war. So hatte z. B. Namakeis Frau eine abergläubische Furcht vor der Mission, und nie hatte sie ihren Mann begleitet. Als sie es doch einmal tat, hatte sie aus der Ferne, − denn eingetreten in unser Haus wäre sie um keinen Preis − meine Frau ein einfaches Lied zum Harmonium singen hören. Ihre Furcht vergessend kam sie näher und näher und rief: 'Awái Kái, Missi!' Das ist der Ausdruck der Aniwaner für etwas Wunderbares. Als sie darauf wegrannte, glaubten wir, ihre Furcht vor uns hätte wieder gesiegt. Aber bald kehrte sie mit einer ganzen Schar Frauen zu uns zurück, die auch den 'Kasten' singen hören sollten. Von dem Augenblick an entwickelte sich eine Beziehung zu uns. Auch ihre Augen waren wie die ihres Mannes schon trübe vom Alter. Eine Brille paßte gut; sie lernte nähen und lesen, erreichte zwar in beidem kein übergroßes Geschick mehr, aber ihr Einfluß auf andere Frauen und Mädchen war von großer Wichtigkeit.

Von Anfang an versuchte ich, die Eingeborenen durch das, was ich ihnen brachte, zu einer gewissen Selbständigkeit zu erziehen. Sobald ich mich mit ihnen verständigen konnte, besprach ich meine Pläne und mein Tun mit Interessierten. Als sich mehr und mehr Leute zu unseren Gottesdiensten einfanden, regte ich den Bau einer Kirche an. Die Kirche sollte die Leistung aller sein, denn sie würde auch allen Segen bringen. Sie sollten besprechen, ob sie die Arbeit unternehmen, und wie sie die Arbeit und Materialbeschaffung untereinander aufteilen wollten. Beides würde nicht bezahlt werden. Sie sollten sich also alles überlegen, und nur dann beginnen, wenn sie sicher wären, den Bau vollenden zu können. Mein Beitrag sollten die Nägel sein, die ich schon aus Sydney hatte kommen lassen, und die nötigen Seile von Kokosfasern, die ich in Aneityum kaufen wollte.

Große Bewegung herrschte bald auf der ganzen Insel. Eine Versammlung folgte der anderen mit langen Reden der Insulaner. Nie dagewesene Freundlichkeit herrschte unter den verschiedenen Stämmen. Sie fanden sich auf dem Boden gemeinsamer Arbeit. Mit Ausnahme eines einzigen Häuptlings wurden alle einig und kündeten mir an, der Bau sollte unternommen werden. Die Männer suchten passende Bäume und fällten sie. Frauen und Kinder beschäftigten sich mit der Zubereitung der Blätter des Zuckerrohrs für das Dach.

Der Bau war einfach, aber so solide und so stark gemacht wie möglich. Alle Verbindungen und Verstrebungen waren nicht nur genagelt, sondern auch noch gebunden, eine Notwendigkeit durch die tropischen Wirbelstürme. Große Eintracht herrschte beim Bau. Ein Unglück kam nicht vor. Der einzige Fall, der dazu hätte führen können, verlief glücklich. Ein junger Eingeborener stürzte aus ziemlicher Höhe herunter. Einen Moment blieb er liegen, sprang dann aber mit den Worten auf: 'Ich arbeite für Gott! Er hat mich beschützt.

Mir fehlt nichts!' Nach wenigen Minuten war der junge Mann wieder oben und hämmerte weiter.

Aber die allgemeine Freude über die vollendete Kirche wurde rasch zerstört. Einer der entsetzlichsten Stürme, die ich in den vielen Jahrzehnten auf diesen Inseln erlebte, kam auf und machte das eben vollendete Gotteshaus fast der Erde gleich! Die Trauer war groß, bis ein Häuptling sagte: 'Laßt uns nicht weinen wie Jungen, deren Bogen und Pfeile zerbrochen sind. Laßt uns eine noch stärkere Kirche für Gott bauen!'

Zunächst verwendeten wir alle unsere Kräfte auf die Ausbesserung der Hütten und Umzäunungen und retteten von den verwüsteten Feldern, was noch zu gebrauchen war. Dann versammelten wir uns an einem bestimmten Tag und baten um Gottes Segen für das neu zu beginnende Werk. Die Arbeit wurde wieder unter alle aufgeteilt, von dem Material ausgesondert, was noch zu brauchen war, und aufs neue herrschte Fleiß und reges Leben auf Aniwa. Als der eine Häuptling sich auch jetzt fern hielt, ging ich zu ihm und stellte ihm vor, daß das Gotteshaus auch für seine Leute Segen bringen würde, daß aber die übrigen Stämme ihm seine Zurückhaltung vorwerfen könnten und Streit daraus entstehen würde. Er reichte mir die Hand und kam mit seinen Leuten zu Hilfe, ja, als uns noch ein starker Stamm für den Dachstuhl fehlte und nicht aufzutreiben war, weil alte Bäume nur selten vorkommen, brachte er mit seinen Leuten einen Balken, den er aus dem Dachstuhl seiner Hütte genommen und durch einen dünneren ersetzt hatte. Schwarz vom Rauch wie das Holz war, wollten die meisten ihn nicht gern unter die übrigen, die neu und sauber waren, einsetzen. Mich aber freute die Opferwilligkeit, und ich redete zu, den Balken einzusetzen.

Noch einmal drohten Unruhen durch die Ermordung eines jungen Paares, das dem Zorn eines Getäuschten zum Opfer fiel. Alles kam mit Waffen zur Arbeit, aber es gelang mir, die Leute zu beschwichtigen. Aber es ist buchstäblich wahr, daß ein Teil der zweiten Kirche 'unter den Waffen' gebaut wurde. – Diese kleiner und niedriger gebaute Kirche hat manchen Orkan ausgehalten.

Einer der letzten Anschläge auf mein Leben brachte am Ende Gutes hervor. Nourai, einer der Leute Nasis, der das junge Paar erschossen hatte, schlug wiederholt mit dem Kolben seiner Flinte nach mir. Ich konnte ihm ausweichen und ihn hinhalten, bis Hilfe kam. Er entfloh in den Wald. Den mich umgebenden Leuten sagte ich: 'Wenn ihr es nicht schafft, daß diese Überfälle aufhören, so verlasse ich euch und gehe auf eine Insel, wo ich in Ruhe für Jesus arbeiten kann.' Am anderen Morgen kamen sie bewaffnet und in großer Menge und baten mich, mit ihnen zu gehen. Um Blutvergießen zu vermeiden, begleitete ich sie. Nourai, der mich angegriffen hatte, lauerte bewaffnet mit anderen im Wald. Sie zogen sich aber zurück, als sie uns so zahlreich sahen.

Bei seinem Stamm angekommen, wurde wieder ein Palaver mit den für diese Leute so charakteristischen Reden und Gegenreden auf dem Dorfplatz gehalten. Der Sprecher unseres Häuptlings, Taia, rief aus: 'Ihr denkt, Missi sei allein und ihr könntet mit ihm machen, was euch gefällt! Nein! Wir sind jetzt alle Missis Leute. Wer ihn angreift, hat es mit uns allen zu tun! Das merkt euch von heute an!'

Der Hauptzorn entlud sich über den 'weisen Mann' des Dorfes, der, so schien es, viel Schuld trug mit seinen Drohungen, daß er Stürme und Krankheiten bringen würde, wenn man uns in Frieden ließe. Seine Frau, eine starke, große Person, erbittert, daß ihr Mann Grund zu diesem Auflauf gegeben hatte, ergriff ein riesiges Blatt der Kokospalme und hieb mit dem Stielende unbarmherzig auf den Rücken des 'weisen Mannes' ein, mit den Worten: 'Dir will ich's beibringen! Du wirst keinen Orkan mehr zu machen versuchen!' Sie war wie viele Frauen in Aniwa Malaiin. Hätte eine Eingeborene in Tanna oder Erromanga so etwas getan, wäre sie auf der Stelle getötet worden. Hier erregte das ungewöhnliche Schauspiel nur lautes Gelächter. Ich griff ein und sagte der erzürnten Frau, sie sollte aufhören, da sie sicher nicht beabsichtigte, ihren Mann totzuschlagen. Beschämt war er genug! Unsere Leute forderten und erhielten von ihm das feierliche Versprechen, nicht mehr gegen uns aufreizen zu wollen und den Aberglauben der Leute nicht mit seinen Sturm- und Krankheitsdrohungen wieder zu beleben. Das Ganze war von dauerndem Erfolg. Unsere Leute hatten die Macht erkannt, die sie auf friedliche Weise ausüben konnten. Unsere Feinde waren entmutigt und verhielten sich still.

Ein Vorgang aus jenen von Sorgen und Freuden gemischten Zeiten soll nicht vergessen werden. Ich hatte bemerkt, daß schon mehrere Tage kein Insulaner zu uns gekommen war. Auf meine Frage, was das zu bedeuten hatte, antwortete mir Namakei, Youwili, ein junger, stets rauflustiger Bursche, hätte über die Station ein Tabu ausgesprochen, d. h. sie in Bann getan. Er wollte jeden erschießen, der den Ring, den er um uns gezogen hatte, überschreiten würde. Ich bat den Häuptling, seine Leute zusammenzurufen und sie zu fragen, ob sie wollten, daß ich bleiben sollte. In diesem Falle sollten sie erklären, was sie vorhatten zu tun. Alle sagten: 'Unser Zorn ist groß gegen Youwili. Reißt den 'Tabu' nieder, Missi. Wir stehen Euch bei und werden

Euch schützen.'

An der Spitze der Leute ging ich hinaus. Der 'Tabu' bestand aus Rohrstäben, die rund um die Station in einiger Entfernung voneinander in die Erde gesteckt waren. An jedem fand ich Blätter und Zweige in besonderer Weise angebunden. Die Eingeborenen scheuen sich sehr, diese Zeichen zu zerstören, weil das Krankheit und Tod für sie im Gefolge haben soll. Deshalb und um die Verantwortung dafür auf mich zu nehmen, zerstörte ich den 'Tabu' selbst. Alle verpflichteten sich, jeden zu bestrafen, der versuchen würde, ihn wieder aufzustellen oder sich für die Zerstörung zu rächen.

Bald nachher kam Youwili, während ich draußen arbeitete, und schlug mit seinem Tomahawk einen Teil des Geländers nieder, das die Station umgibt. Dann zerstörte er mehrere meiner Bananenstauden – beides Zeichen der Kriegserklärung gegen mich und meine Familie. Der alte Häuptling, der mich selten aus den Augen ließ, kam mit seinen Leuten zum Schutz herbei, und ich erklärte ihm, daß dieser Zustand aufhören müsse. Sie alle seien einig und daher stark. Aus Furcht, daß ich die Insel verlassen würde, erklärten sie sich bereit, Youwili fangen und bestrafen zu wollen. 'Was sollen wir mit ihm tun? Sollen wir ihn töten?' 'Ganz gewiß nicht!' entgegnete ich. 'Sollen wir seine Häuser verbrennen, seine Pflanzungen zerstören?' 'Nein!' 'Sollen wir ihn binden und schlagen?' 'Nein!' 'Sollen wir ihn in ein Boot setzen und ins Meer stoßen?' 'Nein, ebensowenig.' 'Missi, das sind unsere Strafen. Aus anderen würde er sich nichts machen.'

'Befehlt ihm', sagte ich, 'daß er mit eigenen Händen und ohne Hilfe mein Geländer erneuern soll, soweit er es zerstört hat. Auch die ruinierten Bananenstauden hat er neu zu pflanzen. Laßt ihn dann versprechen, daß er

220

nichts Böses mehr gegen uns unternehmen will. Das wird mir genügen!' Diese Idee schien ihnen zu gefallen. Als die, die mit mir gesprochen hatten, sie den übrigen überbrachten, lachten sie laut und riefen: 'Gut, sehr gut! Laßt uns Missis Wort befolgen.' Nicht ganz leicht war es, Youwili zu fangen. Aber nachdem es geglückt war, wurde er in eine öffentliche Versammlung gebracht, sehr ernst verwarnt und ihm die Strafe diktiert, der er sich unterwarf, weil er über ihre Art erstaunt war und die Entschlossenheit aller nicht übersehen konnte. 'Morgen', sagte er, 'will ich alles wiederherstellen. Nie will ich wieder etwas gegen Missi unternehmen. Sein Wort ist gut.' Am anderen Abend war der Schaden gutgemacht. Neckereien und Spott seiner Kameraden trug er in vollem Schweigen. Als alles sauber und nett dastand, ging er ohne ein Wort davon. Ich wäre dem armen Burschen so gern nachgegangen, hielt es aber für besser, ihn eine Weile sich und seinen Gedanken über die Art der Strafe zu überlassen. Ich hoffte, ja, ich fühlte, daß Youwili vor der Umkehr stand, daß der Geist Christi seine im Dunkeln tastende Seele zu ergreifen begann. Wir beteten von nun an täglich ganz besonders für die Umkehr dieses jungen Häuptlings, an dem bisher scheinbar alle unsere Mühe vergeblich gewesen war.

Eine ziemliche Zeit verging, ohne daß irgend etwas gezeigt hätte, daß unsere Gebete erhört worden waren. Eines Tages aber, als ich einen Karren mit Korallen mit der Hilfe von zwei Jungen vom Strand heraufzog, kam Youwili aus seinem recht entfernt gelegenen Haus, lief mir nach, ergriff mit den Worten: 'Missi, diese Arbeit ist zu schwer für Euch! Laßt mich Euch helfen!' den Riemen, warf ihn über die Schulter und zog mit der Kraft eines Pferdes meinen Karren bis zur Station.

Voller Dankbarkeit stieg ich hinter ihm den Hügel hoch. Youwili schien buchstäblich davorzustehen, das Joch Christi aufzunehmen.

Es gibt nur *eine* Art der *Wiedergeburt*, durch und aus dem Geist Gottes. Aber es gibt *viele* Arten der *Bekehrung*, der Umkehr und des ersten Schrittes, der zeigt, auf wessen Seite man sich stellen wird. Die Wiedergeburt ist allein das Werk des Heiligen Geistes an Seele und Herz des Menschen und dadurch immer und in allen Fällen ein und derselbe geheimnisvolle Vorgang! Die Bekehrung aber, die den Willen und das Tun des Menschen dann mit ins Spiel bringt, geschieht kaum in zwei Fällen auf die völlig gleiche Weise. Die Arten der Umkehr sind sich so ähnlich und doch so verschieden wie zwei menschliche Gesichter.

Erst konnten wir es kaum glauben, daß nun Youwili dem Heiland nachfolgte. Aber sein finsteres Gesicht wurde freundlich und hell. Seine Frau kam zu uns. Sie bat um ein Buch und Bekleidung und sagte: 'Youwili schickt mich. Sein Haß gegen den Dienst Jesu ist vorüber. Ich darf Kirche und Schule besuchen. Er wird auch kommen. Er will von Euch lernen, stark für Gott und Jesus zu sein, wie Ihr.'

Als nun unser erstes Buch fertig war, konnten wir darangehen, in jedem Dorf der Insel eine Schule einzurichten. Meine Frau und ich hatten die, die bei uns lebten, von Anfang an sorgfältig unterrichtet, und so hatten wir nun eine Anzahl solcher, die uns helfen konnten. Die Erfahrung hat mir gezeigt, daß für die ersten Anfänge des Lernens ihre Landsleute bei den Insulanern die größten Erfolge erreichen. Jedes Dorf baute eine Hütte für seine Schule, die am Sonntag auch zum Gottesdienst benutzt wurde, wenn ich ins Dorf kam. Einige Schulen erhielten gute Lehrer aus Aneityum. Für die übrigen wählte ich die besten Leser aus. Sie bekamen dafür ein kleines Gehalt.

Die Stunden in diesen Dorfschulen mußten bei Tagesanbruch gegeben werden, denn sobald der starke Tau dieser Insel verdunstet ist – und das geschieht sehr rasch – arbeiten die Leute auf ihren Feldern, auf deren Ertrag sie ja angewiesen sind. Auch in meiner Schule mußte ich mit dem Morgengrauen den Unterricht beginnen. Nachmittags widmete ich mich dann den Lehrern. Anfangs waren die Erfolge sehr gering. Bald aber lernten sie, sich mehr auf die ungewohnte Beschäftigung zu konzentrieren. Das ganze Leben, das uns umgab, nahm eine andere Form an unter dem Einfluß des Evangeliums. Meine Frau hatte etwa fünfzig Frauen und Mädchen täglich bei sich, um ihnen Nähen, Korbflechten, Lesen und Singen beizubringen. Fast alle haben es soweit gebracht, daß sie ihre eigenen Kleidungsstücke, sowie die Hemden ihrer Männer und die Kleidung ihrer Kinder anfertigen konnten.

Drei Jahre waren vergangen, seit wir nach Aniwa gekommen waren.

Die Gebete, die die neuen Christen in ihren Häusern hielten, haben mich oft gerührt. In einer Zeit sehr großer Not, die einer sehr langen Dürre folgte, hörte ich einen Vater ein sehr herzliches Dankgebet bei seiner Mahlzeit sprechen, 'für die von Gott gegebene Speise und die Gnade, die er uns in Christus geschenkt hat'. Ich betrat die Hütte und erfuhr bei der Unterhaltung mit den Leuten, daß sie Feigenblätter aufgelesen und gekocht hatten. Es war selbst für Insulaner ein armseliges Gericht.

Diese Zeit bitteren Mangels betraf auch uns, weil unsere Vorräte völlig zur Neige gingen. Täglich beteten wir, das Missionsschiff möge endlich kommen. Täglich liefen die Waisenjungen auf die Korallenfelsen am Strand. Immer war die traurige Nachricht dieselbe: 'Tavaka jimra!' (Noch kein Schiff!). Eines Tages aber erklang es: 'Tavaka oa!' (Das Schiff! Hurra!). Nach einiger Zeit kamen die Jungen wieder: 'Missi, es ist nicht unser Schiff. Es hat drei Masten, und die 'Morgenröte' hat nur zwei. Aber wir glauben, es ist unsere Flagge.' Durch mein Fernglas sah ich nach einiger Zeit, daß Waren in ein Boot geladen wurden. Schiffe können wegen des Riffgürtels nie nahe an die Insel herankommen. Ich ging mit den Waisenjungen an den Strand, und als das erste Boot seine Ballen landete, tanzten und sprangen sie vor Freude. 'Missi, dies Faß klappert, als wenn Schiffszwieback darin wäre! Sollen wir es nach Hause bringen?' Ich sagte, sie sollten es tun, falls es nicht zu schwer wäre, und eilig rollten sie es fort. Nicht ohne große Anstrengung brachten sie es auf die Höhe und legten es vor die Tür des Vorratshauses. Als ich heimkehrte, fand ich die Kinder der beiden Waisenhäuser alle um das Faß versammelt. Sie empfingen mich mit der Frage: 'Missi, Ihr habt doch nicht vergessen, was Ihr uns versprochen habt?' 'Was habe ich denn versprochen?' Sie sahen einander enttäuscht an und sagten: 'O, Missi hat es vergessen!' 'Was habe ich denn vergessen?' fragte ich lachend. 'Ihr wolltet jedem von uns einen Zwieback geben!' 'Nun, ich wollte nur sehen, ob ihr es nicht vergessen hättet.' 'Das können wir ja nicht!' riefen sie. 'Macht Ihr das Faß bald auf?' Ich hatte Hammer und andere Werkzeuge, schlug einige Reifen ab, hob den Deckel und gab jedem seinen Zwieback. Zu meinem Erstaunen hielt jeder sein Geschenk in der Hand, ohne zu essen. Ich wußte, sie mußten hungrig sein. 'Was', rief ich, 'ihr wollt den Zwieback wohl aufheben? Ich dachte, ihr könntet es kaum erwarten, ihn zu bekommen?' Da sagte eins der älteren Kinder: 'Wir möchten doch erst beten und Gott danken, daß nun der Hunger vorbei sein wird.' Sie sagten das in der kindlichsten, einfachsten Weise, als wenn das so natürlich wäre, daß es gar nicht anders sein könnte. Wir alle dankten dem Herrn für die Ankunft des Schiffes und seine Gaben. Europäische Nahrungsstoffe waren uns längst ausgegangen. Wir lebten von Kokosnüssen, und selbst davon gab es nicht genug.

Die Kinder hatten richtig gesehen: Das Schiff war nicht das Missionsschiff 'Morgenröte'. Unser Schiff, der Besitz so vieler kleiner 'Teilhaber', war am 6. Januar 1873 auf ein Riff geworfen worden und hatte Schiffbruch erlitten. Eine französische Gesellschaft hatte das Wrack gekauft und es aus dem Korallenfelsen förmlich heraussägen lassen. Es wurde repariert und sollte für diese Gesellschaft 'Kanaka-Handel' treiben, d. h. nichts mehr und nichts weniger als Sklaven transportieren. Insulaner, die man unter dem Vorwand, 'ihrer Arbeit einen besseren Markt zu schaffen', anlockte, wurden in diesen Schiffen transportiert und verkauft. Die Nachricht war für uns entsetzlich. Die Eingeborenen der Inseln kannten das Schiff als Missionseigentum und würden völlig ohne Mißtrauen mit ihm fahren. Aber was konnten wir tun? Nichts, gar nichts als zum Herrn beten, daß nicht mit unserem Segensschiff zahllose Eingeborene durch die List ihrer weißen Mitmenschen zu Opfern wurden.

Was geschah? Die französischen Menschenhändler feierten ein Fest; währenddessen entstand ein Sturm, der das Fahrzeug losriß und es erneut auf einen Felsen trieb. Diesmal war es nicht mehr zu retten − ein zu nichts mehr zu gebrauchendes Wrack!"

Der Verlust des Schiffes war für die Mission ein empfindlicher Schlag. Zudem wurde Paton schwer krank durch Gelenkrheumatismus, seine Frau erkrankte ebenfalls, eins seiner Kinder starb — alles während einer Zeit furchtbarer Stürme von Januar bis April 1873. Von Tanna kamen die Missionare Watts gerudert und gesegelt, um den Patons beizustehen. Kurz bevor sie kamen, trat bei Paton die Krisis ein. Er verfiel in einen langen tiefen Schlaf, aus dem er mit klarem Bewußtsein erwachte. Rückfälle blieben zwar aus, aber er war völlig geschwächt, seine Gelenke trugen ihn nicht mehr, und er bewegte sich nur noch auf Krücken fort. Erholung und ärztliche Betreuung waren unbedingt nötig, so daß ein Aufenthalt in Australien sich anbot. Die Zeit in Australien nutzte Paton, den Christen dort die Mission auf den Neuen Hebriden in Erinnerung zu rufen. Bei seiner Rückkehr nach Aniwa fuhr bereits ein neues Schiff im Dienst der Mission. Ein Jahr später war die Finanzierung des Missionsschiffes gesichert und Patons Gesundheit wiederhergestellt.

Siebzehntes Kapitel:

Kleine Skizzen aus Aniwa

„Unter den Heiden wird aus jedem Bekehrten bald ein Missionar. Das veränderte Leben, das sich hell von dem Dunkel abhebt, in dem die übrigen leben, ist wie ein Buch mit sehr großen, deutlichen Buchstaben, die jeder schon von weitem lesen kann. Unsere Insulaner haben wenig, was sie von dem Dienst des Herrn abzieht, den sie nun kennen- und liebengelernt haben, so abgeschlossen von der übrigen Welt, wie sie leben. Man muß diese günstigen Umstände in Betracht ziehen, um unsere Schilderung der Begeisterung für die Gottesdienste und das Interesse an der Verbreitung der frohen Botschaft nicht für übertrieben zu halten. Bei einigem Nachdenken wird jeder begreifen, daß diese durch das Opfer auf Golgatha tief berührten Menschen ihr ganzes Empfinden und Denken darauf richten. Diese einfachen Menschen, die weder durch Zerstreuungen noch durch Kunst oder Literatur, weder durch Politik noch durch ein aufreibendes Geschäftsleben abgezogen werden, haben viel eher Gelegenheit, sich Christus ganz hinzugeben, als andere, die mitten in den tausendfachen Ansprüchen stehen, die ein weniger einfaches Leben an sie stellt.

Als einen Beweis dafür, daß die Neubekehrten auch der Feindschaft nicht ausweichen, die sie durch ihren Wunsch, das Evangelium zu verbreiten, erregen, erzähle ich folgendes.

Einer unserer Häuptlinge sandte einem Stamm im Innern der Insel die Botschaft, er würde mit vier Gefährten kommen, um ihnen von Jesus Christus zu

227

erzählen. Der Bote brachte die Antwort, daß, wenn sie sich unterstehen würden, das Dorf zu betreten, sie getötet werden sollten. Als Gegenantwort ließ unser Häuptling sagen, er habe gelernt, daß der Christ Böses mit Gutem vergelten solle. So werde er doch kommen und zwar ohne Waffen, zum Zeichen, daß sein Erscheinen nur friedliche Ursachen habe. Der Bescheid lautete einfach: 'Wenn ihr kommt, seid ihr alle des Todes!'

Am nächsten Sonntag machte sich unser Häuptling mit vier Gleichgesinnten auf den Weg. Sie trafen die, die sie suchten, schon außerhalb ihres Dorfes und wurden mit ernsten Drohungen empfangen. 'Ihr seht', sagte unser Häuptling, 'wir kommen ohne alle Waffen. Wir wollen nicht kämpfen, sondern euch nur erzählen, daß Gott seinen Sohn zu den Menschen gesandt hat, um sie zu lehren und daß er für ihre Erlösung gestorben ist. Wir glauben, daß er uns heute beschützen wird!' Als die fünf Männer entschlossen ihrem Ziel sich näherten, flogen ihnen die Speere ihrer Landsleute entgegen. Alle bis auf einen waren geschickte Krieger. Einzelnen Speeren ausweichend ergriffen sie andere Speere mit den Händen, und jeder von ihnen hatte bald eine gute Anzahl davon.

Verwunderung und Schrecken ergriff die Feinde, als sie sahen, daß die Heranrückenden den Kampf nicht aufnahmen, sondern ruhig näherkamen, obgleich sie sich vor ihnen bis ins Dorf zurückzogen. Dort rief der auf diese Weise waffenlos den Sieg davontragende Häuptling ihnen zu: 'Ihr seht, Gott beschützt uns. Er hat uns alle eure Speere gegeben. Früher würden wir sie zurückgeworfen und euch getötet haben. Jetzt aber wollen wir nicht kämpfen. Wir wollen euch nur von Jesus erzählen, der unsere Herzen verändert hat. Er verlangt, daß auch ihr die Waffen niederlegt und anhört, was wir euch von der Liebe Gottes, des einzigen lebendigen Gottes, zu erzählen haben!'

Schrecken ließ die Angeredeten völlig verstummen. Sie sahen diese Christen von irgendeiner unsichtbaren Macht beschützt. Zum ersten Mal öffneten sie sich der Botschaft vom Heiland, und bald sahen wir diesen ganzen Stamm als Lernende in Schule und Kirche.

Aber auch Prüfungen anderer Art waren die jungen Christen Aniwas ausgesetzt. Eines Tages landeten über hundert Tannesen auf der Insel, die im Kampf unterlegen hier Schutz und Rettung suchten. Wenige Jahre früher wären sie als Feinde behandelt worden. Vielleicht hätten sie es überhaupt nicht gewagt, hierher zu flüchten, weil die Aniwaner ebensolche Kannibalen waren wie ihre Genossen auf Tanna. Die Vertriebenen wurden sehr freundlich aufgenommen und blieben, bis die Fehde einigermaßen vergessen war. Mein alter Freund Nowar, der unter den Flüchtlingen war, tat, was er konnte, um seine Leute dazu anzuhalten, Gesetz und Ordnung aufrechtzuerhalten; denn nur unter dieser Bedingung hatte man die Tannesen aufgenommen. Die Zeit war für diese eine Art Erziehung. Viele fingen an, sich zu bekleiden und zu den Gottesdiensten zu kommen. Für die Aniwaner, denen die Insel nur gerade den Lebensunterhalt gab, war die zahlreiche Einquartierung eine ziemliche Last. Sie trugen sie aber freudig und bewiesen auch damit, daß christlicher Geist sie zu erfüllen begann.

Wie Gott überall da, wo das Land für den Herrn in Anspruch genommen worden ist, besonders geeignete Männer erweckt, die das Werk segensreich weiterführen, hatte ich auch auf Aniwa erfahren. Vor allen übrigen muß der alte Häuptling Namakei genannt werden. Langsam aber sicher schritt seine Erkenntnis fort, und mit ihr wuchs der Eifer, seine Leute alles zu lehren, was er selbst in sich aufgenommen hatte. Dabei war er Kannibale und ein roher Anführer im Krieg gewesen.

Als uns auf Aniwa ein Sohn geboren wurde, war der alte Häuptling in höchster Aufregung. Er verlangte, das Kind sollte sein Erbe sein – er hatte seinen Sohn verloren – und brachte seine Leute in Abteilungen herbei, um den 'weißen Häuptling' von Aniwa zu sehen! Die Ehre, das Kind 'Namakei den Jüngeren' nennen zu dürfen, haben wir wohl nicht genügend zu schätzen gewußt. Aber er nahm es nicht übel und hatte den Jungen sehr gern. Als er größer wurde, nahm der alte Mann ihn oft mit sich, ließ ihn nicht von der Hand und brachte ihm bei, zu sprechen wie ein Eingeborener.

Namakei war von dem Wunsch ganz erfüllt, einer der jährlichen Versammlungen der Missionare beizuwohnen. Weil der Mann schon ziemlich alt und gebrechlich war, ging ich nicht darauf ein. Ich fürchtete, er könnte in Aneityum sterben und sein Verlust der Sache des Evangeliums schaden, wo Namakei beliebt war und den größten Einfluß besaß. Aber alle meine Bedenken wurden nicht beachtet. Er selbst, seine Verwandten, ja der ganze Stamm, alle traten dafür ein, so daß ich ihn zur nächsten Missionsversammlung mitnehmen mußte. Er versammelte seine Leute um sich, nahm herzlich von allen Abschied, empfahl ihnen, 'stark in Jesus' zu bleiben, ob er nun zurückkehren würde oder nicht, und allezeit treu zu Missi zu stehen. An Bord der neuen 'Morgenröte' hatte man diese Szene beobachtet. Alle waren gerührt über die Zeichen von Liebe und Verehrung, die dem Häuptling dargebracht worden waren. Er überstand die Seereise gut. Von den Missionaren freundlich begrüßt, schien er ganz glücklich zu sein. Als er vom Wachstum unseres Werkes hörte und wie eine Insel nach der anderen für den Herrn in Besitz genommen wurde, sagte er: 'Missi, ich trage meinen Kopf hoch wie ein Baum seine Krone. Ich werde größer vor Freude!'

Am fünften Tag ließ er mich aus der Versammlung holen und begrüßte mich mit den Worten: 'Missi, ich bin dem Tod nahe. Ich möchte Euch noch Lebewohl sagen. Meiner Tochter, meinem Bruder und meinem Volk sagt, sie sollen fortfahren, Jesus zu lieben, und daß ich sie beim Herrn wiedersehen werde.' Ich versuchte ihm Mut zuzusprechen, sagte, Gott könnte ihn kräftigen und zu den Seinen zurückführen, aber er flüsterte schwach: 'Nein, Missi, der Tod berührt mich schon. Meine Füße tragen mich nicht mehr! Helft mir, mich in dem Schatten des Baumes niederzulegen.' Als er sich ausgestreckt hatte, sagte er: 'Jetzt gehe ich heim. O Missi, laßt mich Euer Gebet hören, das wird meiner Seele Kraft geben.' Unter Tränen betete ich. Er drückte meine Hand, legte sie auf sein Herz und sagte: 'O mein Missi, mein lieber Missi! Ich gehe Euch voran, und bei Jesus sehen wir uns wieder. Lebt wohl!'

Es waren seine letzten Worte. Kaum daß sie beendet waren, verließ ihn die Besinnung. Mein Schmerz war tief und groß. Namakei war der erste Bekehrte auf Aniwa, der erste, der auf dieser Insel dem Herrn sein Herz geöffnet hatte. Namakei war mir ein treuer, hingegebener Freund und Helfer gewesen. Am nächsten Morgen halfen mir die anderen Missionare, ihn zu bestatten. Da standen wir und vergossen Tränen um einen, der noch wenige Jahre zuvor ein blutbefleckter Kannibale gewesen war und den wir nun als einen Bruder, als einen Boten des Evangeliums für seinen Stamm betrauerten. Er war eine neue Schöpfung in

Christus geworden.

Wir sahen mit wirklichem Schmerz dem Augenblick unserer Rückkehr entgegen. Als unser Boot dem Landungsplatz sich näherte, war dort fast die ganze Bevölkerung versammelt. Ganz vorn am Strand standen Namakeis Tochter Litsi und sein Bruder. Ich hörte Litsi schon von weitem rufen: 'Missi, wo ist mein Vater?' Die Frage wiederholend, während das Boot näher und näher kam, setzte sie hinzu: 'Ist Namakei tot?' 'Ja', antwortete ich, 'er starb in Aneityum. Er ist nun beim Herrn!' Der Schmerzensschrei, den Litsi ausstieß, wurde von den anderen aufgenommen und erscholl wie ein Klagelied, jetzt leiser, dann wieder lauter. Als ich endlich den Fuß aufs Land setzen konnte, kamen Litsi und Kalangi, der Bruder des Verstorbenen, auf mich zu, drückten mir die Hände und sagten unter Schluchzen: 'Ach, Missi, wir wußten, daß er fast sterbend war. Aber er verbot uns, es Euch zu sagen. Er freute sich, in Aneityum zu schlafen, bis Jesus ihn auferwecken wird. Er hat uns befohlen, Euch zu gehorchen und Jesus zu lieben, und das wollen wir tun.'

Der zweite Häuptling Naswai begleitete uns zum Missionshaus, und der ganze Zug folgte unter Wehklagen. Am nächsten Sonntag erzählte ich die Geschichte der Bekehrung Namakeis, seines Lebens für und in Christus und seines Todes. Gottes Gnade hat es gefügt, daß dieser Tod keinerlei schlimme Folgen für unser Werk gehabt hat, daß im Gegenteil bei vielen das Interesse dafür noch gewachsen ist.

Naswai, der Freund Namakeis, war der Häuptling des volkreichsten Stammes der Insel und nahm nun seine Stelle auch bei uns ein. Er hatte ein würdevolles Auftreten; auch seine Frau Katua war im Vergleich zu den anderen Frauen eine Dame. Ihr und ihres Mannes Beispiel war ein guter Einfluß. Naswai war jünger und intelligenter als sein Vorgänger und konnte mir noch mehr und besser helfen als Namakei. Nur bei der Bibelübersetzung kam er nicht an Namakei heran, der mit ganz wunderbarer Begabung mir in vielen Fällen den besten und genauesten Ausdruck angeben konnte. Naswai war in der Schule seines Dorfes selbst der Lehrer und ebenfalls Ältester der Gemeinde. Seine Reden waren von großer Wirkung durch meist sehr glücklich gewählte Bilder.

Als einmal unser Schiff, die 'Morgenröte', eine Anzahl von Bewohnern der Insel Fotuna gebracht hatte, um die Veränderungen auf Aniwa zu sehen, redeten eines Sonntags nach dem Gottesdienst einige der jungen Christen zu den noch nicht bekehrten Fotunesen. Naswais Anrede lautete: 'Männer von Fotuna, ihr seid gekommen, um zu sehen, was das Evangelium in Aniwa gewirkt hat. Es ist der lebendige Gott, der diese Änderung machte. Als Heiden stritten wir untereinander, wir bekämpften und aßen einander. Wir hatten keine Freunde und keinen Frieden im Herzen und im Haus, nicht in Dörfern, nicht im Land. Jetzt sind wir Brüder. Wir leben in Frieden und sind glücklich. Wenn ihr nach Fotuna heimkehrt, werden sie euch fragen: Nun, was ist das Christentum? Und ihr werdet antworten: Es ist das, was die Aniwaner so ganz verändert hat. Und sie werden wieder fragen: Was ist es? Und ihr werdet sagen: Das ist es, was den Leuten Kleidung und Decken, Messer, Äxte, Fischangeln und viele nützliche Dinge gegeben hat. Das ist es, was sie den Krieg aufgeben ließ und sie in Frieden leben läßt. Sie werden fragen: Wie sieht das Christentum aus? Und ihr werdet sagen müssen, daß man es selbst nicht sehen kann, sondern nur seine Wirkungen. Sagt ihnen, daß niemand verstehen kann, was das Christentum ist, bis er Jesus, unseren unsichtbaren Herrn, liebt, bis er ihm nachfolgt, bis er ihm gefallen wird. Nun, ihr Leute von Fotuna, ihr denkt, wenn ihr nicht tanzt und singt und zu euren Göttern betet, so werden eure Felder keine Ernte bringen. Das dachten auch wir, und so begingen wir Wochen hindurch viele Greuel zu Ehren unserer Götter. Da sahen wir Missi und daß er nichts von alledem tat. Er betete um Segen zum unsichtbaren Gott, wenn er seine Yams pflanzte, und seine wuchsen besser als unsere. Ihr seid zu müde zur Arbeit, wenn ihr für die Bearbeitung eurer Felder eure Kräfte braucht, denn ihr habt wochenlang euren Göttern durch eure Greuel gefallen wollen. Wir aber gehen voller Kraft an die Arbeit. Wir beten zu Gott, der keine wilden Tänze verlangt, der uns Ruhe gibt und Freude zur Arbeit. Seit wir Missis Beispiel befolgen, hat Gott uns große Yams gegeben, und wir wissen nun, daß er allein Segen verleihen kann.' Bei diesen Worten wendete sich Naswai zu mir mit den Worten: 'Missi, habt Ihr vielleicht noch die riesige Yams, die wir euch brachten? Glaubt Ihr nicht, daß es gut wäre, sie den Männern von Fotuna mitzugeben, damit sie dort sehen, wie Gott unsere Gebete erhört und wie er segnet? Nur Gott allein kann solche Yams wachsen lassen.' Und so geschah es: Die Fotunesen nahmen die schönen Yams mit zum Beweis, was das Christentum in Aniwa wirkte.

Bis zum Jahr 1875 stand Naswai mir treu zur Seite. Er starb, nachdem er kurz zuvor seine Frau Katua begraben hatte. Er sprach noch in der letzten Stunde dankbar aus, wie Jesus ihn zu einem neuen Menschen gemacht hatte, daß er sich freute, zu ihm zu gehen und daß alle ihm treu anhängen möchten.

Zwei Häuptlinge, Nerwa und Ruwawa, hatten kaum

weniger Einfluß als Namakei und Naswai. Nerwa war uns feindlich gesinnt, wurde aber samt seiner Frau durch ein Waisenkind seines Dorfes gewonnen, das wir bei uns aufgenommen hatten, um es zu erziehen. Die Erzählungen der Kleinen, wenn sie mitunter die Heimat besuchte, später auch die eines verwaisten Jungen, der im Missionshaus Unterkunft fand, erweckten Nerwas Interesse. Er kam zu den Gottesdiensten. Wenn er auch anfangs sich dabei in ziemlicher Entfernung hielt, so erlaubte er doch seiner Frau, sich uns anzuschließen, und endlich wurde auch ihm das Herz geöffnet. Auch in ihm zeigte sich, sobald er Christ geworden war, der größte Eifer, die Botschaft zu verbreiten, und seiner Hilfe hatte ich es zu verdanken, daß ein benachbarter Häuptling mit seinem Anhang sich zu uns wandte.

Als Naswai 1875 gestorben war, trat Nerwa an seinen Platz in unseren Gottesdiensten. Wie dieser trug er meine Bibel zur Kirche, und ich habe gesehen, wie er sie an sich drückte, als ob sie ein lebendes Wesen wäre. Oft habe ich ihn sagen hören: 'Oh, daß ich diesen Schatz besitze! Und noch dazu in der Sprache von Aniwa!' Er las sehr viel in den Evangelien und war auch imstande, sie ganz fließend und richtig vorzulesen. Mit Ruwawa, den er selbst zu uns gebracht hatte, lehrte er sehr erfolgreich in der Schule seines Dorfes.

Nach langen glücklichen Jahren kam Nerwas Ende heran. Er war so beliebt, daß sein Lager fast dauernd von seinen Untergebenen und Schülern umgeben war. Er las oft einen Bibelabschnitt vor und sang Lieder mit denen, die gekommen waren, ihn zu trösten. Bei meinem letzten Besuch fand ich Nerwa recht schwach vor. Er winkte mir, mich zu bücken und flüsterte mir ins Ohr: 'Missi, mein Missi, ich bin so froh, daß Ihr kommt! Seht Ihr jene jungen Leute, die mir ja Liebe bezeugen wollen. Aber sie haben mich sehr ermüdet, denn sie haben noch nicht von Jesus gesprochen. Ich bin zu schwach zum Lesen. Betet Ihr für mich, und lest mir das Evangelium vor.'

Als ich mich dazu anschickte, sagte er: 'Ruft sie alle an mein Lager. Ich will, ehe ich gehe, noch zu ihnen sprechen.' Alle näherten sich dem Sterbenden, der mit seinen letzten Kräften sagte: 'Laßt kein heidnisches Geschwätz, keine heidnischen Bräuche wiederkehren, wenn ich tot bin. Singt Gott Lieder, betet zu Jesus und begrabt mich als einen Christen. Gebt gut acht auf meinen Missi. Helft ihm alle, wo ihr könnt. Ich sterbe glücklich, weil ich zu Jesus gehe. Den Weg zu ihm hat Missi mir gezeigt . . . Wer von euch wird meine Arbeit in der Dorfschule übernehmen? Wer von euch wird sich für den Herrn einsetzen?'

Viele vergossen Tränen. Keiner antwortete. Dann sagte Nerwa: 'Mein letztes Wort ist dies: Laßt uns ein Kapitel in der Bibel lesen — jeder der Reihe nach einen Vers. Dann will ich für euch alle beten, Missi wird für mich beten. Singt dann, und Gott wird mich zu sich nehmen, während die Töne noch klingen.' Wir handelten nach Nerwas Wunsch. Während wir leise das Lied 'Es gibt ein Land der Seligkeit' sangen, ergriff der Sterbende meine Hand, er versuchte noch zu sprechen — vergebens. Sein Kopf fiel zurück — wie er es gewünscht hatte, so starb er.

Bald nach Nerwas Begräbnis erbot sich ein Mann jenes Dorfes, die Schule zu übernehmen, der sich ganz gut dazu eignete. Seine Frau half ihm dabei. Sie war das kleine Waisenkind, das wir viele Jahre bei uns gehabt hatten und das durch Erzählungen von Jesus im Dorf zu Nerwas Umkehr das erste Werkzeug gewesen war.

Ruwawa, der Freund des Heimgegangenen, hatte ihn

bis wenige Tage vor dem Ende treu gepflegt. Dann war er selbst schwer erkrankt. Eines Sonntagsnachmittags, als ich ihn besuchte, fand ich ihn außerhalb seiner Hütte. 'Ich habe mich auf dies Feld tragen lassen', sagte er mir, 'ich hoffe, ich kann hier leichter atmen.' 'Alle sind still und weinen', fuhr er fort, 'weil sie denken, ich sterbe. Ich bin im Schutz Gottes. Nimmt er mich weg, so ist es gut. Läßt er mich Euch noch weiter helfen, so ist es auch gut. Bitte, Missi, betet, und sagt dem Heiland alles.' Die Anwesenden kamen näher, und ich erfüllte seine Bitte. Ich trug es dem Herrn vor, wie sehr wir wünschten, Ruwawa gesund und kräftig wieder an der Arbeit zu sehen. Als ich mich endlich entfernen mußte, sagte Ruwawa: 'Lebt wohl, Missi. Gehe ich voraus, so empfange ich Euch drüben. Werde ich gesund, so will ich mit Euch für das Reich Gottes arbeiten!'

Unsere Gebete wurden lange und oft wiederholt. Als schon alle Hoffnung auf Rettung aufgegeben war, kam die Erhörung. Die Krankheit ließ nach, und der Häuptling wurde gesund. Er konnte noch nicht allein gehen, als er verlangte, zur Kirche geführt zu werden. Ich sprach in aller Namen ein warmes Dankgebet. Dann äußerte Ruwawa den Wunsch, selbst einige Worte zu sprechen, und obgleich seine Stimme noch schwach war, ging seine Anrede doch allen tief zu Herzen. Er sagte: 'Liebe Freunde, Gott hat mich euch zurückgegeben. Ich freue mich darüber und kam hierher, um dem zu danken, der uns geschaffen hat und der uns erhält. Ich wünsche, daß ihr alles tut für Jesus, was ihr könnt, und daß ihr nie eine Gelegenheit versäumt, wo ihr Gutes tun könnt. Auf meinem Weg, der mich ganz nahe ans Grab führte, war ich doch ruhig, weil ich Jesus liebe. Ich fürchte keinen Schmerz. Unser Meister hat viel mehr gelitten und lehrte mich, es zu tragen. Ich fürchte nicht

Krieg und nicht Hungersnot, nichts Gegenwärtiges und nichts Zukünftiges. Mein Jesus ist für mich gestorben, und in seinem Tod werde ich leben, wenn ich gestorben bin. Ich fürchte und liebe meinen Herrn, weil er mich liebte und für mich am Kreuze starb.' Dann erhob er die Hände und sagte: 'Mein lieber, lieber Heiland!' Als Ruwawa sich niedersetzte, folgte eine tiefe Stille. Der Eindruck seiner Worte hatte sich tief eingeprägt.

Als ich 1888 wieder nach Aniwa kam, war Ruwawa noch kräftig an der Arbeit. Ein Lehrer aus Aneityum namens Koris unterstützt ihn, und in meiner Abwesenheit kommen die treuen Helfer, Mr. Watt und seine Frau öfter von Tanna herüber und leiten Ruwawas Arbeit und die der übrigen. Die Versammlungen, der Unterricht für die Erwachsenen, die Schulen, die Gottesdienste — alles wird gut und regelmäßig fortgeführt.

Litsi, die als Tochter des Oberhäuptlings Namakei in ihrer Weise eine Art Königin war, wurde bald wiederholt umworben und heiratete, nachdem sie zweimal verwitwet war, später zum drittenmal. Sie hielt sich, ebenso wie ihr Mann, fest zu uns, und auch in ihr erwachte die Sehnsucht, das Christentum verbreitet zu sehen. Oft sagte sie: 'Wird denn kein Missionar nach Tanna gehen? Ich weine und bete für sie, daß sie doch Jesus kennen- und liebenlernen möchten.'

'Litsi', sagte ich eines Tages, nachdem sie wieder diesen Wunsch herzlich ausgesprochen hatte, 'wenn ich für euch gebetet und geweint hätte, aber in Schottland geblieben wäre, würde ich euch dadurch zu Jesus gebracht haben?' 'Gewiß nicht!' antwortete sie. 'Nun denn, wollt ihr nicht selbst gehen und helfen, das Evangelium zu bringen?'

Der Gedanke war auf ein gutes Land gefallen. Sie hielt ihn fest, und als endlich ein Missionar für Tanna gefunden war, siedelte sie mit ihrer Familie dorthin über und zwar noch mit sechs oder acht anderen Aniwanern. Sie unterstützten als eingeborene Lehrer den Missionar und seine Frau. Ihr ältester Sohn wurde von seinem Onkel, einem eifrigen Christen, zum 'guten Oberhäuptling von Aniwa' erzogen. So nannte ihn seine Mutter in ihren Gebeten, wenn sie Gott anflehte, ihn zu bewahren und ihn 'stark in Gott' zu machen.

Viele Jahre sind seitdem verflossen. Als ich sie kürzlich in Tanna besuchte, umschlang sie meine Hände und sagte mit Freudentränen: 'O mein Vater! Ich danke Gott, daß ich Euch wiedersehe! Ist meine Mutter, Eure liebe Frau, gesund? Und auch meine Brüder und Schwestern, Eure Kinder? O ich liebe sie alle von Herzen!' Als sie ruhiger geworden war, hatten wir lange Unterhaltungen. Sie sagte: 'Meine Arbeit hier ist schwer, Missi. Ich könnte in Aniwa die reiche Königin sein. Aber ich bleibe doch lieber hier, denn die Heiden fangen nun an zu hören. Missi sagt, er sieht, sie kommen dem Herrn näher. Wie schön wird es sein, wenn wir erst des Erlösers Lob und Preis singen hören werden! Die Hoffnung macht mich stark in aller Arbeit, die oft schwer und hart ist.'

Nasi, ein Tannese, war ein gefährlicher, gewalttätiger Mensch, der den zweiten Mann Litsis, den Häuptling Mungaw, getötet hatte. Als er noch in Aniwa lebte, wurde er schwer und lange krank. Wir taten alles für seine Pflege, und ich besuchte ihn regelmäßig. Er ließ es geschehen, doch schien unsere Liebe keinerlei Eindruck zu machen. Kurz ehe wir nach Australien gehen mußten, ging ich wieder zu ihm, um ihm Lebewohl zu sagen, und dann fragte ich ihn: 'Nasi, seid Ihr glücklich? Oder seid Ihr es je gewesen?' In düsterem Ton antwortete er: 'Nein, niemals!' 'Und', erwiderte ich, 'möchtet

Ihr, daß Euer kleiner Sohn, den Ihr doch sehr liebt, so wird und so lebt, wie Ihr selbst?' 'Nein', sagte der Mann mit Wärme, 'ich möchte ihn glücklicher sehen.' 'Dann müßt Ihr Christ werden, Nasi, Ihr müßt Euer ganzes Leben ändern, sonst wird das Kind zu Streit, Krieg und Mord heranwachsen und wird sich unglücklich fühlen wie Ihr. O Nasi, er wird Euch in der Ewigkeit anklagen, daß Ihr ihn zu einem solchen Leben und dem Verderben erzogen habt!' Dies machte sichtlichen Eindruck, aber eine Antwort erfolgte nicht. Nach unserer Abreise besprachen sich einige unserer jungen Christen wegen Nasi und sagten: 'Wir wissen, welche Last dieser Mann Missi gewesen ist, wie oft er durch ihn in Gefahr gebracht wurde. Wir wissen, daß er mit eigenen Händen mehrere Morde vollführt hat, daß andere durch seine Hilfe gelungen sind. Laßt uns miteinander täglich beten, daß Gott sein Herz erweicht und ihn lehrt, was gut ist. Laßt uns ihn für den Herrn gewinnen, wie Missi uns für ihn gewonnen hat.' Und nun begannen sie, Nasi jede nur denkbare Freundlichkeit zu erweisen. Abwechselnd halfen sie ihm bei seinen Tätigkeiten und benutzten dabei jede Gelegenheit, ihm von Jesus zu erzählen. Anfangs wies er die um ihn Bemühten rauh zurück und hielt sich fern von ihnen. Aber sie hörten nicht auf zu beten und setzten ihre Freundlichkeit gegen ihn unverändert fort. Endlich nach langem Warten wurden sie belohnt. Nasi sagte ihnen eines Tages: 'Ich kann eurem Jesus nicht länger Widerstand leisten. Wenn er es ist, der euch so gut gegen mich macht, so will ich ihm und euch nachgeben. Er soll mein Herz auch so verändern wie eure Herzen.'

Er wusch nun die häßliche Farbe von seinen Wangen, ließ sich das lange, geflochtene Haar abschneiden, wusch sich im Meer und kam zu den Christen, die ihm gern Kleidungsstücke gaben. Später erhielt er einen Teil der Bibel, nämlich das Johannes-Evangelium, und nun konnte er Stunden zuhören, wenn man ihm daraus vorlas. Mit demselben Eifer, den er nun der Botschaft von Gott zuwandte, lernte er lesen und war bald imstande, nicht mehr durch andere sich vom Herrn erzählen lassen zu müssen. Die Lehrer und Ältesten gaben sich ganz besondere Mühe mit Nasi, so daß er nach einiger Zeit auch getauft und zum Abendmahl zugelassen werden konnte. Wer begreift nicht meine große Freude, als ich das bei meiner Heimkehr erfuhr, als ich den in unserer Mitte sah, der so lange allen Bitten widerstanden hatte.

Als ich im Jahr 1886 wieder nach einer längeren Abwesenheit nach Aniwa heimkehrte, hatte ich ein noch größeres Zeichen göttlicher Gnade zu bewundern. Nasi, der Mörder von ehedem, hatte gelernt, in wunderbar ergreifender Weise den Leuten einen Bibelabschnitt vorzulesen und zu erklären!"

Epilog

„Am ersten Sonntag, den ich nach meiner letzten Reise nach Australien und nach Großbritannien in Aniwa verlebte, erwartete mich eine große Überraschung. Der Tag fing an zu dämmern, als ich erwachte. Alle meine Erlebnisse auf dieser Insel überdenkend und den Herrn für seine Gnade preisend kam mir der Gedanke, ob die Gemeinde während der vier Jahre, die ich abwesend war, zurückgegangen sein könnte. Da hörte ich plötzlich ein Loblied erschallen. Der Tag war noch nicht voll angebrochen, und ich konnte mir nicht denken, was das zu bedeuten hatte. Als ich zu den Singenden kam, sagte mir der eine ihrer Anführer: 'Missi, wir haben es schwer gefunden, Gott recht nahe zu bleiben, als Ihr uns verlassen hattet. Deswegen beschlossen der Häuptling, die Lehrer und einige andere, am Sonntag in der frühesten Frühe zusammenzukommen, um die erste Stunde dieses Tages stets mit Loben und Danken zuzubringen. Jetzt wollen wir für Euch beten. Wir wollen Gott danken, daß er Euch zu uns zurückgebracht hat und ihn bitten, daß er an den Herzen aller das segne, was Ihr uns heute sagen werdet.'

Beim späteren Gottesdienst fehlte wohl niemand als nur die Kranken. Als er beendet war, teilten mir die Ältesten mit, daß sie alle gewohnten Versammlungen abgehalten und eifrig unterrichtet hatten, und dann brachten sie mir eine beträchtliche Zahl solcher, die in die Gemeinschaft aufgenommen zu werden und zum Tisch des Herrn zu gehen wünschten.

Wenn ich an den Eifer und die treue Arbeit der Lehrer und Ältesten auf Aniwa denke, wie sie die langen Jahre für den Herrn nach Maßgabe ihrer Kräfte

gearbeitet haben, so denke ich: Was könnten ihre hoch-
begabten und vielseitig erzogenen weißen Brüder
leisten, wenn sie für den Herrn arbeitend die Unwis-
senden lehrten, die Schwankenden stützten und den
Gefallenen nachgingen."

Der Mann „mit nur einem Gedanken"

Wenn es um die Unbekehrten, die Kannibalen auf den Neuen Hebriden ging, diesem wenig bekannten und politisch bei weitem nicht so bedeutenden Missionsgebiet in der Südsee, war Paton nach dem Urteil von Zeitgenossen der Mann „mit nur einem Gedanken". Paton bekannte sich zu der Aussage dieses Ausspruchs. Er sah sein Lebensziel darin, Menschen zu Jesus Christus zu führen, deren Leben den meisten Europäern eher einen Schauder über den Rücken jagte, ihn aber zu Tränen des Mitleids rührte.

Viele Umwege, die er aber stets als Führung sehen lernen konnte, hatte der junge Paton zu gehen, bis er sein Ziel, Missionar zu werden, erreichte. Umwege erst führten ihn nach Aniwa, wo er für den Herrn eine große Ernte einbrachte.

Auf Tanna starben ihm Frau und Kind. Alle weißen Missionare auf Tanna, die Freunde des Vereinsamten, waren unmittelbar oder indirekt Opfer mordgieriger Insulaner.

Das Vertrauen, das John Paton seinem Herrn und Meister entgegenbrachte, trug ihn durch alles hindurch und ließ ihn zu einem Diener mit Vollmacht werden.

Paton war Zeitgenosse großer Männer des Christentums. Der Glaubensmann Georg Müller lud ihn in seine Waisenhäuser in Bristol ein, um dort von den Kannibalen der Südsee berichten zu lassen. Charles Spurgeon konnte sich nicht enthalten, ihn mit seiner Neigung zu pointierten Ausdrücken als „König der Kannibalen" zu bezeichnen und gab ihm eine Spende für die Neuen Hebriden „von den Kühen des Herrn" (die Spurgeons hielten das Milchvieh, um den Gewinn der

Mission zufließen zu lassen!).

Wie Hudson Taylor war er so sehr mit seiner Lebensaufgabe verwachsen, daß er in der Sprache Aniwas zu
denken begonnen hatte, und es ihm passierte, bei einer
Versammlung in seiner Heimat plötzlich bar aller englischen Worte dazustehen und sein Gebet vorzeitig mit
einem „Amen" abschließen zu müssen.

Er eiferte dafür, der Mann „mit nur einem
Gedanken", alle Inseln mit einem Missionar besetzen
zu können. Kein Wunder, daß er alle seine Kinder dem
einzigen Lebenszweck von Geburt an bestimmt hatte:
Missionar zu sein − Botschafter Gottes in einer Welt,
die den Herrn Jesus Christus nicht kennt, die ihn
ablehnt und verwirft und mit ihm seine Boten. John
Paton hatte etwas dagegenzusetzen − Liebe zu diesen
Menschen und sein unendliches Vertrauen in seinen
himmlischen Vater.

Patricia St. John:
Harold St. John
Reisender in Sachen Gottes

CLV, gebunden
224 Seiten, DM 18.80

Liebevoll mit der Feder seiner Tochter Patricia St. John (bekannt als Autorin zahlreicher Kinder- und Jugendbücher) gezeichnet, ersteht vor uns das Porträt eines beeindruckenden Mannes Gottes: Harold St. John.

Die tiefe Liebe zum Wort Gottes mit der Begeisterung dessen, der darin jederzeit „große Beute machte", kennzeichneten seinen Dienst in besonderer Weise: Vierzig Jahre reiste er mit dem Anliegen durch die Welt, als „liebevoller Lehrer und sanfter Hirte" das Volk Gottes weiterzubringen.

Ein Querschnitt aus Texten im Harold St. John-Originalton zu Themen der Gemeinde Gottes macht aus dem Buch mehr als eine Biographie — einen Weckruf zu konsequenter Nachfolge.

Max S. Weremchuk:
John Nelson Darby
und die Anfänge
einer Bewegung

CLV, gebunden
240 Seiten, DM 18.80

J. N. Darby (1800-1882) entstammte einer Familie, deren Vor-
fahren Ritter waren. Sein Onkel war ein berühmter Admiral,
sein Vater ein erfolgreicher Kaufmann. Er selbst war zuerst
Jurist, dann Geistlicher der Anglikanischen Kirche und später
anerkannter Führer einer Bewegung, die starken Einfluß auf
große Teile der Christenheit ausübte und deren Auswirkungen
bis heute vorhanden sind, nicht nur in den Kreisen der soge-
nannten „Brüder", sondern auch bei vielen Evangelikalen und
Fundamentalisten.

Dieses Buch versucht eine genaue Darstellung seines frühen
Lebens zu geben, es behandelt die Zeit, in welcher er − wie
Ton in der Hand des Meisters − zu dem geformt wurde, der
später entscheidenden Einfluß ausüben und in vieler Beziehung
den Gläubigen vorangehen konnte. Gleichzeitig bemüht es sich
um eine ausgewogene Beleuchtung seiner Persönlichkeit und
seines Charakters.

Frank Holmes:
Robert Cleaver Chapman
Ein Mann Gottes

CLV, gebunden
148 Seiten, DM 13.80

Aufgewachsen in einer überaus wohlhabenden Familie, ergriff R. C. Chapman den Beruf eines Anwalts. Direkt nach seiner Bekehrung weihte er sein Leben dem Dienst für den Herrn in persönlicher Evangelisation.

Im Alter von 30 Jahren gab er seinen Beruf auf, schenkte all seinen Besitz weg und begann, seinem Heiland in Barnstaple/Devon zu dienen. In seiner Arbeit unter der Dorfbevölkerung wurde er schnell bekannt als der „Mann Gottes".

Fast siebzig Jahre lang arbeitete er für den Herrn in Barnstaple und Devon. Reisen führten ihn bis nach Spanien, wo sein Wirken ebenfalls Spuren bleibenden Segens hinterließ.

Das Leben R. C. Chapmans ist für uns alle eine deutliche Lektion in bezug auf persönliche Hingabe an unseren Herrn Jesus Christus.